Taufe lebendig

D1674913

Rudolf Roosen

Taufe lebendig

Taufsymbolik neu verstehen

Lutherisches Verlagshaus

CIP-Kurztitelaufnahme der Deutschen Bibliothek
Roosen, Rudolf:

Taufe lebendig: Taufsymbolik neu verstehen / Rudolf Roosen.
– Hannover: Luth. Verl.-Haus, 1990
ISBN 3–7859–0602–1

© Lutherisches Verlagshaus GmbH, Hannover, 19
Alle Rechte vorbehalten
Satz: IBV Satz- und Datentechnik GmbH, Berlin
Druck und Bindung: Th. Schäfer Druckerei GmbH GmbH, Hannover

Inhalt

Teil 1
Symbolik im altrömischen Taufritual

Teil 2
Wie das neuzeitliche Unbehagen gegenüber religiösen Symbolen entstand

Teil 3
Religiöse Symbole verstehen – Eine semiotische Rekonstruktion

Anhang

„So ergeht es uns nicht anders als jenem abessinischen Eingeborenen, der einen wichtigen Mythos nicht mehr wußte und sich deshalb nicht erklären konnte, weshalb er zu so verschiedenartigen Anlässen ein Stück Butter auf dem Kopf trug. 'Unsere Vorfahren kannten den Sinn der Dinge, aber wir haben ihn vergessen.' Wir kennen den Sinn der unzähligen Überbleibsel, in denen wir uns ausdrücken, noch sehr viel weniger. Das allermeiste ist uns Butter auf dem Kopf."

Botho Strauß, Die Widmung

Einführung

Warum fällt es uns so schwer, ja warum muß es uns sogar schwerfallen, die Überbleibsel einer einstmals reich entwickelten religiösen Symbolik in unseren Gottesdiensten zu verstehen? Wer sich heute mit der Frage beschäftigt, was die alten christlichen Symbole eigentlich bedeuten und wie sie zu beurteilen sind, der ist überrascht von einer Vielzahl gegensätzlichster und kaum noch miteinander zu vermittelnder Bewertungen. Den einen gelten sie als „heilige Zeichen", als eine besondere Art von Zeichen, in denen sich „etwas Übersinnliches, etwas Geistiges, vielleicht auch etwas Heiliges als es selber darstellt".[1] Man betont ihre integrative Kraft, die existentielle Inanspruchnahme oder auch ihre Brückenfunktion: Religiöse Symbole verbinden das Hier und Jetzt mit der „Archäologie und Teleologie des menschlichen Lebens".[2] Den anderen dagegen sind sie zutiefst suspekt. Man sagt ihnen nach, sie hätten ihre Evidenz und ihre Plausibilität verloren. Sie seien Findlinge aus einer längst vergangenen Epoche, hätten nur als Torso überlebt, als „kümmerlicher Rest"[3] einer einstmals ausdrucksstarken Tradition kultisch-sakralen Handelns. Die genannten Beispiele und Formulierungen sind aus einer Vielzahl von Äußerungen eher willkürlich herausgegriffen. Sie ließen sich beliebig vermehren. Der Befund jedoch ist eindeutig. In der Frage der Beurteilung religiöser Symbole gibt es heute viele Meinungen und äußerst heterogene Beurteilungsmaßstäbe. Das meiste ist uns Butter auf dem Kopf.

Religiöse Symbole verstehen – zu dieser Aufgabe möchte das vorliegende Buch einen Beitrag leisten. Wie sind religiöse Symbole früher gedeutet worden? Wie können wir sie heute deuten? Gibt es Kriterien für richtige oder falsche Deutungen? Alle diese Fragen sollen hier behandelt werden.

Exemplarisch habe ich die Taufsymbolik ausgewählt und sie zum Gegenstand der Untersuchung gemacht. Die Taufe schien mir besonders gut geeignet zu sein, denn die Taufe ist ein uraltes Ritual, das gerade in den ersten nachchristlichen Jahrhunderten mit einer eindrucksvollen Symbolik umgeben und ausgestaltet worden ist. So steht für die Analysen ein umfangreicher Materialfundus zur Verfügung: die Beschreibungen der altkirchlichen Taufrituale, aber auch die zahlreichen Deutungen der Taufsymbolik, die uns aus altkirchlicher Zeit erhalten geblieben sind.

---

[1] Josef Pieper: Zeichen und Symbol als Sprache des christlichen Glaubens. In: Schwarz auf Weiss. Heft XI/3, S. 5
[2] Werner Jetter [Nr. 53], S. 68
[3] Robert Leuenberger [Nr. 66], S. 8

Den Ausgangspunkt der Untersuchung wird das Taufritual bilden, das die Christengemeinde von Rom etwa gegen Ende des zweiten Jahrhunderts an jedem Ostermorgen gefeiert hat. Der römische Presbyter Hippolyt (gestorben 235 n. Chr.) hat dieses Taufritual in seiner „Traditio apostolica" mit großer Detailfreude geschildert und es auf diese Art der Nachwelt erhalten.

Zunächst wird der Wortlaut seiner Taufbeschreibung wiedergegeben. Dann wird das Taufritual in seinen einzelnen Elementen, aber auch von seiner Gesamtkomposition her untersucht. Dabei wird es nicht darum gehen, eine mögliche Urbedeutung der Taufe zu ermitteln. Eine solche Urbedeutung gibt es nicht. Die Taufe ist immer schon ein äußerst vieldeutiger Symbolkomplex gewesen.[4] Stattdessen wird der umfangreiche Fundus an Symbolen und Symbolhandlungen unter der Fragestellung durchforstet, ob es zwischen den einzelnen Symbolen und den Bedeutungen, die ihnen von den altkirchlichen Theologen beigelegt werden, erkennbare Zusammenhänge oder übergeordnete Gesetzmäßigkeiten gibt. Auf diese Art und Weise werden im ersten Teil der Arbeit die Grundregeln der altkirchlichen Symboldeutung (Hermeneutik) herausgearbeitet.

Auf den Ergebnissen des ersten Teils bauen der zweite und dritte Teil der Arbeit auf. Im zweiten Teil wird dargestellt, wie zu Beginn der Neuzeit die Spielregeln der altkirchlichen Symboldeutung mehr und mehr außer Kraft gesetzt werden. In Martin Luthers Taufschriften spiegeln sich die Entwicklungen und Anschauungen einer Epochenschwelle wider. Im 16. und 17. Jahrhundert entstand das, was wir heute das „neuzeitliche Unbehagen" gegenüber religiösen Symbolen nennen.

Der dritte Teil wendet sich dann erneut der Frage nach den Verständnisbedingungen religiöser Symbole zu. Nun aber unter Berücksichtigung der veränderten hermeneutischen Voraussetzungen, wie sie die Neuzeit mit sich gebracht hat.

Methodisch bin ich der Semiotik Umberto Ecos verpflichtet. „Semiotik" wird hier durchgängig in einem sehr engen Sinn als „Lehre von den verschiedenen Zeichenarten" verstanden. Sie wird also überwiegend benutzt, um verschiedene Zeichenarten zu unterscheiden und die hermeneutischen Regeln zu benennen, nach denen sie gedeutet werden. Eine kurze Einführung in die Semiotik ist deshalb unverzichtbar gewesen. Ich habe mich jedoch bemüht, die Darstellung möglichst wenig durch fachsprachliche Ausdrücke zu belasten und den Gebrauch der semiotischen Terminologie auf ein Minimum zu beschränken.

Leider wird der Begriff „Symbol" in der Semiotik anders verwendet als in unserer Alltagssprache. Deshalb ist vorab eine terminologische Klärung notwendig. Immer, wenn in der Arbeit von einem „Symbol" gesprochen wird, ist die alltagssprachliche Bedeutung gemeint. In diesem Sinne sind das Brot und der Wein der Abendmahlsfeier „Symbole".

---

[4] Vgl. die Belege in meiner Dissertation, die ich unter meinem Geburtsnamen Rudolf Fleischer geschrieben habe: [Nr. 39], S. 5f.

Teil 1
Symbolik im altrömischen Taufritual

Das altrömische Taufritual in der Darstellung des Hippolyt von Rom[5]: Kurzübersicht

Das altrömische Taufritual in der Darstellung des Hippolyt von Rom: Text

Kapitel XVI: Ausführliche Aufzählung der Gründe, die zur Ablehnung eines Taufbewerbers führen. (Text im Anhang S. 121)

---

[5] Die Verszählung folgt der Zählung von Gregory Dix [Nr. 28]

Kapitel XVII: 1. Die Katechumenen sollen drei Jahre lang das Wort hören (oder: unterrichtet werden[6]). / 2. Wenn aber einer eifrig ist und recht bei der Sache ausharrt, so soll man nicht die Zeit, sondern das Verhalten beurteilen.

Kapitel XVIII: 1. Sobald der Lehrer zu lehren aufhört, sollen die Katechumenen für sich allein, getrennt von den Gläubigen, beten./ 2. Die Frauen stellen sich an einen anderen Ort in der Kirche, wo sie unter sich sind, und beten; sei es, daß es sich um Gläubige, oder sei es, daß es sich um Katechumeninnen handelt. / 3. Wenn sie das Gebet beendet haben, sollen sie sich nicht den Friedenskuß geben, denn ihr Kuß ist noch nicht heilig (oder: rein[7]) geworden. / 4. Die Gläubigen küssen sich wechselseitig, die Männer die Männer und die Frauen die Frauen, aber die Männer küssen nicht die Frauen. / 5. Die Frauen bedecken ihren Kopf mit einem Pallium, das nicht nur aus Leinen besteht, denn das ist keine Verhüllung.

Kapitel XIX: 1. Wenn der Lehrer[8] den Katechumenen nach dem Gebet die Hand auflegt, soll er beten und sie entlassen. So soll er es machen, ob der Lehrende ein Amtsträger oder ein Laie ist. / 2. Wenn ein Katechumene wegen des Namens des Herrn festgenommen wird, soll er in seinem Zeugnis nicht schwanken. Denn wenn ihm Gewalt angetan und er getötet wird, ehe er die Taufe erhalten hat, so wird er gerechtfertigt werden. Er hat nämlich die Taufe durch sein eigenes Blut erhalten.

Kapitel XX: 1. Nachdem man diejenigen ausgewählt hat, die bestimmt sind, die Taufe zu empfangen, soll ihr Lebenswandel geprüft werden: ob sie als Katechumenen ehrenwert lebten, ob sie die Kranken besuchten, ob sie von guten Werken erfüllt waren. / 2. Und wenn diejenigen, von denen sie eingeführt wurden, bezeugen, daß sie so gehandelt haben, dann sollen sie das Evangelium hören.

3. Von der Zeit an aber, da sie abgesondert werden sollen, soll ihnen täglich die Hand aufgelegt werden, während sie exorziert werden. Wenn nun der Tag herannaht, an dem sie getauft werden sollen, soll der Bischof jeden einzelnen von ihnen exorzieren, damit er erkennt, ob sie rein sind. / 4. Wenn aber einer da ist, der nicht rein ist, soll er beiseite gestellt werden, weil er das Wort nicht gläubig gehört hat. Denn es ist unmöglich, daß sich der Fremde immer verbirgt.

5. Dann sollen die, welche bestimmt sind, getauft zu werden, belehrt werden, sich am Donnerstag der Woche zu waschen und zu reinigen. / 6. Wenn es aber eine Frau ist, die menstruiert, so soll man sie beiseite lassen, und sie soll an einem anderen Tag getauft werden. / 7. Die Täuflinge sollen am Freitag und Samstag[9] der Woche fasten. Am Samstag soll der Bischof die Täuflinge an einem Ort versammeln und ihnen allen befehlen, zu beten und niederzuknien. / 8. Und wenn er seine Hand auf sie legt, soll er alle fremden Geister exorzieren, daß sie aus ihnen entfliehen und von da an nicht mehr in sie zurückkehren.

---

[6] Text SAE:„audientes verbum"; T hat „catechizabitur" und C:„catechizator"; zu den Abkürzungen der Quellen vgl. S. 120.

[7] S:„sanctum"; AE:„purum"

[8] SAEK:„doctor"; T:„episcopus vel presbyter"

[9] Text T; „et in sabbato" fehlt in SAE. Es ist unwahrscheinlich, daß das Fasten am Samstag unterbrochen wurde. Das Passah ist von Hippolyt (XXIX,1) als Fastentag belegt.

Wenn er mit dem Exorzieren fertig ist, soll er ihnen ins Gesicht blasen, und wenn er ihre Stirn, ihre Ohren und ihre Nase gesiegelt hat[10], soll er sie aufstehen lassen.

9. Die ganze Nacht sollen sie wach zubringen, indem man ihnen vorliest und sie belehrt. / 10. Die Täuflinge sollen nichts anderes mit sich nehmen als das, was jeder für die Eucharistiefeier mit sich nimmt. Denn für den, der würdig geworden ist, ziemt es sich, sein Opfer zur gleichen Stunde darzubringen.

Kapitel XXI: 1. Wenn der Hahn kräht, soll zunächst über dem Wasser gebetet werden.[11] / 2. Es soll reines und fließendes Wasser sein. Oder: Das Wasser soll „in das Becken einfließen" oder: „sich von oben hinein ergießen".[12] Wenn aber eine dauernde und dringende Notlage besteht, so benutzt das Wasser, das ihr findet. / 3. Dann sollen sie sich entkleiden.

4. Zuerst sollt ihr die Kinder taufen. Alle, die für sich sprechen können, sollen sprechen. Für die aber, die nicht sprechen können, sollen ihre Eltern sprechen oder ein anderer, der zu ihrer Familie gehört. / 5. Danach tauft die Männer. Schließlich die Frauen, nachdem sie ihre Haare vollständig aufgelöst und die Schmucksachen aus Gold, die sie trugen, abgelegt haben. Niemand soll einen fremden Gegenstand mit sich ins Wasser hinunter nehmen.

6. Zu der für das Taufen festgesetzten Zeit soll der Bischof über dem Öl danksagen und es in ein Gefäß gießen. Man nennt es „Öl der Danksagung". / 7. Dann nimmt er wieder ein anderes Öl, das er exorzieren soll. Man nennt es „Öl des Exorzismus". / 8. Ein Diakon bringt das Öl des Exorzismus und stellt sich links vom Presbyter auf, während ein anderer Diakon das Öl der Danksagung nimmt und sich rechts vom Presbyter aufstellt. / 9. Wenn dann der Presbyter jeden einzelnen von den Täuflingen faßt, soll er ihm befehlen, mit folgenden Worten abzuschwören: „Ich sage mich los von dir, Satan, von deinem Dienst und allen deinen Werken." / 10. Wenn er alles abgeschworen hat, soll er ihn mit dem Öl des Exorzismus salben und dabei sprechen: „Möge jeder (unreine) Geist sich von dir entfernen."

11. Und so soll er ihn dem Bischof nackt übergeben oder dem Presbyter, der am Wasser steht und tauft. Der Diakon soll mit ihm hinabsteigen. / 12. Wenn derjenige, der getauft werden soll, ins Wasser hinabgestiegen ist, soll der Täufer ihm die Hand auflegen und fragen: „Glaubst du an Gott, den allmächtigen Vater?"[13] / 13. Und der, der getauft wird, sagt: „Ich glaube." / 14. (Während er weiterhin die Hand auf den Kopf gelegt hält[14]), tauft er ihn zum erstenmal. / 15. Danach soll er fragen: „Glaubst du an Jesus Christus, Gottes Sohn, der durch den Heiligen Geist aus der Jungfrau Maria geboren ist und gekreuzigt unter Pontius Pilatus und gestorben und am dritten Tag lebend von

---

10 Text SA; T:„in frontibus eorum, ad nasum, ad pectus, ad aures"; K:„pectora et frontes, aures et ora eorum"

11 Das Gebet über dem Wasser fehlt in TK

12 Lesart 1: T; Lesart 2: S; Die ursprüngliche Lesart ist weder aufgrund von textimmanenten noch aufgrund von externen Kriterien zu ermitteln. (Vgl. Rudolf Fleischer [Nr. 39], S. 42 Anm. 4)

13 Text TK; Die drei Tauffragen mit dem dreifachen „Credo" des Täuflings als Antwort stellen die ursprünglichere Form dar. T und K überliefern sie vollständig, L teilweise. SAE haben hier die Rezitation eines deklaratorischen Glaubensbekenntnisses mit anschließendem einmaligen „Credo" des Täuflings.

14 Text LK; fehlt in T

den Toten auferstanden ist und in den Himmel hinaufgestiegen ist und zur Rechten des Vaters sitzt, der kommen wird, um die Lebenden und die Toten zu richten?" / 16. Und wenn dieser spricht: „Ich glaube", wird er zum zweitenmal getauft. / 17. Und wiederum soll er sprechen: „Glaubst du an den Heiligen Geist und die (oder: in der[15]) Heilige Kirche (und die Auferstehung des Fleisches[16])?" / 18. Der, der getauft wird, sagt: „Ich glaube" und wird dann zum drittenmal getauft. / 19. Und nachdem er herausgestiegen ist, wird er von dem Presbyter mit den Worten: „Ich salbe dich mit dem (heiligen[17]) Öl im Namen Jesu Christi" mit dem Öl der Danksagung gesalbt. / 20. Dann zieht sich jeder an, nachdem er sich abgetrocknet hat.

Kapitel XXII: 1. Nun sind sie in der Kirche versammelt. Der Bischof legt ihnen die Hand auf und spricht die Anrufung: „Herr, Gott, der du sie hast würdig werden lassen, die Vergebung der Sünden durch das Bad der Wiedergeburt des Heiligen Geistes zu erlangen, (Rest umstritten:) mache die würdig, die vom Heiligen Geist erfüllt werden sollen[18], sende auf sie deine Gnade, damit sie dir nach deinem Willen dienen. Dir gebührt Ehre, Vater und Sohn mit dem Heiligen Geist in der Heiligen Kirche, jetzt und von Ewigkeit zu Ewigkeit. Amen."

2. Dann sagt er, indem er das (geheiligte[19]) Öl aus seiner Hand ausgießt und sie auf seinen Kopf legt: „Ich salbe dich mit dem Heiligen Öl in Gott, dem allmächtigen Vater, und in Jesus Christus und dem Heiligen Geist." / 3. Und nachdem er ihn auf der Stirn gesiegelt hat, gibt er ihm einen Kuß und sagt: „Der Herr sei mit dir." Und der, der gesiegelt worden ist, sagt: „Und mit deinem Geist." / 4. So wird er es mit jedem machen. / 5. Und von da an beten sie gemeinsam mit dem ganzen Volk. Sie beten nämlich nicht mit den Gläubigen, bevor sie das alles erhalten haben. / 6. Und wenn sie gebetet haben, dann geben sie den Friedenskuß.

Kapitel XXIII: 1. Dann wird dem Bischof von den Diakonen die Opfergabe gereicht. Er sagt Dank über dem Brot, denn es ist der Antitypos des Fleisches Christi und über dem Kelch mit dem Wein, denn er ist dem Blut Christi ähnlich, das für all die, die an ihn glauben, vergossen worden ist. / 2. Über der Milch und dem vermischten Honig, um die Erfüllung der Verheißung anzuzeigen, die an die Väter erging: in der er von dem Land, in dem Milch und Honig fließen, gesprochen hat; in der Christus sein Fleisch gegeben hat; von dem sich die Gläubigen wie kleine Kinder ernähren; der durch die Lieblichkeit des Wortes die Bitterkeit des Herzens süß macht. / 3. Über dem Wasser als Kennzeichen der Taufe, damit der innere Mensch, d.h. die Seele, das gleiche gewinnt wie der Körper. / 4. Von all diesen Dingen legt der Bischof denen, die empfangen, Rechenschaft ab.

5. Wenn er das Brot bricht, sagt er, wobei er den einzelnen die Stücke darreicht: „Das Himmelsbrot in Christus Jesus." / 6. Derjenige, der es erhält, antwortet: „Amen." / 7. Wenn es nicht genug Presbyter gibt, tragen die Diakone auch die Kelche, und sie stellen sich in guter Ordnung auf: als erster der, der das Wasser hält, als zweiter der, der die Milch hält, als dritter der, der

---

[15] Text L; T:„in sanctam ecclesiam"
[16] Text L; fehlt in TK
[17] Text LA; fehlt TK
[18] Text fehlt in L
[19] Text L; A:„oleum eucharistiae"; TK:„oleum"

den Wein hält. / 8. Diejenigen, die empfangen, schmecken dreimal[20] von jedem der Kelche. Der, der gibt, sagt: „In Gott, dem allmächtigen Vater." Und der, der erhält, antwortet: „Amen." / 9. „Und in dem Herrn Jesus Christus." (Ergänzung[21]:) Und er sagt: „Amen." / 10. „Und im Heiligen Geist und der Heiligen Kirche." Und er sagt: „Amen." / 11. Man hält es so mit einem jeden. / 12. Wenn das beendet ist, verpflichtet sich jeder, gute Werke zu tun, Gott zu gefallen (und sich gut zu verhalten[22]), sich der Kirche zu widmen, das, was er gelernt hat, zu tun und in der Verehrung Gottes fortzuschreiten.

13. Wir haben euch diese Dinge über die heilige Taufe und die heilige Darbringung kurz (oder: in aller Offenheit[23]) mitgeteilt, denn ihr seid schon über die Auferstehung des Fleisches und die übrigen Dinge unterrichtet worden, wie geschrieben steht. / 14. Wenn es sich empfiehlt, an eine andere Sache zu erinnern, so sagt der Bischof es denen, die die Taufe erhalten haben, im geheimen, damit die Ungläubigen es nicht erfahren, ehe sie die Taufe erhalten haben. Das ist der „weiße Stein"[24], von dem Johannes[25] gesagt hat: Ein neuer Name ist dort eingeschrieben, damit niemand ihn kenne, außer dem, der den Stein erhält.

Das Verhältnis von Sprache und Handlung in Hippolyts Taufbeschreibung

Schon beim ersten Lesen des Textes spürt man, daß das römische Taufritual seine innere Geschlossenheit vor allem durch nichtverbale Symbolhandlungen erhält. Auffallend oft versäumt Hippolyt es, den Inhalt der Gebete zu nennen, die er erwähnt. So erfährt man nichts über den Text des Entlassungsgebets (XIX,1), den Text des täglichen Exorzismusgebets (XX,3), das letzte Exorzismusgebet am Samstag vor der Taufe (XX,8), die Texte der Lesungen und Belehrungen in der Nacht vor der Taufe (XX,9), die Texte der Wasserweihe- (XXI,1) und Ölweihegebete (XXI,6f) oder über eine mögliche Begrüßungsformel bei der Handauflegung des Bischofs nach dem Eintritt der Neugetauften in die Kirche (XXII,1). Ja, Hippolyt erwähnt nicht einmal den Inhalt des ersten Gebets, das die Neugetauften zusammen mit der Gemeinde sprachen (XXII,5). Vermutlich war es das Vaterunser.[26] Nur an zwei Stellen nennt Hippolyt den Wortlaut der Gebete: bei der Anrufung vor der geistverleihenden Handauflegung (XXII,1) und beim Taufeucharistiegebet (XXIII,1–3). Der zweite Text scheint jedoch mehr eine Inhaltsparaphrase zu sein als ein autoritativ fixiertes Gebet.

Hippolyt beschreibt mit großer Präzision die erwünschten Handlungen und Verhaltensweisen bei der Vorbereitung und Durchführung der Tauffeier. Er zeigt aber ein sichtliches Desinteresse an einer exakten Festlegung der

---

20 Text nur L
21 Die Antwort fehlt zwar in L, es ist jedoch unumstritten, daß ein dreifaches „Amen" gesprochen wurde.
22 Text nur S; fehlt in AE
23 Text S; A:„in aperto"; die Lesart ist im Hinblick auf die folgenden Äußerungen zur Arkandisziplin ebenfalls denkbar.
24 S:„calculus"; A:„character sacratus"; T:„decretum"
25 Vgl. Apk 2,17
26 s.u. S. 45 Anm. 119

Gebetsinhalte. Daß dies keine zufällige Unterlassung ist, hat Hippolyt im Anschluß an die Weihegebete in Kapitel X,4 selbst bestätigt. Hier schreibt er, daß die inhaltliche Ausgestaltung und der Umfang eines Gebets den persönlichen Fähigkeiten des Betenden überlassen bleiben sollen: „Es ist keineswegs notwendig, daß er dieselben Worte sagt, die wir gesprochen haben, als ob er sich bemühte, sie auswendig zu sprechen, wenn er Gott Dank sagt. Jeder möge nach seinen Fähigkeiten beten. Wenn jemand imstande ist, ziemlich lange zu beten und ein feierliches Gebet zu sprechen, so ist das gut. Wenn aber jemand, während er betet, ein gemessenes Gebet spricht, so möge man ihn daran nicht hindern, vorausgesetzt, daß er ein Gebet von wahrer Rechtgläubigkeit spricht." Noch zu Hippolyts Zeit war die Ausführung von Gebeten eine Sache der ganz persönlichen Fähigkeiten. Ihre Gestaltung war frei, sofern sich die Betenden inhaltlich an den biblischen Schriften orientierten und auf die geprägten Formen wie Akklamationen, Doxologien oder Glaubensartikel zurückgriffen.

Wo Hippolyt gesprochene Worte nennt, handelt es sich tatsächlich meistens um Formeln. So überliefert er die Absageformel (XXI,9), die praebaptismale (XXI,10) und die postbaptismale (XXI,20) Salbformel bei der Geistverleihung (XXII,2), die Formel beim Brotbrechen (XXIII,5) und die trinitarische Spendeformel beim Austeilen der drei Kelche (XXIII,8–10). Daß daneben auch das in Fragen eingeteilte Glaubensbekenntnis in autorisierter Form mitgeteilt wird, ist selbstverständlich.

Für die Untersuchung der Taufsymbolik bedeuten diese Beobachtungen, daß dem ganzen Bereich der nichtsprachlichen Symbolik eine besondere Aufmerksamkeit zuzuwenden ist. Hippolyt hat gerade in diesem Bereich oft sehr detaillierte Anweisungen gegeben, während er für die Ausführung der Gebete einen großen Freiraum gelassen hat.

Die Gesamtkomposition des Taufrituals

Hippolyt hat in seiner „Apostolischen Überlieferung" das Taufritual in der Form beschrieben, wie es die römische Gemeinde etwa gegen Ende des 2. Jahrhunderts nach Christus in Rom feierte. Aus keiner anderen christlichen Gemeinde liegt eine so detaillierte Beschreibung der Taufpraxis vor. Aber die vorhandenen Texte und Informationen zeigen doch bei aller Unsicherheit im Detail eines ganz deutlich: Im ausgehenden zweiten Jahrhundert gab es in der antiken Welt eine ganze Reihe von unterschiedlichen Taufritualen. Weder hinsichtlich ihrer Ausgestaltung noch hinsichtlich ihrer Deutung waren sie identisch. Ja, vermutlich besitzen sie nicht einmal in neutestamentlicher Zeit einen gemeinsamen Ursprung.[27]

Die Taufliturgien, von denen wir heute noch Kenntnis haben, waren zumeist Ortsliturgien der großen, theologisch fruchtbaren Metropolen, wie Rom, Karthago, Jerusalem, Alexandrien. Daneben gibt es aber auch sehr altes Material aus dem liturgisch eigenständigen Syrien. In all diesen Orten haben

---

[27] So Georg Kretschmar, der ohne Zweifel einer der besten Kenner der Materie ist, in: Die Grundstruktur der Taufe. In: JLH. 22. Jg. 1978, S. 1–14 bes. 13f. Er hält es für wahrscheinlich, „daß einzelne Gruppen, die zur Urgemeinde stießen oder von der frühchristlichen Mission erfaßt wurden, auch ihre eigenen Tauchbadtraditionen mitbrachten" (S. 13).

sich unterschiedliche Taufrituale entwickelt. Aber diese lokalen Traditionen blieben nicht isoliert. Man wußte von den Traditionen, Bräuchen und Deutungen der anderen. Nachweisbar herrschte ein reger Austausch zwischen den Liturgien und den Liturgen.

Hippolyt selbst, der griechisch sprechende Presbyter im lateinischen Rom, ist ein Beispiel dafür. Oder Irenäus, der aus der Kirchenprovinz Asia stammte und sich im Streit um den Ostertermin an den Bischof Viktor von Rom wandte. Die „Apostolische Überlieferung" wiederum wirkte, was uns die zahlreichen Übersetzungen und Überarbeitungen, die sie im Laufe der Zeit erfahren hat, deutlich belegen, vor allem im Osten, in Ägypten und Syrien weiter. Hier wurde sie rezipiert, hier wurde sie aber auch lokalen Traditionen angepaßt.

Schon sehr früh ist also mit wechselseitigen Beeinflussungen zu rechnen, denen die Tauftraditionen der einzelnen Territorien ausgesetzt waren. Daß diese Austauschbeziehungen nicht zu einer raschen Harmonisierung und Angleichung der Liturgien führten, ist nicht zuletzt auf die große Toleranz zurückzuführen, mit der die einzelnen Kirchengemeinden Abweichungen in einzelnen Partien des Ritualaufbaus gegenüberstanden. Kompromißlos waren sie eigentlich nur in zwei Punkten: Jede Taufe mußte ein Taufbekenntnis auf Christus oder die Trinität enthalten, und sie mußte mit Wasser vollzogen werden. Dies geht vor allem aus den altkirchlichen Bestimmungen über Nottaufen hervor. Es gibt aber auch eine kleine Episode in den Akten des Bischofs Alexander von Alexandrien, die das bestätigt. Hier findet man das Protokoll einer Beratung, die durch den Umstand ausgelöst war, daß Kinder am Meer Taufe gespielt hatten. „Das vom Bischof zur Beratung in dieser Angelegenheit zusammengerufene Presbyterium erklärte die Taufe bei denjenigen Kindern für gültig, die unter Anwendung des kirchlichen Schemas der Glaubensfragen und Glaubensantworten mit Wasser übergossen worden" waren.[28]

Die große Zahl unterschiedlicher Taufrituale in der Alten Kirche darf nun allerdings auch nicht zu der Annahme verleiten, es habe zwischen den einzelnen Ritualen außer dem Glaubensbekenntnis und dem Gebrauch von Wasser kaum etwas Gemeinsames gegeben. Das Repertoire möglicher Bestandteile von Taufritualen war nämlich gar nicht so groß. Es ist durchaus zu überblicken. Aus diesem Fundus ließen sich allerdings sehr unterschiedlich aufgebaute Taufrituale zusammenstellen. So findet man erstaunlicherweise im Taufritual Hippolyts nicht ein Element, für das sich nicht auch andernorts eine Parallele aufweisen ließe. Einzigartig aber ist die Art und Weise, wie die vorhandenen Bausteine in Rom zu einem einheitlichen Ganzen komponiert worden sind.

Diese Einsicht hat Konsequenzen für die Frage nach den Bedeutungen des römischen Taufrituals. Es ist dann nämlich zu unterscheiden zwischen solchen Bedeutungen, die sich aus der Deutung einzelner Symbole und Symbolhandlungen ergeben, und solchen Bedeutungen, die erst durch die Zusammenstellung und Verschmelzung der einzelnen Elemente zu einem organischen Ganzen entstehen. Beide Fragestellungen werden im ersten Hauptteil der Arbeit verfolgt werden. Zunächst geht es in dem Kapitel über „Struktur und Bedeutung" um die Analyse der Gesamtkomposition des römischen Taufrituals. In den

---

[28] Eduard Stommel: Christliche Taufriten und antike Badesitten. In: JAC. 2. Jg. 1959, S. 11; vgl. auch Georg Kretschmar [Nr. 61], S. 141f.

folgenden beiden Kapiteln wird dann eine semiotische Analyse der Bedeutungen von einzelnen Ritualsegmenten vorgelegt.

Eine uralte Ritualstruktur enthüllt ihre Bedeutung

Das kirchliche Selbstverständnis der frühchristlichen Gemeinden

Ohne Zweifel waren die frühchristlichen Gemeinden des 2. und 3. nachchristlichen Jahrhunderts im kultischen wie auch im soziologischen Sinn von ihrer Lebensumwelt getrennt lebende Gemeinschaften.[29] Die Wurzeln ihres kirchlichen Selbstverständnisses reichen bis in die neutestamentliche Zeit hinab. Sie zeichnen sich schon sehr deutlich in den Paulinischen Briefen ab. Paulus konnte die Gemeinde als eine Gemeinschaft von „Heiligen" bezeichnen, die nichts mit den „Ungerechten" zu schaffen haben soll (1. Korinther 6,1), die „draußen" sind (1. Korinther 5,12f.; 1. Thessalonicher 4,12). Paulus verwendet die Raummetaphern „drinnen" und „draußen", um den besonderen Status der Christen in der Welt zu beschreiben. Die Christen leben zwar noch unter den Heiden, aber sie sollen sich doch nicht mit ihnen vermischen und ihnen keine Angriffsflächen bieten (1. Thessalonicher 4,12).

An anderer Stelle benutzt Paulus das Bild vom „Tempel": Die Christen sind Gottes heiliger Tempel (1. Korinther 3,16f.), der nicht durch die Unreinheit der Umwelt verschmutzt werden soll. Auch hier liegt eine Raummetapher vor, mit deren Hilfe die Trennung von Christen und heidnischer Umwelt zum Ausdruck gebracht wird. Der Heiligkeitsanspruch der christlichen Gemeinde ist das eigentliche Motiv für ihre radikale Trennung von der Welt. Und dieser Anspruch verfestigte sich nach und nach zu einem fundamentalen Selbstverständnis: Wir sind die Gemeinschaft der Heiligen. Wir sind Gottes Eigentum und sein Bauwerk.

Auch in Hippolyts Taufbeschreibung ist dieser Gedanke tief verankert. Insgesamt fünfmal taucht die Vorstellung von der Reinheit der Gemeinde und der Reinheit der Getauften im Text auf: XVI,8; XVIII,3 (mit XXII,6); XX,3.4.6.

Mit diesem Selbstverständnis war notwendigerweise auch eine kultisch-sakrale Verpflichtung verbunden. Die Heiligkeit der Gemeinde mußte sorgfältig vor jeglicher Verunreinigung durch die dämonischen Mächte der heidnischen Umwelt geschützt werden. Genau das zu leisten war die Aufgabe der Taufe. Die Entwicklung und Ausgestaltung der Taufrituale im 2. und 3. Jahrhundert erfolgte in konsequenter Orientierung an den Erfordernissen des ekklesiologischen Selbstverständnisses. Nach und nach wurde die Taufe zu einem Bollwerk gegen die dämonischen Mächte und die Unreinheit der Welt ausgebaut.[30] Immer stärkere Befestigungen entstanden besonders im Vorfeld der Taufe: Im Kapitel XVI der „Apostolischen Überlieferung" findet man eine sehr lange,

---

[29] Vgl. Georg Kretschmar: Die zwei Imperien und die zwei Reiche. In: Ders. / Bernhard Lohse (Hrsg.): Ecclesia und res publica. Festschrift für Kurt Dietrich Schmidt. Göttingen, 1961, S. 102–104
[30] Belege s.u. S. 51 Anm. 146

detaillierte Liste von Personen und Berufsgruppen, die schon bei der ersten Bewerbung um die Taufe zurückzuweisen waren. Der Text ist im Anhang abgedruckt. Das Katechumenat wurde stark verlängert. Bei Hippolyt dauerte es schon drei Jahre. Schließlich nahm auch die Zahl der Auswahlverfahren und Prüfungen unmittelbar vor der Taufe zu. Mit all dem wurde das Ziel verfolgt, das Bauwerk Gottes vor jeglicher Verunreinigung von „draußen" zu schützen und zu bewahren.

Denken in Raumsphären — der mythische Raum

In dem altkirchlichen Raumbewußtsein, das sich in den Quellentexten besonders deutlich an der Verwendung von Raummetaphern wie etwa der Begriffe „drinnen" und „draußen" festmachen läßt, sind zwei unterschiedliche Raumvorstellungen miteinander verschmolzen. Wenn ein Christ über diejenigen sprach, die „drinnen" sind, so sprach er zunächst einmal von der Gemeinde und ihrer soziologisch beschreibbaren Lebenswelt. Zugleich beschrieb er damit aber auch eine Glaubenswirklichkeit, denn die Gemeinde war für ihn über ihre soziologische Realität hinaus ein „mythischer Lebensraum".

Was ist ein „mythischer Lebensraum"? — Ernst Cassirer, der den Begriff geprägt hat, beschreibt ihn als eine Verbindung des physiologischen Wahrnehmungsraums mit dem rein mathematisch definierten Euklidischen Raum. Jeder Wahrnehmungsraum besitzt einen individuellen, sinnlich erfaßbaren Inhalt. Dieser Inhalt ist lokalisierbar durch die Raumdimensionen rechts-links, vorne-hinten, oben-unten. Der Euklidische Raum dagegen ist nicht wahrnehmungsmäßig abgrenzbar. Er ist vielmehr durch die Merkmale der Stetigkeit, der Unendlichkeit und der durchgängigen Gleichförmigkeit definiert. Seine Elemente besitzen kein substantielles Sein, sondern sind nur Relationen.

Im mythischen Raum haben sich Elemente beider Räume verbunden: mit dem Euklidischen Raum teilt er die Eigenschaft der Unendlichkeit und des relationalen Charakters seiner Elemente, mit dem Wahrnehmungsraum die inhaltliche Qualifiziertheit seiner Elemente. Inhaltlich qualifiziert insofern, als der mythische Raum geprägt ist durch einen konstitutiven Gegensatz von „profan" und „heilig". Für den Glaubenden, der in einem mythischen Raumbewußtsein lebt, gibt es geradezu einen heiligen Lebensraum, eine heilige Welt, in der er sich bewegt. Dazu gehören Gott und die Gläubigen, die Gemeinde als Institution, die Ethik der Nächstenliebe und der 10 Gebote, aber auch der Sonntag als heiliger Tag oder das Licht und der Sonnenaufgang als heilige Zeit. Die unterschiedlichsten Kategorien werden als relational verknüpfte Elemente dieser heiligen Lebenswelt angesehen. Ihr gegenüber steht die Welt des Bösen. Diese Welt ist der Raum der Götzen und Dämonen, der Heiden, der weltlichen Lüste und Laster, des Sonnenuntergangs, des Westens, der Finsternis usw. Auch hier korrespondieren religiös- oder ethisch-unanschauliche mit kosmologisch-anschaulichen Kategorien. Ja, das mythische Raumbewußtsein ist geprägt von der Überzeugung, daß sich diese Kategorien sogar gegenseitig repräsentieren und substituieren. Die Welt des Glaubens läßt sich deshalb auch in Dimensionen oder Ausdrucksformen der natürlichen Lebensumwelt ausdrücken und darstellen. Genau dies geschieht im religiösen Ritual.

Das Taufritual, eine dreifache Grenzüberschreitung

Unter Berücksichtigung des mythischen Raumverständnisses läßt sich behaupten, daß ein Taufbewerber bis zu seiner definitiven Aufnahme in die christliche Gemeinde ein Leben als Grenzgänger führte. Er pendelte als Angehöriger der unreinen Lebenswelt während des Katechumenats zwischen einem unreinen Ort, seiner Wohnung, und einem reinen Ort, der Kirche, hin und her. Erst durch die Taufe wurde er zum Vollmitglied im heiligen Raum der christlichen Gemeinde. Das gesamte Taufritual läßt sich deshalb als eine dreifache Grenzüberschreitung beschreiben und in dem folgenden Koordinatensystem darstellen:

1. unreiner myth. Raum / unreiner Ort	2. unreiner myth. Raum / reiner Ort
4. reiner myth. Raum / unreiner Ort	3. reiner myth. Raum / reiner Ort (Wasser und Kirche)

– Vor dem Katechumenat lebte der Taufbewerber an einem unreinen Ort innerhalb einer unreinen Lebensumwelt, der Welt des Heidentums (1.). Die Zulassungsprüfung markiert die erste Grenzüberschreitung. Denn als Katechumene kam er in Kontakt mit einer heiligen Stätte (2.), dem Versammlungsraum der Gemeinde. Er war aber immer noch der unreinen Lebenswelt verhaftet.

– In der Osternacht überschritt er dann die Grenze zur heiligen Lebenswelt der Gemeinde und versammelte sich mit der Gemeinde an einem heiligen Ort zur Feier der Taufeucharistie (3.).

– Nach dem Gottesdienst wurde er wieder in die unreine Sphäre seines soziologischen Alltags entlassen (4.), er blieb aber zugleich im heiligen Lebensraum der christlichen Kirche.

Der entscheidende Übergang, der Wechsel vom unreinen zum reinen Lebensraum (von 2. nach 3.), vollzog sich in Form eines Passageritual. Die Struktur und die Bedeutung dieses Rituals werden im folgenden Abschnitt näher beschrieben.

Die Struktur von Passageriten[31]

Arnold van Gennep hat im Jahr 1909 in Paris eine Studie mit dem Titel „Les rites de passage" veröffentlicht. Zwar war das Programm des Strukturalismus zu seiner Zeit noch gar nicht entwickelt, jedoch verfolgte er methodisch eine Fragestellung, die den Prämissen heutiger strukturalistischer Forschung durchaus entspricht. Mit Hilfe eines Strukturmodells versuchte er, die Aufbaugesetze und die innere Logik von Ritualen zu beschreiben. Dabei gelang ihm der

---

31 Arnold van Gennep [Nr. 113] ; Engl. The Rites of Passage. London, 1960; Max Gluckman [Nr. 41]; Victor Turner [Nr. 111]; Edmund Leach [Nr. 64]; Juha Pentikäinen: The Symbolism of Liminality. In: Humanitas Religiosa. Festschrift für Haralds Biezais zu seinem 70. Geb. Uppsala, 1979, S. 154–166

Nachweis, daß die Grundstruktur der untersuchten Rituale nicht allein in sehr unterschiedlichen historischen und kulturellen Kontexten reproduziert worden war, sondern daß sie auch mit übereinstimmenden Deutungen verbunden wurde. Seine Arbeit wurde lange Zeit wenig beachtet. Erst als die Schriften von Claude Lévi-Strauss das Interesse an strukturalen Fragestellungen geweckt hatten, wurde sie einem größeren Publikum zugänglich.

In vielen Kulturen sind die Wechselfälle des Lebens, seien es Heirat, Geburt, Pubertät, Tod oder Statuswechsel aller Art, von Ritualen begleitet. Diese Rituale schieben sich wie eine Brücke zwischen den alten und den neuen Lebensabschnitt. Sie markieren die Zäsur und erleichtern den Übergang. Van Gennep selbst wählte zur Verdeutlichung der Struktur von Passageriten das Bild eines Grenzübertritts, der sich in drei Phasen vollzieht. Ein Reisender passiert zunächst die erste Grenzkontrolle, gelangt in ein territorialstaatliches Niemandsland und überschreitet dann die zweite Grenze, um in sein Zielland einzureisen. Die drei Phasen des Passagerituals entsprechen den drei Phasen eines Grenzübertritts:

1. Zunächst wird im Ritual eine symbolische Trennung vollzogen, eine Ablösung aus dem alten Status. Sie erfolgt mit Hilfe von Trennungsriten. Solche Trennungsriten sind im Alten Testament etwa das Zerreißen der Kleider, das Aufstreuen von Asche auf den Kopf oder das Einstellen der Nahrungsaufnahme.

2. An die Trennungsriten schließt sich dann eine Phase der „Marginalität" an. Ein Mensch in diesem Stadium des Rituals verhält sich nicht mehr „normal". Er befindet sich außerhalb der gesellschaftlichen Ordnung und ihres Zeitgefüges. Beispielsweise ißt er nicht, er schläft nicht, er wäscht oder rasiert sich nicht. Er zieht sich aus der Welt zurück. Viktor Turner schreibt dazu, der Mensch in diesem Stadium befinde sich in einem ambivalenten Zustand. Er ist weder hier noch dort, „betwixt-and-between all fixed points of classification, he passes through a symbolic domain that has few or none of the attributes of his past or coming state."[32] Edmund Leach bezeichnet die Periode der Liminalität als ein „Intervall sozialer Zeitlosigkeit"[33]. Juha Pentikäinen spricht von einer „heiligen Raum-Zeit", „an abnormal condition outside society and time"[34].

3. An die Phase der Marginalität schließt sich ein Aggregationsritus an. Da dem religiösen Denken das besonders Heilige als ebenso verunreinigend gilt wie das Unreine, beginnen viele Aggregationsriten mit einer Waschung. Der ganze Ritus verläuft dann oftmals komplementär zum Trennungsritus. Unterbrochene Tätigkeiten werden wieder aufgenommen, (neue) Kleidungsstücke angelegt, ein Ortswechsel findet statt, ein Festmahl wird gehalten usw. Aus der Aggregation geht ein neuer Mensch mit voller Handlungskompetenz in einer neuen sozialen oder religiösen Rolle hervor.

Der Neubeginn schließt sich also nicht bruchlos an den alten Lebenswandel an. Vielmehr wird das Durchlaufen einer Phase, in der alle elementaren Lebensvollzüge und Lebensordnungen aufgehoben sind, als Bedingung dafür angesehen, daß Orientierung und Akzeptanz in der neuen Rolle überhaupt gewährleistet sind.

---

32 Victor Turner [Nr. 111], S. 393
33 Edmund Leach [Nr. 64], S. 99
34 Juha Pentikäinen, Symbolism, a.a.O., S. 156f.

Passagerituale sind so allgemein konzipiert, daß sie die unterschiedlichsten Formen von Status- und Rollenwechseln begleiten, markieren und im Einzelfall sogar herbeiführen können. Wer das Ritual persönlich erlebt, der empfindet tatsächlich so etwas wie das „Absterben" der alten Existenzbedingungen. Denn die Handlungsmöglichkeiten innerhalb des herkömmlichen Lebensrahmens gehen durch das Überschreiten der Grenze irreversibel verloren. Die Heirat macht aus Ledigen ein Ehepaar, das Pubertätsritual macht Kinder zu stimmberechtigten Mitgliedern der Gesellschaft usw. Ebenso wird der Übergang in einen neuen Status tatsächlich als eine „neue Geburt" oder auch als Wiedergeburt empfunden. Der Übergang zerstörte ja nicht nur irreversibel die alten Rollen und Handlungsspielräume, er schuf auch neue.[35]

Van Genneps Strukturmodell ist damit vorgestellt und soll nun im folgenden Abschnitt auf das altrömische Taufritual angewendet werden.

Das altrömische Taufritual als Passageritual – Sequenzen und Zäsuren

Schon die Aufnahmeprüfung am Beginn des Katechumenats stellte eine erste Herauslösung aus dem gewohnten Lebensrhythmus dar. Der Kandidat mußte sich verpflichten, „gute Werke zu tun", den Unterricht regelmäßig zu besuchen und in eingeschränktem Umfang an den Gottesdiensten der christlichen Gemeinde teilzunehmen. Die zweite und für das Passageritual signifikante Trennung fand dann am Donnerstag vor der Taufe statt. Die Taufkandidaten reinigten sich. Sie fasteten am Freitag und Samstag und übten in dieser Zeit auch geschlechtliche Enthaltsamkeit[36]. Deutlich erkennbar dienen alle diese Handlungen der Abwendung von gewohnten und sogar von biologisch notwendigen Lebensvollzügen. Alles Tun konzentrierte sich auf die Herstellung einer kultisch-sakralen Reinheit. Auch die Versammlung der Taufkandidaten am Samstag gehört noch zur Trennungsphase und diente diesem Zweck. Ein letzter Exorzismus fand statt, in dessen Verlauf den Dämonen befohlen wurde, aus den Täuflingen zu entfliehen und nicht wieder in sie zurückzukehren (XX,8).

Die Siegelung markiert als Inkorporationsritus, durch den die Gesiegelten unter den Schutz des Herrn Jesus Christus gestellt werden[37], den Beginn der Marginalitätsphase, den Beginn der „heiligen Raum-Zeit". Heilige Zeit insofern, als in dieser Zeit ausschließlich religiöse Aktivitäten vollzogen wurden. Die Täuflinge verbrachten die Nacht in einem einzigen Gottesdienst unter Fasten und ohne Schlaf. Heilige Zeit aber auch, insofern diese Nacht ja die Passahnacht war. Die Nacht, in der die Trauer um den Tod Jesu nach altkirchlicher Sitte beendet wurde und bei Sonnenaufgang in den Jubel über seine Auferstehung

---

35 Für diese Vorstellung liegen Belege aus einer Vielzahl von Kulturkreisen vor. Vgl. Arnold van Gennep [Nr. 113], S. 155; Claude Lévi-Strauss [Nr. 67], S. 304f.; Geo Widengren [Nr. 119], S. 222

36 Wenn auch der Text diesen Punkt nicht erwähnt, so ist die Forderung doch sehr wahrscheinlich zu machen, denn Hippolyt überliefert die Vorschrift, menstruierende Frauen von der Taufe zurückzustellen (XX,6). Sie gehört in den Bereich der jüdischen Reinheitsvorstellungen. Im Judentum wurden alle geschlechtlichen Vorgänge als verunreinigend angesehen.

37 Belege s.u. S. 34f.

überging[38]. Die Marginalitätsphase des Taufrituals deckte sich also vollständig mit der christlichen Passahnacht.

Da alle sozialen und biologischen Aktivitäten suspendiert waren, boten in der Marginalitätsphase vor allem die kosmischen Elementarereignisse Orientierungsmöglichkeiten und Deutungshilfe. Nicht zufällig erfolgte die Taufvorbereitung bei Sonnenaufgang, zu der Zeit wo Tag und Nacht sich scheiden. Nicht zufällig standen die beiden Diakone mit den Salbölen links und rechts.[39] Im Zentrum des Rituals stand so die Partizipation des Täuflings am Tod und an der Auferstehung Jesu Christi, die als kosmische Ereignisse in einem heiligen Raum-Zeit-Kontinuum erlebt wurden.[40]

Mit der Taufe begann die Aggregationsphase, die den neuen Status des Täuflings herbeiführte. In dieser Phase fanden sich alle diejenigen inhaltlich qualifizierenden Aspekte der Taufhandlung, die schon in der Antike das größte Interesse gefunden haben: das Bad, das Glaubensbekenntnis und die Geistverleihung. Da zur Waschsequenz logisch auch das Ausziehen der alten Kleider mit hinzugehört, wird man auch die Absage an den Teufel, die nackt gesprochen wurde, und die praebaptismale apotropäische Salbung mit zur Aggregationsphase des Rituals hinzurechnen dürfen.

Den Abschluß der Aggregationsphase bildete der Kuß des Bischofs im Anschluß an die geistverleihende Handauflegung und die Siegelung. Mit dem Kuß galt der symbolische Transitus als vollzogen. Das Passageritual war beendet. Aus ihm ging ein neuer Mensch mit einer neuen Handlungskompetenz hervor. Die Neugetauften durften unmittelbar im Anschluß an den Kuß kultische Rechte wahrnehmen, die ihnen vorher explizit verwehrt waren. Sie beteten zusammen mit der Gemeinde (XX,5), sie tauschten den Friedenskuß mit den übrigen Gemeindegliedern (XX,6), und sie nahmen gemeinsam das eucharistische Mahl ein (XXIII).

Sämtliche Handlungen, die von den Täuflingen im Anschluß an den Kuß des Bischofs vollzogen wurden, verfolgten das Ziel, die Vereinigung und die Einheit mit der Gemeinde herbeizuführen. Die Individualität des einzelnen, die während der Taufzeremonie noch von größter Bedeutung gewesen war ("credo"), wurde aufgehoben, und eine Verschmelzung mit dem Ganzen der Gemeinde fand statt. Beim gemeinsamen Vaterunser war die Trennung aufgehoben, die den Taufanwärtern während der Zeit des Katechumenats einen gesonderten Platz im Gottesdienstraum zugewiesen hatte. Der Kuß der Neugetauften galt nun nicht mehr als Gefahr für die Reinheit der Gemeinde. Das Mahl schließlich ist mit seinem Inkorporationscharakter einer der intensivsten gemeinschaftsstiftenden Akte überhaupt. Es verbindet den Speisenden mit der Speise ebenso wie die Speisenden, die zusammen das Mahl einnehmen, untereinander. Das Einigungsritual ist auch soziologisch bedeutsam, denn es erfüllt die Funktion der Eingliederung der Täuflinge in die christliche Gemeinschaft. Erst nach der Eingliederung endet die Ritualsequenz.[41]

---

38 Vgl. Georg Kretschmar [Nr. 61], S. 138; Rudolf Fleischer [Nr. 39], S. 96–99
39 s.u. S. 40–42
40 Vgl. die ausführliche Begründung dieser These S. 42
41 Diese Beobachtung bestätigt die These van Genneps, daß nicht alle Rituale, die im Zusammenhang mit Lebenswenden oder Positionsveränderungen begangen wurden, ausschließlich Passagerituale sein müssen: [Nr. 113], S. 15

Schon im Alten Testament gibt es eine ganze Reihe von rituellen Handlungssequenzen, die mit einem Mahl beendet werden: Der Bundesschluß (Exodus 24,1), die Priesterweihe (Leviticus 8,6–31) oder Davids Krisenbewältigung (2. Samuel 12,15–24).[42] Das Mahl besitzt im religiösen und kulturellen Verhaltensrepertoire eine besondere Bedeutung. Wichtige Übergänge und Zäsuren des Lebens werden durch ein Mahl abgeschlossen. Dabei erfüllt das Mahl offensichtlich eine Brückenfunktion, denn es steht am Ende einer Phase des Wechsels, markiert dessen Vollzug und bereitet zugleich auf das Neue vor, das sich definitiv an das Mahl anschließt.

Übersicht über die Sequenzen und Zäsuren im altrömischen Taufritual

Phase	Inhalte	Zäsuren
Trennung I	eth.Verpflichtg. Unterricht	Zulassungsprüfung + Selbstwaschung
Trennung II	Abbruch biolog. Aktivitäten; Herstellung kult. Reinheit	Selbstwaschung + Exorz./Siegel
Marginalität	heilige Osternacht mit Christus	Exorz./Siegel + Ausziehen der alten Kleider
Aggregation	Absage; Abwaschung; Geistverleihung	Ausziehen + Kuß des Bischofs
Einigungsritual	Gebet; Kuß; Taufeucharistie	Gebet + Abschluß des Gottesdienstes

Zum Verhältnis von Strukturbedeutungen und theologischen Deutungen

Wie bereits erwähnt, wurden die einzelnen Phasen eines Passagerituals als „Absterben" und „Wiedergeborenwerden" erlebt. Nicht allein Taufrituale konnten deshalb als Sterbe- und Wiedergeburtsrituale bezeichnet werden. Man findet diese Deutung vielmehr losgelöst von den unterschiedlichen Anlässen und Zwecken überall dort, wo Passagerituale begangen wurden.[43] Wenn Paulus also in Römer 6,4 davon spricht, daß die Christen mit Christus durch die Taufe in den Tod begraben worden sind, oder wenn der Titusbrief (3,5) die Taufe als ein „Bad der Wiedergeburt" bezeichnet, dann kann man diese Taufdeutungen durchaus auch aus der Struktur des Taufrituals heraus ableiten und verstehen. Es ist nicht nötig, sie als eine überzogene Ausdeutung des Wasserrituals anzusehen.

[42] Vgl. auch Apg. 16,33f.
[43] Vgl. Arnold van Gennep [Nr. 113], S. 155; Claude Lévi-Strauss [Nr. 67], S. 304f.; Geo Widengren [Nr. 119], S. 222

Gegenüber der bunten Vielfalt von theologischen Deutungen, die die Taufe schon in den ersten Jahrhunderten erfahren hat, fällt jedoch auf, daß die interkulturell nachweisbare Strukturbedeutung von Passageritualen relativ abstrakt und unkonkret ist. Das Aufbauschema des Rituals okkupiert nämlich nicht das semantische Potential der verwendeten Ritualsegmente. Vielmehr können Strukturbedeutungen besonders leicht von neuen Bedeutungen überlagert oder sogar verdrängt werden. Exemplarisch läßt sich das an der Waschsequenz (waschen, salben, neue Kleider anziehen) und der Zahl „Drei" verdeutlichen:

Die Waschsequenz war schon Jahrhunderte vor der Entstehung der Taufe ein ganz selbstverständlicher Bestandteil sehr unterschiedlicher Rituale. So finden wir die Waschsequenz im Alten Testament in 2. Samuel 12,20 im Rahmen eines Krisenbewältigungsrituals, in Ezechiel 16,9f. als Teil des Hochzeitsrituals oder in Leviticus 8,6–13 beim Ritual der Priesterweihe. Inhaltlich war sie also nicht an ein bestimmtes Ritual gebunden. Vielmehr erhielt sie ihre konkrete Bedeutung erst durch ihre syntagmatische Position innerhalb der jeweiligen rituellen Handlungssequenz. In 2. Samuel 12,20 symbolisiert sie z.B. sehr deutlich den Beginn einer Aggregationsphase.

Nachweislich ist also mit der Waschsequenz ein traditionelles Ritualschema in das Taufritual übernommen worden. Der isolierten Betrachtung bleibt das jedoch verborgen. Denn das Ritualschema wurde im Prozeß der Aufnahme mit einer völlig neuen Deutung versehen. Das Waschen galt nun als Abwaschen des Sündenschmutzes und als Reinigung der Seele. Die Salbung nach dem Bad wurde, vermutlich bedingt durch die etymologische Nähe der Begriffe Christus und „Chrisam" (= Salböl)[44], geradezu christianisiert, indem man der Salbung eine christologische Salbformel beifügte: „Ich salbe dich ... im Namen Jesu Christi" (XXI,19).

Ähnlich verhält es sich auch mit der Zahl „Drei", die in Hippolyts Text erstaunlich oft vorkommt: Der Täufling wurde dreimal getauft, während er drei Glaubensfragen beantwortete. Er wurde in der Kirche im Namen der Trinität gesalbt, der Bischof sprach Dankgebete über den drei Bechern, aus denen der Täufling jeweils drei Schluck trank. Einmal auf die Zahl Drei aufmerksam geworden, entdeckt man, daß auch das Katechumenat drei Jahre lang dauerte, daß die Siegelung im Anschluß an den letzten Exorzismus an Stirn, Ohren und Nase erfolgte und daß schließlich auch die Absage an den Teufel dreigliedrig war. Diese Häufung der Dreizahl ist nicht zufällig. Sie entspringt vielmehr, wie Friedrich Heiler geschrieben hat, einem „gerade im vorderen Orient wirksamen Drang zu einer triadischen Ordnung göttlicher Kräfte".[45] In vielfältiger Weise läßt sich dieses Dreierschema auch in vor- und außerchristlichen Bereichen nachweisen. Man findet Dreiergruppen von Göttern, kosmischen Urprinzipien, anthropologischen Komponenten oder Chronologien. Aber auch in der Magie, in Mythen und Märchen ist die Zahl Drei nachweisbar.

Die Dreizahl erfüllt zunächst einmal die liturgische Funktion, die rituellen Handlungen in ihrer Bedeutsamkeit zu verstärken und sie so der flüchtigen Einmaligkeit zu entreißen. Das ist jedoch nicht alles. Denn mit dieser Zahl verbindet sich

---

44 s.u. S. 46
45 Friedrich Heiler [Nr. 48], S. 164

zugleich die Vorstellung von einer „vollkommenen und jede Überbietung ausschließenden Vielheit".[46] Das Ganze schlechthin ist in der Drei repräsentiert, wohingegen die Zwei eine Opposition und die Vier eine Polarität zum Ausdruck bringt. Das Taufritual greift nun ebenfalls auf diese vor- und außerchristliche Symbolik der Dreizahl zurück, allerdings nicht, ohne sie zu verchristlichen: Der Glaube an die Trinität von Vater, Sohn und Geist ließ der Verdreifachung liturgischer Verrichtungen wie von selbst eine spezifisch christliche Legitimation und Plausibilität zuwachsen.

Beide Beispiele zeigen deutlich, daß sich Ritualstrukturen nicht gegen sekundäre semantische Erweiterungen oder Veränderungen sträuben. Sie lassen sie vielmehr gerade zu, weil sich das verwendete Baumaterial des Rituals nicht in der Funktion erschöpft, Platzhalter für die Bedeutungen eines unbewußt realisierten Ablaufschemas zu sein. Jedes Ritual drängt darüber hinaus auf erfahrbaren und kommunizierbaren Sinn. Erst wenn es seinen aktuellen Sinn nicht mehr zum Ausdruck bringen kann, hört es auf, ein Ritual zu sein, und ist dann nichts anderes mehr als „Butter auf dem Kopf".

Solange ein Ritual lebt, wird es im Prozeß der Ausdeutung zu sehr unterschiedlichen und sogar einander widersprechenden Bedeutungsbestimmungen kommen, weil die Anzahl der hermeneutischen Impulse im Ritualgeschehen und damit auch die Anzahl der möglichen Identifikationspunkte enorm groß ist. Am Beispiel der Taufeucharistie läßt sich das leicht zeigen. Unter strukturalem Gesichtspunkt bildet sie den Höhepunkt und Abschluß eines Einigungsrituals. Zugleich aber deutet sie das gesamte Taufritual retrospektiv. Ja, sie wiederholt es sogar insofern, als sich in dem Wasserschluck der Taufvollzug im Taufwasser und in der Inkorporation von Brot und Wein die Teilhabe an den Ereignissen der Osternacht wiederholt. Wasser, Brot und Wein als Elemente der Taufeucharistie bergen in sich ein semantisches Potential, das neue und weiterführende Deutungen des Geschehens inspiriert.

Ergebnis

Die Strukturanalyse ermöglicht es, auf einer sehr abstrakten Ebene länder- und zeitenübergreifende Ritualmuster zu erkennen. Ihr entgehen dabei allerdings oft die Details des gruppenspezifischen Wissens. Denn diese Details sind bewußt, kontextabhängig und kurzlebiger als elementare Strukturen. In den Bereich, der unterhalb der Schwelle gesamtkultureller Sinn- und Orientierungssysteme liegt, kann sie nur schwer eindringen. Strukturbedeutungen und theologische Deutungen sind in der Regel nicht deckungsgleich, auch wenn dies im Einzelfall (Tod – Wiedergeburt) durchaus einmal möglich sein kann. Die Strukturanalyse des Taufrituals ist deshalb durch die Analyse der theologischen Deutungen zu ergänzen. Die beiden Zugänge sind komplementär, nicht alternativ zu verwenden.

---

[46] Hermann Usener: Dreiheit. In: Rheinisches Museum für Philologie. N.F.58. Frankfurt, 1903, S. 358

Zeichen, die eine deutliche Sprache sprechen

In diesem Kapitel wird mit Hilfe einer semiotischen Zeichenklassifikation rekonstruiert, wie sich die theologischen Deutungen der Taufe aus Eigenschaften und charakteristischen Merkmalen der einzelnen Ritualsegmente ableiten lassen. Die Bedeutungen, die der Taufe zugeschrieben wurden, waren nicht aus der Luft gegriffen. Sie entsprangen vielmehr einer genauen Beobachtung des Ritualgeschehens und seiner einzelnen Elemente. Sie waren sinnlich erfahrbar und sind auch heute noch systematisch kontrollierbar.

Kurze Einführung in die Lehre von den Zeichen (Semiotik)

Wie sie sich heute darstellt, ist die Semiotik weder eine Disziplin noch eine Methode. Eher schon könnte man sie als ein interdisziplinär behandeltes Thema bezeichnen. Forscher aus solch heterogenen Disziplinen wie der Neurophysiologie, der kognitiven Psychologie, der Wahrnehmungs- und Erkenntnistheorie oder der Kommunikations- und Sprachwissenschaften, um nur einige zu nennen, bemühen sich gemeinsam darum, die Welt der Zeichen zu entschlüsseln. Denn es ist zwar eine banale Tatsache, daß wir tagtäglich und mit schlafwandlerischer Sicherheit mit Zeichen umgehen. Zumeist ist uns aber gar nicht bewußt, daß wir Zeichen erkennen, Zeichen aussenden und auf Zeichen reagieren. Semiotiker beschäftigen sich deshalb auch mit vergleichsweise schlichten Fragestellungen: Was ist ein Zeichen? Wie sind Zeichen abbildbar und klassifizierbar? Wie werden Botschaften mit Hilfe von Zeichen erstellt? Wie werden Zeichen wahrgenommen und entschlüsselt? Welche Bedingungen beeinflussen die Produktion, die Wahrnehmung und die Verstehbarkeit von Zeichen?

Die Herkunft der Semiotiker aus sehr unterschiedlichen Disziplinen hat es mit sich gebracht, daß es innerhalb des Gesamtprogramms der Semiotik heute eine Vielzahl von unterschiedlichen Zeichentheorien, Projekten und terminologischen Festlegungen gibt. In der Theologie wird man mit dem Stichwort „Semiotik" wohl zunächst linguistische und strukturale Methoden der Analyse von schriftlichen Texten verbinden. Solche Textanalysen werden vor allem im französischen Sprachraum als „Semiotik" bezeichnet.[47] Die liturgische Semiotik von Rainer Volp hat dagegen den kommunikationstheoretischen Ansatz des Italieners Umberto Eco[48] aufgenommen und zum Programm der semiotischen Gottesdienstforschung weiterentwickelt.[49] Daneben gibt es eine unüberschaubare Anzahl von Arbeiten, die die Semiotik mit psychokybernetischen[50], erkenntnistheoretisch-logischen[51], behavioristischen[52] oder pragmatisch-situationsanalytischen[53] Fragestellungen und Methoden verbunden haben.

---

[47] Vgl. Jean Delorme: Die Lektüre und ihr Text. In: Rainer Volp (Hrsg.): [Nr. 115], S. 19–47 und Daniel Patte: Zur semiotischen Grundlage struktureraler Hermeneutik, ebd., S. 48–78

[48] Umberto Eco [Nr. 32, 33 und 34]

[49] Günther Schiwy u.a. [Nr. 97]; Rainer Volp / Heinrich Immel: Beten mit offenen Augen. In: Rainer Volp (Hrsg.) [Nr. 115], S. 250–265

[50] Hellmuth Benesch [Nr. 6]

[51] Wilhelm Kamlah / Paul Lorenzen [Nr. 56], S. 45–69; Jürgen Trabant [Nr. 109]

[52] Charles William Morris [Nr. 77 und 78]

[53] Achim Eschbach: Pragmasemiotik und Theater. Tübingen, 1979; Ernest W.B. Hess-

Die Vielfalt der Zugänge und Auffassungen von Semiotik macht es schwer, sich einen Überblick zu verschaffen. Sie zeigt aber auch, daß es ohne Anleihen bei bereits etablierten Disziplinen unmöglich ist, eine zeichentheoretische Konzeption zu entwickeln. Vor diesem Problem steht man auch, wenn man religiöse Symbole untersuchen möchte. Es werden deshalb in bescheidenem Umfang auch Ergebnisse der Wahrnehmungs- und Denkpsychologie, der Sprachforschung und der interdisziplinären Pragmatikdiskussion in die Untersuchung einbezogen werden. Da ich jedoch Semiotik im sehr engen Sinn als Theorie der Zeichen verstehe, bleibt der Zeichenbegriff stets das „Organon"[54] der Untersuchung. Zeichenklassifikationen bilden das eigentliche Analyseinstrumentarium.

Die bis heute grundlegenden Zeichenmodelle wurden bereits in der Antike entwickelt.[55] Cicero hat das Zeichen in „De inventione rhetorica" folgendermaßen definiert: „Ein Zeichen ist etwas, das jemand mit den Sinnen wahrnimmt und das etwas bedeutet, was außerhalb seiner selbst zu liegen scheint. Sei es, daß es vorher gewesen ist oder daß es in der Gegenwart besteht oder daß es später folgen wird."[56] Augustin, der selbst ebenfalls zwei wichtige zeichentheoretische Schriften verfaßt hat[57], formulierte kürzer: „Ein Zeichen ist nämlich ein Ding, das außer dem Erscheinungsbild (dem Eindruck), das sich den Sinnen aufdrängt, noch etwas anderes mit zur Vorstellung gelangen läßt."[58]

Ungeachtet der Differenzen, die ihre Definitionen aufweisen, sind sich beide Autoren darin einig, daß ein Zeichen aus mehreren Komponenten besteht. Zunächst ist da eine sinnlich wahrnehmbare Seite. In der Semiotik wird sie „Zeichengestalt", „Ausdruck" oder zumeist „Signifikant" genannt. Augustin sprach von „significans". Von einem „Zeichen" darf aber erst dann gesprochen werden, wenn die Zeichengestalt zusätzlich zu ihrer eigenen Bedeutung noch etwas anderes bezeichnet, wenn sie eine weiterführende Assoziation hervorruft. Die primäre, ureigene Bedeutung einer Zeichengestalt wird in der Semiotik „Signifikat" genannt. Augustin sprach von „significatus". Die weiterführende Assoziation, das, was durch ein Zeichen „bezeichnet" wird, nannte Augustin „res". In der Semiotik spricht man heute zumeist von „Referent". Jede dieser drei Komponenten für sich genommen ist kein Zeichen. Ein Zeichen liegt also nicht vor, wenn lediglich das Wahrgenommene benannt wird, wie ein Kind etwa den Finger ausstreckt und sagt: „Das ist ein Tisch". – Ein Ding ist kein Zeichen. Es liegt auch kein Zeichen vor, wenn die weiterführende Vorstellung nicht durch eine Wahrnehmung angeregt ist. – Eine Idee ist ebenfalls kein Zeichen.

Umgangssprachlich wird der Begriff „Zeichen" jedoch anders verwendet. So nennen wir das Schild am Straßenrand „Verkehrszeichen". Ein solches Ver-

---

Lüttich: Semiotik der multimedialen Kommunikation. In: Tasso Borbé / Martin Krampen (Hrsg.): Angewandte Semiotik. Wien, 1978, S. 21–48

54 Charles William Morris [Nr. 77], S. 85

55 Einen ersten Einblick in die sehr alte und überaus reich entwickelte Geschichte der Semiotik bieten: Eugenio Coseriu [Nr.24]; Rudolf Haller [Nr.46]; Tzvetan Todorov [Nr.108]; Martin Krampen u.a. (Hrsg.) [Nr.60]

56 Cicero: De inventione rhetorica I,30 (48)

57 De magistro (= CCSL 29, S. 157–203) und De doctrina christiana (= CCSL 32, S. 1–167)

58 Augustin: De doctrina christiana II 1,1 (= CCSL 32, S. 32)

26

kehrszeichen heißt zwar auch „Zeichen", es ist aber im semiotischen Sinn solange kein Zeichen, wie es nicht von einem Betrachter wahrgenommen *und* gedeutet, also verstanden wird. Der semiotische Zeichenbegriff ist lediglich ein theoretisches Konstrukt, das helfen soll, die in Alltagssituationen stets ineinander verflochtenen Wahrnehmungs- und Deutungsprozesse zu strukturieren. Wörter, Sätze, Texte oder auch komplexe Situationen lassen sich semiotisch als Zeichen auffassen. Ebenso auch nichtverbale Ausdrucksformen wie Bewegungen oder Körperhaltungen. Schließlich kann jede Art von Sinneswahrnehmung zum Zeichen werden, wenn eine weiterführende Vorstellung durch die Sinneswahrnehmung ausgelöst wird.

Drei Zeichenarten: Index, Ikon und arbiträres Zeichen

Um genauer beschreiben zu können, wie sich aus den unterschiedlichen Ritualsegmenten Bedeutungen ableiten lassen, greife ich auf eine Zeicheneinteilung zurück, die der amerikanische Philosoph und Semiotiker Charles Sanders Peirce (1839–1914) vorgeschlagen hat. In seinem Aufsatz „On a New List of Categories"[59] von 1867 unterschied er die drei Zeichenarten „Index", „Ikon" und „Symbol".

1) Ein Index ist nach Peirce ein „Zeichen, das auf das Objekt, das es denotiert, dadurch verweist, daß es wirklich durch dieses Objekt beeinflußt ist."[60] Eine solche Beeinflussung ist auf dreierlei Art denkbar. Ein Index kann durch ein Objekt bewirkt sein. Eine Rauchwolke am Horizont zeigt an, daß dort, wo der Rauch aufsteigt, ein Feuer brennt. Ein Index kann in einer angrenzenden Beziehung zum Objekt stehen. Das Pfeifen des Wasserkessels etwa zeigt an, daß das Wasser kocht. Ein Index kann am Objekt selbst partizipieren. Ein einzelnes Blatt etwa kann den dazugehörigen Baum bezeichnen, denn es ist ein Teil des Baumes.

2) „Ein Ikon ist ein Zeichen, das sich auf das Objekt, welches es denotiert, lediglich durch seine Eigenschaften, die es besitzt, bezieht ... Irgend etwas, sei es eine Qualität, ein existierendes Einzelding oder ein Gesetz, ist ein Ikon von etwas, wenn es diesem *ähnlich* ist und als ein Zeichen von ihm benutzt wird."[61] Bilder sind also ebenso ikonische Zeichen wie der Fahrplan der Bundesbahn, eine Bauskizze oder ein Piktogramm.

3) Peirce nennt alle die Zeichen „Symbol", die weder Anteil noch Ähnlichkeit mit dem Referent haben. Solche „Symbole" verdanken ihre Entstehung einer historisch und sozial bedingten, zumindest potentiell aber jederzeit modifizierbaren oder aufhebbaren Konvention. Der überwiegende Teil des Wortschatzes einer Sprache besteht aus „Symbolen". Was im deutschen Sprachraum „Baum" heißt, wird im Englischen „tree" und im Französischen „arbre" genannt, ohne daß hier erkennbare Merkmale des Signifikanten auf die Gestalt und Identität des Referenten schließen lassen.

Die Peircesche Benennung „Symbol" kann leider leicht zu Verwechselungen oder Mißverständnissen führen. Denn die vorliegende Untersuchung bezieht sich ja gerade nicht nur auf die sprachliche Symbolik. Es ist vielmehr bereits

59 Charles Sanders Peirce [Nr. 89]
60 Charles Sanders Peirce [Nr. 89] 2,248
61 Charles Sanders Peirce [Nr. 89] 2,247

deutlich geworden, daß vor allem die nichtsprachliche Symbolik im Tauftext Hippolyts besonders wichtig ist. Es erschien mir daher angebracht, den Peirceschen Begriff „Symbol" nicht zu verwenden. Ich spreche statt dessen immer dann, wenn Peirce den Begriff „Symbol" verwendet hätte, von einem „arbiträren Zeichen".

Drei Arten von indexalischen Zeichen

Das interdisziplinäre Gespräch über Fragen der Semiotik leidet unter einer schon fast babylonischen Sprachverwirrung. Unterschiedlichste terminologische Festlegungen existieren oftmals ohne ersichtlichen Erkenntnisgewinn nebeneinander. So findet man in der Fachliteratur neben den Bezeichnungen „Index", „Ikon" und „Symbol" noch zahllose andere Benennungen und eine verwirrend große Anzahl von abweichenden Zeichenklassifikationen.[62] Da es vor allem für den Bereich der nichtsprachlichen Symbolik bis heute noch keine Zeichenklassifikation gibt, die sich allgemeiner Anerkennung erfreuen könnte, war ich darauf angewiesen, die unterschiedlichen Arten von indexalischen Zeichen für den Gebrauch in der vorliegenden Arbeit selbst abzugrenzen und zu definieren. Daß sich damit zu der ohnehin schon vorhandenen Überfülle an Zeichenklassifikationen eine weitere hinzugesellt, muß ich mit Bedauern in Kauf nehmen.

Indexalische Zeichen werden *Vektoren* genannt, wenn das Bezeichnete in einem Verhältnis räumlicher Angrenzung zur wahrnehmbaren Zeichengestalt steht. Das Zeitverhältnis ist immer gleichzeitig. Beispiele für Vektoren: Der Pfeifton des Wasserkessels (Bezeichnendes) und das kochende Wasser (Bezeichnetes); Wetterfahne und Windrichtung; Rauch und Feuer (Merkmal: Kontiguität).

Indexalische Zeichen werden *Indizien* genannt, wenn das Bezeichnete kausal aus der Zeichenwahrnehmung ableitbar ist. Das Zeitverhältnis ist vorzeitig oder nachzeitig. Beispiele für Indizien: Autowrack und Verkehrsunfall; dunkle Wolken am Himmel und Regen (Merkmal: Kausalität).

Indexalische Zeichen werden *Synekdochen* genannt, wenn ein Teil das Ganze symbolisiert. Die wahrnehmbare Zeichengestalt ist bekannt als Bestandteil des Bezeichneten. Das Zeitverhältnis ist immer gleichzeitig. Beispiele: Blatt und Baum; Segel und Schiff (Merkmal: Partizipation).

Ikon: Merkmalsidentität statt Ähnlichkeit

Schon die einführenden Beispiele haben gezeigt, daß sehr unterschiedliche Phänomene mit stark differierendem Abstraktionsgrad als ikonische Zeichen klassifiziert werden. Die ikonischen Zeichen bilden ein Feld, das sich mit fließenden Übergängen an den Rändern zwischen den indexalischen Zeichen auf der einen Seite und den arbiträren Zeichen auf der anderen Seite erstreckt. Eine Fußspur beispielsweise läßt sich ebenso als Index wie auch als Ikon klassifizieren. Die sog. „onomatopoetischen" Ausdrücke der Sprache dagegen, Lautmalereien wie „Kikeriki" oder „Wau Wau", bilden einen Grenzbereich, in dem Ikonisches und Arbiträres ineinander übergehen. Dazwischen

---

[62] Winfried Nöth hat eine Übersicht zusammengestellt [Nr. 85], S. 14; vgl. auch meine Liste, in: Rudolf Fleischer [Nr. 39], S. 418

liegt eine Fülle von Zeichen, deren Zusammengehörigkeit von Peirce behauptet wurde, da sie das Merkmal der „Ähnlichkeit" von Signifikant und Referent gemeinsam haben. Was aber heißt „Ähnlichkeit" eigentlich? Der Begriff suggeriert das Vorhandensein einer „Stufenleiter der Ikonizität"[63], deren erste Stufe durch völliges Fehlen der Ähnlichkeit (= Grenze zum arbiträren Zeichen) und deren letzte Stufe durch maximale Ähnlichkeit, also durch Identität von Signifikant und Referent gebildet wird. Diese Vorstellung ist jedoch falsch, denn sie beruht auf der intuitiv vollzogenen Komparation des Begriffs „ähnlich".[64] Statt von einer Stufenleiter der Ähnlichkeit auszugehen, wird hier vorgeschlagen, von Aspektidentität oder *Merkmalsidentität* als Kriterium für die Ikonizität eines Zeichens zu sprechen. In der Kognitiven Psychologie und in der Sprachwissenschaft werden Merkmalsanalysen längst verwendet. Sie ermöglichen in jedem Einzelfall die exakte Bestimmung des ikonischen Charakters eines Zeichens.

Was ist ein semantisches Merkmal? Im Zuge der Erforschung der Funktionsweise des menschlichen Gehirns hat die Kognitive Psychologie einen eigenen Beitrag zur Beantwortung dieser Frage geleistet. Um einen kleinen Einblick in die Methoden dieser hochinteressanten Disziplin zu geben, soll an dieser Stelle ein kurzer Test[65] eingeschoben werden: Welches der vier Worte gehört nicht in die folgende Reihe hinein: Wolkenkratzer, Kathedrale, Tempel, Gebet?

Wer den Begriff „Gebet" ausgesondert hat, hat eine Liste mit dem Oberbegriff „Gebäude" gebildet. Wer dagegen den Begriff „Wolkenkratzer" als unpassend empfand, hat an „Religion" als Oberbegriff gedacht. Beides ist möglich. Selten wird aber beides auch erkannt. Denn beim Lesen bildet sich eine Erwartungshaltung heraus, die durch die Ermittlung übereinstimmender Merkmale immer stärker verfestigt wird. Die als unpassend empfundenen Merkmale der anderen möglichen Gruppe werden dann vernachlässigt.

Bei der Lösung der Aufgabe passiert also zweierlei. Die gelesenen Begriffe werden einerseits in unterschiedlichen semantischen Merkmale zerlegt, und sie werden andererseits einer Begriffshierarchie zugeordnet, sie werden klassifiziert. Diese Fähigkeit, die Fähigkeit zur Klassifikation, setzt die Fähigkeit zur Merkmalsanalyse voraus. Denn wer Wolkenkratzer, Kathedrale und Tempel dem Begriff „Gebäude" zuordnet, der kann das nur tun, weil er die Gegenstände der Objektwelt nicht allein als isolierte, in sich abgeschlossene Einheiten kennt, sondern weil er darüber hinaus auch die einzelnen semantischen Merkmale abrufen und neuen logischen Hierarchien zuordnen kann. Mehr noch, um die Gemeinsamkeiten der unterschiedlichen Begriffe herauszufinden, muß man eine ganze Reihe von anderen semantischen Merkmalen vernachlässigen, die ebenfalls zu den Begriffen gehören. Weitere Merkmale von „Wolkenkratzer" sind beispielsweise (Beton)[66] [bitte die Anm. lesen], (Technik), (Nordamerika) oder (20. Jahrhundert). Mit dem Begriff „Kathedrale"

---

63 So Umberto Eco [Nr. 33], S. 63 und Thomas A. Sebeok [Nr. 100], S. 95
64 Umberto Eco [Nr. 32], S. 200 äußert diese Kritik ebenfalls, ohne jedoch den Zusammenhang von Ikonizität und Aspektidentität zu benennen.
65 Die Wortliste stammt aus einem Test von Cofer (1954) und ist zitiert nach Michael Posner [Nr. 91], S. 77
66 Semantische Merkmale werden üblicherweise mit runden Klammern versehen, um sie von Objektbezeichnungen zu unterscheiden.

verbinden sich Merkmale wie (Stein), (Handwerk), (Europa) oder (Mittelalter). Keines dieser Merkmale wäre geeignet gewesen, um „Wolkenkratzer" und „Kathedrale" zu verbinden. Erst die Identität der semantischen Merkmale macht unterschiedliche Objekte miteinander vergleichbar und läßt Gemeinsamkeiten zwischen ihnen erkennbar werden.

Auch in der Sprachwissenschaft ist eine Reihe von sehr unterschiedlichen Verfahren entwickelt worden, um die bedeutungskonstituierenden Merkmale von Begriffen systematisch zu erfassen. An dieser Stelle seien nur die sog. „semantische Komponentenanalyse"[67] und die „Konnotationstheorie"[68] erwähnt. Die Konnotationstheorie weist auf die Tatsache hin, daß in der Alltagskommunikation semantische Merkmale ganz selbstverständlich auch aus dem „Umfeld" entnommen werden, in dem sich ein Zeichenprozeß abspielt. Es kann sich dabei um den räumlichen, zeitlichen oder sozialen Kontext handeln, der den Zeichenprozeß und damit auch das semantische Potential der verwendeten Zeichen beeinflußt. Semantische Merkmale werden nicht nur dem Begriff selbst, sondern auch der Situation entnommen, innerhalb derer der Begriff auftaucht. Situative Merkmale des Begriffs „Wolkenkratzer" waren beispielsweise (Nordamerika) und (20. Jahrhundert). Es kann sich aber auch um Rollenerwartungen, ein bestimmtes kulturelles oder gruppenspezifisches Wissen handeln, um besondere Vorkenntnisse oder psychische Dispositionen, die den Zeichenaustausch beeinflussen. Auch darauf hat die Konnotationstheorie hingewiesen. Die Bedeutung eines Zeichens wird auch von den semantischen Merkmalen beeinflußt, die ein Zeichenrezipient in einer jeweils konkreten Situation seinen Wahrnehmungen zuordnet. Solche rein subjektiv geprägten Deutungen entziehen sich in der Regel der semiotischen Analyse. Situationsabhängige Deutungen sind dagegen für die Analyse der Taufsymbolik von ganz erheblicher Bedeutung.

Ikonische und indexalische Zeichen im altkirchlichen Taufritual

Das methodische und terminologische Instrumentarium ist nun zusammengestellt, mit dessen Hilfe ein großer Teil der Symbolhandlungen des Taufrituals als ikonische oder indexalische Zeichen klassifiziert werden kann. Auf dem Hintergrund dieser Zuordnung kann auch dargestellt werden, *warum* die einzelnen Zeichen und Zeichenhandlungen das bedeuten, was ihnen von den altkirchlichen Autoren als Bedeutung zugeschrieben worden ist.

Ikonische Zeichen im Taufritual

1. Wasser und Taufvollzug

Am Beispiel des Wassers soll relativ ausführlich gezeigt werden, wie symbolische Bedeutungen aus den semantischen Merkmalen eines Objektes oder einer Handlung abgeleitet werden. Semantische Merkmale des Wassers lassen sich ermitteln, indem man nach den Eigenschaften des Wassers fragt, nach

---

[67] Harald Weinrich: Negationen der Sprache (1975). In: Ders. [Nr. 118], S. 72–74; Ders.: Streit um Metaphern [Nr. 118], S. 331 f.; Theodor Ebneter [Nr. 31]
[68] Gerda Rössler [Nr. 95]

seiner Konsistenz, seinen Verwendungsformen oder nach seinem Vorkommen in der Natur.

So ist zunächst festzuhalten, daß nichts und niemand auf dieser Welt ohne Wasser leben kann. Wasser ist das lebenspendende Element schlechthin. Deshalb erscheint es auch im religiösen Zusammenhang immer als das Element des Lebens. In einem vedischen Text heißt es: „Wasser, du bist die Quelle jedes Dings und jeder Existenz".[69] Zugleich können große Wassermassen aber auch von zerstörender und todbringender Kraft und Gewalt sein. Im Atlantismythos oder der Sintfluterzählung hat diese Eigenart des Wassers einen sehr plastischen Ausdruck gefunden. Wasser ist also nicht nur Element des Lebens, es trägt auch das semantische Merkmal (todbringend). Schließlich kennt jedermann Wasser auch als universales Reinigungsmittel. Auch diese Eigenart wird im religiösen Kontext häufig angesprochen. Tertullian schreibt dazu in „De baptismo" (V,2), daß das Wasser wegen dieser spezifischen Eigenart geradezu „qualifiziert ist (sit adlegendi), zur Reinigung zu locken".[70]

Diese drei grundlegenden semantischen Merkmale des Wassers sind bekanntermaßen auch in die Deutungen der Taufsymbolik eingegangen: Um die Taufhandlung zu deuten, haben die altkirchlichen Autoren die Eigenschaften des Wassers auf den religiösen Kontext übertragen. Tertullian hat das in einer Passage von „De baptismo" (IV,5) sogar explizit ausgesprochen. Er schreibt dort: „Die Ähnlichkeit besteht freilich gegenüber dem einfachen Akt darin, daß wir mit Wasser abgewaschen werden sollen, nachdem wir nun statt mit Schmutz mit Sünden besudelt sind."[71] Tertullian spricht hier von „Ähnlichkeit" und macht damit deutlich, daß man zur Deutung der Taufsymbolik die semantischen Merkmale des verwendeten Elementes heranziehen muß. Man tauft mit Wasser und nicht etwa mit Öl oder mit Saft, weil Wasser im Gegensatz zu den anderen Flüssigkeiten das semantische Merkmal (Reinigungskraft) besitzt. Dieses semantische Merkmal wird benutzt und mit der Vorstellung verbunden, daß bei der Taufe eben nicht Schmutz, sondern Sünden abgewaschen werden. Der Vorgang des Abwaschens aber ist in beiden Fällen identisch.

In der gleichen Weise wurden die Merkmale (todbringendes Element) und (lebenspendendes Element) auf das alte und neue Leben des Täuflings bezogen. Der alte Mensch stirbt im Taufwasser, ein neuer Mensch wird aus dem Taufwasser geboren. Diese Taufdeutungen findet man schon in neutestamentlicher Zeit, etwa bei Paulus, der vom Mitsterben mit Christus in der Taufe spricht (Römer 6), oder im Titusbrief, der die Taufe als „Bad der Wiedergeburt" bezeichnet (3,5).

Aus der Beobachtung, daß die Anzahl der semantischen Merkmale eines Objekts oder einer Handlung unbestimmbar groß ist, lassen sich erste Rückschlüsse auf die Ursachen des Bedeutungswandels religiöser Rituale ziehen. Neben einzelnen semantischen Merkmalen, die gewissermaßen fundamentalen Charakter haben, gibt es stets noch eine ganze Anzahl von weiteren Merkmalen. Diese können lange Zeitlang von erheblicher Deutungsrelevanz sein und sich großer Popularität erfreuen, später aber nach und nach in Vergessenheit geraten. Andere Merkmale werden vielleicht nur von wenigen Autoren

---

[69] Zitiert nach Mircea Eliade [Nr. 35], S. 217
[70] = CCSL I, S. 280f.
[71] = CCSL I, S. 280

für wichtig gehalten und zur Deutung herangezogen. Sie finden aber keine allgemeine Anerkennung und werden dann wieder vergessen. Auf diese Art verändern sich zwar die Deutungen der Taufsymbolik im Laufe der Zeit, stets bleibt jedoch das hermeneutische Prinzip erhalten: die Ermittlung der symbolischen Bedeutungen aus den semantischen Merkmalen der verwendeten Zeichenmaterie.

Bis ins Mittelalter hinein hat sich dieses hermeneutische Grundprinzip nachweislich erhalten. Noch in der „Summa theologiae" des Thomas von Aquin kann man es deutlich wiedererkennen. Er nennt im 3. Buch, Frage 66,3 vier semantische Merkmale des Wassers und leitet aus den genannten Merkmalen die Wirkungen der Taufe ab: Wasser ist ein *Lebensspender* – es ermöglicht neues Leben. Wasser *reinigt* – es wäscht die Sünden ab. Diese beiden Merkmale sind bekannt. Weiter schreibt er: Wasser *kühlt* – es mindert die Glut der Begierlichkeit. Und Wasser ist *durchsichtig.* Diese Eigenart macht das Wasser empfänglich für die Aufnahme des Lichtes, so daß es die Erleuchtung der Täuflinge bewirken kann. Die Taufdeutungen des Thomas belegen die oben aufgestellte These. Denn Thomas hat zur Begründung der dritten und vierten Deutung zwei semantische Merkmale des Wassers auf die Taufe bezogen, die in altkirchlicher Zeit noch nicht zur Deutung herangezogen wurden.

Die Ausdeutung der semantischen Merkmale hat sich auch in anderer Hinsicht als ein äußerst flexibles hermeneutisches Prinzip erwiesen. Georg Kretschmar hat die tiefgreifenden Veränderungen untersucht, die die christliche Kirche vor und nach Nicäa durchlaufen hat. Er konnte nachweisen, daß die Umwälzungen dieser Zeit auch gravierende Konsequenzen für die Deutung der Taufsymbolik gehabt haben. Während nämlich vor Nicäa die Taufbedeutungen vor allem ekklesiologisch und pneumatisch bestimmt wurden – im Mittelpunkt standen Sündentilgung, Wiedergeburt und Geistverleihung -, verschob sich nach Nicäa das Taufverständnis hin zu christologischen Deutungen. Auch diese Bedeutungsänderung wurde möglich, ohne das hermeneutische Prinzip zu wechseln. Man zog lediglich andere semantische Merkmale der Taufhandlung zur Deutung des Geschehens heran:

Ambrosius schreibt in „De sacramentis" (II,20[72]): „Wiederum wurdest du gefragt: ‚Glaubst du an unseren Herrn Jesus Christus und an sein Kreuz?' Du sagtest: ‚Ich glaube' und wurdest untergetaucht. So wurdest du zusammen mit Christus begraben; denn wer mit Christus begraben wird, der steht auch mit ihm wieder auf." Die christologische Deutung ist von Römer 6 her motiviert und als Ausdeutung des Wasserrituals begründet. Aus der Handlung des Tauchens wird das semantische Merkmal (unter einer Oberfläche verschwinden) abgeleitet, das tertium comparationis, um die beiden Begriffe „untertauchen" und „begraben werden" miteinander in Beziehung zu setzen.

Die Symboldeutung mit Hilfe der semantischen Merkmalsanalyse war ein kreatives und sehr flexibel handhabbares hermeneutisches Prinzip, das es den altkirchlichen Theologen gestattete, die Taufdeutung wechselnden religiösen, historischen oder kulturellen Rahmenbedingungen anzupassen.

---

[72] = SC 25/2, S. 84f.

2. Die Form des Taufbades[73]

Die Form des Taufbades ist, semiotisch betrachtet, nicht gleichgültig. Wo der Täufling vollständig im Wasser untertauchte, können der Handlung die semantischen Merkmale (sterben) und (wiedergeboren werden) zugeordnet werden. Dagegen ist das Begießen des Täuflings oder das Überspülen unter einem Wasserspeier stärker ein (Abwaschen) und (Fortspülen). Das Besprengen schließlich bedeutet, daß jemandem etwas appliziert wird. Es bleibt etwas anhaften, nachdem der Wassertropfen verdunstet ist.

3. Das Öl und die Salbungen

Es sind vor allem drei Eigenschaften des Öls, die für die Ausdeutung des Taufrituals wichtig waren. Öl wurde in der Antike als Reinigungsmittel verwendet und konnte deshalb die Reinigungssymbolik des Wassers unterstützen. Öl legt sich wie ein Schutzfilm um den Körper, wenn man es als Salböl verwendet. Mit dieser Eigenschaft machte es die apotropäische Bedeutung der praebaptismalen Salbung erfahrbar. Und schließlich kommt noch ein Moment der Kräftigung, Stärkung und Kraftübertragung hinzu, das bei der postbaptismalen Salbung, vor allem aber bei der geistverleihenden dritten Salbung in der Kirche zu berücksichtigen sein dürfte.

4. Die Selbstwaschung am Donnerstag

Auch bei der Selbstwaschung geht es um das Merkmal (Reinigungskraft). Der Taufkandidat befreit sich mit dieser Waschung vom Straßenstaub, aber zugleich auch von den menschlichen Qualitäten seiner alten Existenz, von seinem „alten Adam".

5. Das Anblasen der Taufkandidaten am Samstag

Als ikonisches Zeichen ist das Anblasen des Täuflings nach dem letzten abschließenden Exorzismus ein „Wegpusten". Der Teufel soll weggeblasen werden.

6. Die Siegelung der Taufkandidaten am Samstag

Das Siegel ist wegen des semantischen Merkmals (Kreuzform) ein ikonisches Zeichen des Kreuzes Christi.

7. Der Tauftermin

Im Rom des ausgehenden 2. Jahrhunderts wurde am Ostermorgen getauft, zu der Zeit, in der die Trauer über den Tod Jesu in den Jubel über seine Auferstehung überging.[74] Dieser Tag hatte drei semantische Merkmale. Er war der (Auferstehungstag), er war ein (Sonntag), und über das Merkmal (erster Tag der Woche) ließ er sich mit dem 1.Tag der Schöpfung verknüpfen. Er war der (Schöpfungstag).

---

[73] In der Regel wurde in der Alten Kirche durch vollständiges Untertauchen getauft. Allerdings gab es schon sehr früh Ausnahmen von dieser Regelform. Wenn es an Wasser mangelte (Didache VII,3), war dreifaches Aufgießen gestattet, ebenso bei der Krankentaufe (Cyprian: Epistula 69,12). Die Taufe galt also auch dann als gültig vollzogen, wenn sie pars pro toto vollzogen worden war.
[74] Hippolyt: Danielkommentar I 16,1 (= GCS Hippolyt I, S. 26); weitere Belege s.u. S. 44 Anm. 117

8. Die Taufzeit

Der Wechsel von der Nacht zum Tag wurde als ikonisches Zeichen für die Befreiung von der Finsternis und die Erleuchtung der Täuflinge gedeutet.[75] Im Licht der Morgensonne wurde den Täuflingen auch das Leben zugesprochen, denn Licht spendet Wachstum und Leben.

9. Das Küssen

Semantische Merkmale des Küssens, die im Taufritual von Bedeutung sind, sind (berühren), (Getrenntes zusammenführen) und (vereinigen). Als ikonisches Zeichen symbolisiert der Kuß deshalb die Verschwisterung und die Einheit der Gemeinde. Die Situation läßt darüber hinaus auch die Deutungen Freudenkuß und Liebeserweis zu.

10. Das Brot und der Wein

Die Farbe und die Konsistenz des Beerensaftes drängen die Assoziation „Blut" geradezu auf.[76] Das Brot dagegen besaß in der antiken Welt eine ganze Reihe von Merkmalen, die zu sehr verschiedenen Deutungen Anlaß gaben: Da war zunächst die Brotform, der runde flache Laib, der die Deutung als „Körper Christi" ermöglichte. Diese Deutung wurde durch die Weinsymbolik verstärkt. Häufig hatte das Brot eine kreuzförmige Einkerbung und wurde deshalb auch „panis quadratus" genannt. „Die Kerbung des panis quadratus wurde als Darstellung des christlichen Kreuzes verstanden; die des panis trifudus [drei Kerben] als Hinweis auf die Trinität."[77] In Fortführung der Laibsymbolik konnte man dann das Brotbrechen als das Sterben des Leibes verstehen. Auch der Herstellungsprozeß ließ sich ausdeuten: Aus den vielen Körnern wird ein Brotlaib.

11. Der Wasserschluck

Der Genuß des Wasserkelches bei der Taufeucharistie wurde als eine innere Taufe gedeutet. Das Merkmal (Reinigungskraft) bleibt also auch dann erhalten, wenn das Wasser innerhalb des menschlichen Körpers wirkt.

Indexalische Zeichen im Taufritual

Für die Rekonstruktion der Logik altkirchlicher Symboldeutung werden von den drei Arten indexalischer Zeichen, die weiter oben unterschieden wurden, vor allem zwei benötigt, die Synekdoche und der Vektor:

1. Das Siegel (Synekdoche)

Das Siegel ist zunächst ein Ikon, denn seine Form symbolisiert das Kreuz Christi. Darüber hinaus kann es auch als Index gedeutet werden, denn das Kreuz gewinnt seinen Sinn erst dadurch, daß es als Zeichen stellvertretend steht für die gesamte Kreuzigungsszene. Hippolyt nennt das Siegel deshalb

---

[75] Belege s.u. S. 40–42

[76] Vgl. Dtn. 32,14: „Traubenblut" statt „Rotwein" oder Jes. 63,1–6, wo Blut als Wein bezeichnet wird. Beide Textstellen belegen die wechselseitige Substituierbarkeit schon in alttestamentlicher Zeit.

[77] Franz Eckstein / Alfred Stuiber: Art.: Brotformen. In: RAC. Band II. Stuttgart, 1954, Sp. 629

auch ein „Zeichen des Todes Christi" (XXXVII,1). Das Sterben Christi aber ist Teil der gesamten Christusgeschichte, die von der Taufe bis zur Himmelfahrt und Parusie reicht. Mit dem Kreuzzeichen ist also ein signifikantes Element aus einer viel weiterreichenden Geschichte ausgewählt worden, dessen Aufgabe es ist, stellvertretend alle übrigen Details dieser Geschichte zu repräsentieren. In ganz ähnlicher Weise konnte Paulus etwa unter der Redewendung „das Wort vom Kreuz" (1. Korinther 1,18) die gesamte christliche Predigt subsumieren.

2. Das Siegel (Vektor)

Wo das Siegel als Eigentumskennzeichen verstanden ist, vergleichbar der antiken Sitte, die Sklaven zu siegeln, um sie damit als persönliches Eigentum ihres Herrn auszuweisen, liegt ein vektorieller Zeichengebrauch vor. Das Siegel ist das (ikonische) Christuszeichen. Die Herstellung einer räumlichen Angrenzung von Siegel und Stirn (pars pro toto: Kontakt mit dem ganzen Menschen) soll bewirken, daß nun auch der ganze Mensch, der dieses Zeichen trägt, Jesus Christus gehört.

Das Siegel wurde aber auch als Schutzzeichen[78] verstanden, als „Manifest gegen den Teufel" (XXXVII,1). Auch in diesem Fall liegt vektorieller Zeichengebrauch vor, nur wird das Prinzip der Angrenzung hier negativ verwendet. Es geht darum, eine Abgrenzung zu symbolisieren. Das Siegel soll verhindern, daß die negativen Kräfte des Bösen auf den Träger des Siegels überspringen. Der Vektor wird zum Grenzpfosten und Stopschild.

3. Das Fasten und die sexuelle Enthaltsamkeit
in der Vorbereitung auf die Taufe (Vektor)

Das Fasten diente nach antikem Verständnis dazu, die Dämonen fernzuhalten oder zu vertreiben: „Wenn wir Speise zu uns nehmen, kommen sie herbei und setzen sich im Körper fest. Und deshalb die Enthaltungen. Nicht um der Götter willen, sondern um diese zu vertreiben."[79] Das Fasten läßt sich also ebenfalls als eine Symbolhandlung beschreiben, mit der entsprechend der Logik des vektoriellen Zeichengebrauchs eine Grenzlinie gezogen werden soll. Analoges gilt für die sexuelle Enthaltsamkeit.

4. Milch und Honig (Synekdoche)

Der Kelch mit Milch und Honig bei der Taufeucharistie wurde von Hippolyt auf zweierlei Art gedeutet: als Ausdruck des Wiedergeborenseins der Neugetauften[80] und als Teilhabe an dem Heiligen Land der Verheißung und damit als Zugehörigkeit zum wahren Volk Israel (XXIII,2). Beide Deutungen sind indexalisch. Die erste leitet aus der Präsenz der beiden Elemente, die üblicherweise im Bereich der Säuglings- und Kleinkindpflege verwendet werden, die tatsächliche Existenz des Säuglingsmilieus ab. Die zweite geht davon aus, daß die beiden biblischen Landesfrüchte „Milch und Honig" pars pro toto das Heilige Land als Ganzes bezeichnen und vergegenwärtigen. Die weitergehende Deutung, die Christen seien Bewohner des Heiligen Landes, ist vektoriell. Land und

---

[78] So schon in Gen. 4,15 und Ez. 9,4–6
[79] Porphyrius, zit. nach Otto Böcher [Nr. 17], S. 121
[80] Vgl. Tertullian: Adversus Marcionem I 14,3 (= CCSL I, S. 455)

Bewohner eines Landes sind räumlich angrenzende Kategorien. Die räumliche Angrenzung ermöglicht die Substitution der einen durch die andere.

Ergebnisse

In diesem Teil der Arbeit sollte gezeigt werden, wie sich mit Hilfe einer semiotischen Zeichenklassifikation erste Einblicke in Gesetzmäßigkeiten der altkirchlichen Zeichendeutung gewinnen lassen. Ein einzelnes Ritualsegment ist keineswegs auch auf eine einzige Bedeutung beschränkt. Die Vielzahl seiner semantischen Merkmale bietet auch eine Vielzahl von Ansatzpunkten für eine Deutung als ikonisches Zeichen. Aber auch indexalische Zeichen können mehrdeutig sein. Milch und Honig etwa sind signifikante Elemente aus zwei ganz verschiedenen Kontexten: Säuglingspflege und biblische Landverheißung. Schließlich war der Fall zu beobachten, daß ein einzelnes Zeichen sowohl als Ikon wie als Index gedeutet werden konnte: das Siegel. Hier baute die indexalische Deutung auf der ikonischen auf und setzte sie voraus.

Dieses Ergebnis ist auch insofern interessant, als es stark vom Ergebnis der Strukturanalyse abweicht. Während die Strukturanalyse einen kohärenten, überaus stimmigen Aufbau des Gesamtrituals erkennen ließ, zeigt nun die Untersuchung des semantischen Potentials der einzelnen Ritualsegmente, daß zentrale theologische Bedeutungen der Taufe im Gesamtablauf des Rituals mehrfach verankert sind. Das Motiv „Tod und Sterben" ist symbolisiert durch die Separationsphase des Passagerituals, aber auch durch ein semantisches Merkmal des Taufwassers. Das Motiv „Wiedergeburt und neues Leben" wurde durch die Aggregationsphase des Rituals eingespielt, aber auch durch die Symbolik der Taufzeit, den Wasserritus und den mit Milch und Honig gefüllten Kelch während der Taufeucharistie. Das Reinigungsmotiv findet man im Wasserritus, bei den Salbwirkungen und im Wasserkelch der Taufeucharistie. Die „Eingliederung in die Gemeinde Jesu Christi" wurde durch das Passageritual als Ganzes vollzogen, aber auch durch die Absage an den Teufel, durch das bekräftigte Glaubensbekenntnis während der Taufe und durch das Einigungsritual in der Kirche (Kuß – gemeinsames Gebet – Taufeucharistie). Das Motiv „Anteilgeben an Christus" realisierte sich in der Osternachterfahrung, im Glaubensbekenntnis, im Siegel und in der Taufeucharistie.

Zentrale Bedeutungen des Taufrituals waren also in der Aufbaustruktur ebenso verankert wie in einzelnen Ritualsegmenten. Dieser Umstand erwies sich als äußerst vorteilhaft für die Weiterentwicklung des Taufrituals. Denn veränderte ekklesiologische, theologische oder historische Rahmenbedingungen erzwangen stets auch eine Anpassung des Taufrituals. Im Laufe der Jahrhunderte wurden zahlreiche Veränderungen an der Gestalt und am äußeren Ablauf des Rituals vorgenommen, ohne daß dadurch sein Bedeutungsgehalt auf den ersten Blick erkennbar gelitten hätte. Erst eine genaue Analyse kann die Verschiebungen sichtbar machen und dabei die semantischen Sprünge oder Brüche ausweisen, die sich nach und nach in das Ritual eingeschlichen haben. In dem Abschnitt über „die Entstehung des neuzeitlichen Unbehagens gegenüber der Symbolik" wird dieser Gedanke noch einmal aufgegriffen und weiter vertieft werden.

Relationales Denken in der altkirchlichen Symboldeutung

Betrachtet man die Symboldeutungen der altkirchlichen Autoren, so stößt man auf eine ganze Reihe von Aussagen, die sich unserem aufgeklärten Bewußtsein zu entziehen scheinen. Ist es denn tatsächlich so, daß der äußerlich mit Wasser abgewaschene Täufling auch innerlich von seinen Sünden gereinigt ist? Inwiefern kann man behaupten, daß sich jedes Jahr aufs neue zur Osterzeit das Mysterium der Auferstehung Jesu Christi in dem kosmisch anschaubaren Vorgang des Sonnenaufgangs ereignet? Und wieso stellt das Siegel an der Stirn den Gesiegelten unter den persönlichen Schutz Jesu Christi? Alle diese Aussagen scheinen uns doch auf den ersten Blick etwas zu weit zu gehen. Woher nehmen die altkirchlichen Autoren die Gewißheit und die Bestimmtheit, mit der sie ihre hermeneutischen Aussagen vortragen?

Es mag vielleicht paradox klingen, aber wenn die Alten religiöse Rituale gedeutet haben, dann taten sie dies nach strengen Regeln. Diese Regeln sind rekonstruierbar und überprüfbar. Überraschenderweise folgen sie den Gesetzmäßigkeiten des ikonischen und des indexalischen Zeichengebrauchs. Mehr noch, aus der Art und Weise, wie die einzelnen Ritualsegmente gedeutet wurden, lassen sich die Grundmuster des altkirchlichen Denkens erheben. Dieses Denken ist „relationales Denken", genauer gesagt, es ist „ikonisches" und „indexalisches Denken".

Der Begriff „relationales Denken", den ich im folgenden verwenden werde, ist in der Diskussion über die antiken Denkformen bisher noch nicht verwendet worden. Ernst Cassirer hat den zweiten Band seiner „Philosophie der symbolischen Formen" mit der Überschrift „Das mythische Denken" versehen.[81] Alfons Kirchgässner entschied sich für den Begriff „archaisches Denken", nachdem er die Begriffe „magisches Denken", „mystisches Denken" und „naives Denken" verworfen hatte.[82] Claude Lévi-Strauss hat den Begriff „wildes Denken" gewählt.[83] Zwar haben die einzelnen Begriffe von den genannten Autoren durchweg eine vorurteilsfreie und positive Behandlung erfahren, doch lasten auf den Benennungen für das Sprachgefühl des unvoreingenommenen Lesers leider negative Konnotationen. Durchweg ist Fremdartiges, Unreifes, Antiquiertes oder zu Überwindendes impliziert.[84] Unterderhand vermischen sich Benennung und Bewertung. Und so sind die Begriffe leider doch geeignet, die oft unreflektiert übernommene Vorstellung von den Evolutionsstufen des Denkens zu perpetuieren, die der menschliche Geist durchschritten habe. Von der Ansicht, das Denken habe im aufgeklärten Bewußtsein der Neuzeit seinen endgültigen Höhepunkt erreicht, bis zum Spott Friedrich Nietzsches ist es dann nicht mehr weit: „Oh, diese Menschen von ehedem haben es verstanden, zu träumen, und hatten nicht erst nötig, einzuschlafen."[85]

Mit dem Begriff „relationales Denken" möchte ich einen rein deskriptiven Begriff einführen, der negative Assoziationen ebenso zu vermeiden hilft wie

---

81 1924. Nachdruck Darmstadt, 71977
82 Alfons Kirchgässner [Nr. 58], S. 57f und 62
83 Claude Lévi-Strauss [Nr. 67]
84 Vgl. Ernst Cassirer [Nr. 21]. Band II. 1977, S. XI
85 Zitiert nach Hans Peter Duerr [Nr. 30], S. 139

evolutionsgeschichtliche Spekulationen. Relationales Denken findet man nicht nur im Forum der Antike und in den Hütten der Wilden. Man findet es auch bei uns tagtäglich überall da, wo wir mit Zeichen umgehen, Zeichen deuten und auf Zeichen reagieren. Nicht die allgemeine Denkfähigkeit der Menschen hat sich verändert. Verändert hat sich vielmehr die Bewertung der Relationen, die der Zeichen bildende und Zeichen deutende Geist erstellt. Während sie in der Antike als Relationen angesehen wurden, die in der Wirklichkeit selbst existieren, können wir diese Relationen heute nur noch als Produkt der Erkenntnisleistung von Zeichenrezipienten beschreiben.

Ikonisches Denken:

1. „similia similibus"

Die Formel „similia similibus", die schon den Alten geläufig war, benennt ein weitverbreitetes und vielfältig verwendetes Prinzip des relationalen Denkens. Dieses Denkprinzip war nicht nur in allen antiken Religionen zu Hause, es wurde auch in der Erkenntnistheorie, den Naturwissenschaften und in der Medizin angewendet. Carl Werner Müller, der die Verwendung der Formel in der vorsokratischen[86] Philosophie untersucht hat, schreibt darüber, daß der Begriff „homoios" im Griechischen alle Grade der „Ähnlichkeit" bis hin zur Gleichheit bezeichnen konnte. Er konstatiert „ein offensichtliches Desinteresse an Differenzierung und Gradunterschieden".[87] Da die Formel eine so große Bedeutungsspanne umfaßt, läßt sie sich auch nicht leicht übersetzen. Die Übersetzung „Gleiches durch Gleiches" erfaßt nicht die ganze Reichweite der Vorstellungen, die der Begriff umspannte. „Ähnliches durch Ähnliches" ist dagegen sehr unpräzise und nach unserem Sprachempfinden nicht geeignet, die enge Beziehung auszudrücken, die für den antiken Menschen zwischen zwei Dingen bestand, die „homoios" waren. Denn das Wort verwies auf weit mehr als bloß äußerliche Ähnlichkeit, es stellte eine „physisch, geistig und moralisch wirksame Beziehung zwischen den Dingen"[88] fest.

Semiotisch betrachtet, handelt es sich um ikonische Relationen, die das Ähnlichkeitsdenken konstatierte. Nach der Definition des Ikons waren es nicht „Stufen" oder „Grade" der Ähnlichkeit, die die Beziehungen der Dinge untereinander konstituierten, sondern identische semantische Merkmale. Beobachtet ein relational denkender Mensch, daß es zwischen zwei Dingen identische Merkmale gibt, so leitet er aus dieser Beobachtung die Annahme ab, daß auch zwischen den Dingen, Handlungen oder Ereignissen selbst eine Identität, zumindest aber eine Relation bestehen müsse. Es ist so, als griffen die ikonischen Relationen wie Zahnrädchen ineinander, um das Bezeichnende und das Bezeichnete zu einer Einheit zu verbinden. Wer das Prinzip kennt, dem fällt es nicht schwer festzustellen, daß seine Begründung nicht aus der Luft gegriffen ist, sondern daß sie einer genauen Naturbeobachtung entstammt. Einmal ermittelt, wird dieses Prinzip dann auch auf andere Lebens- und Erkenntnisbereiche weit über die Natur hinaus ausgedehnt und angewendet.

---

[86] Schon in der Antike hat man die Erkenntnis dieses Prinzips den vorsokratischen Naturphilosophen zugeschrieben.
[87] Carl Werner Müller [Nr. 79], S. X
[88] ebd.

Nach altkirchlicher Auffassung war auch das Göttliche mit der Natur durch ikonische Relationen verbunden. Gott selbst konnte also aus den Zeichen der Natur heraus erkannt werden. Hippolyt schreibt im „Danielkommentar" (I,17): „Aus dem Irdischen muß man auch das Himmlische schauen. Aus dem Bildlichen das Geistige verstehen und aus dem von geringer Zeit das Ewige erhoffen."[89] Nach Tertullian gehen die materiellen Dinge den geistigen Dingen als Zeichen ("figurae") voraus[90], und schon für Paulus galt, daß Gott den Heiden aus den Werken der Schöpfung vertraut ist. Sie könnten Gott daraus erkennen (Römer 1,20f). Die Schöpfung erinnert an das Unsichtbare und an das Göttliche. Sie hat als ganze Zeichenfunktion. Diesen Gedanken findet man auch in der neuplatonischen Lehre von der „analogia entis"[91] oder bei Cicero, der in „De natura deorum" II,17 schreibt, daß die Natur den Menschen durch ihre Beschaffenheit zur Erkenntnis Gottes führt.[92]

Die altkirchlichen Autoren kannten eine ganze Reihe von Begriffen, um die ikonischen Relationen zu benennen, die nach ihrer Auffassung Irdisches und Himmlisches verbinden.[93] Hippolyt spricht bei der Deutung der eucharistischen Elemente Brot und Wein etwa von „antitypos" und von „homoioma; similitudo" (XXIII,1). Origenes spricht von „analogia"[94] oder „symbolon".[95] Cyrill von Jerusalem verwendet den Begriff „mimäsis".[96] Im Zuge der Entwicklung der Sakramentenlehre spricht man vom 4. Jahrhundert ab verstärkt dann auch von „sämeion; signum" und von „participatio".[97]

Die Alte Kirche hat die Welt als ein Meer von Zeichen verstanden. Die Überzeugung, daß ikonische Relationen Irdisches und Göttliches verbinden, wurde zu einem Fundament für die Apologetik und die Katechetik. Die Semiotisierung der Natur und alltäglicher Gewohnheiten wie waschen, essen, sprechen gestattete es zudem auch, das Heilige im religiösen Ritual darzustellen und es auf diese Art der sinnlichen Erfahrung zugänglich zu machen. Im Zeichen ließ sich das Heilige herbeirufen, darstellen und sogar beeinflussen. Denn es waren ja nach altkirchlichem Verständnis nicht einfache Assoziationen, sondern Korrelationen, die das Heilige mit dem natürlichen Signifikanten verknüpften. Wann immer im Taufritual ikonische Zeichen mit Hilfe des hermeneutischen Schemas „similia similibus" interpretiert wurden, zeigt sich diese Überzeugung: Nachdem die Osternacht einmal das semantische Merkmal (Auferstehungsnacht) gewonnen hat, wiederholt sich in jeder Osternacht die Auferstehung Jesu Christi. Im Wasser vollzieht sich die Abwaschung der Sünden, die Ölsalbung ist eine Priestersalbung, die Taufeucharistie läßt den Täufling am gesamten Christusereignis körperlich partizipieren, und der Wasserschluck ist eine innere Taufe der Seele. In allen diesen Fällen wird das hermeneutische Prinzip „similia similibus" angewendet. Auch bei der Deutung des Christus-

---

89 = SC 14, S. 103; Vgl. Irenäus: Adversus haereses IV 21,3 (= SC 100, S. 684): „Vor Gott ist nichts leer. Nichts ist bei ihm ohne Zeichen."
90 Tertullian: De baptismo V,5 (= CCSL I, S. 281)
91 Plotin: Enneaden I 6,2–3
92 Vgl. Rudolf Lorenz [Nr. 69], S. 230–232
93 Vgl. Georg Kretschmar [Nr. 61], S. 175–179
94 Johanneskommentar I,26 (= GCS Origenes IV, S. 31)
95 Homilie XIX zu Jeremia 20,1–7 (= GCS Origenes III, S. 169)
96 Cyrill von Jerusalem: Mystagogische Katechesen II,5 (= SC 126, S. 114)
97 Georg Kretschmar [Nr. 61], S. 178

ereignisses selbst greift Hippolyt darauf zurück: „Durch sein Leiden befreite er von der Leidenschaft, durch den Tod besiegte er den Tod, durch die sichtbare Speise schenkte er sein unsterbliches Leben."[98]

Im dritten Buch von „Zahme Xenien" hat Goethe den Leitgedanken der antiken *Erkenntnistheorie* sehr anschaulich zusammengefaßt: „Wär' nicht das Auge sonnenhaft, die Sonne könnt'es nicht erblicken. Läg' nicht in uns des Schöpfers eigne Kraft, wie könnt' uns Göttliches entzücken."

Clemens von Alexandrien hat die Erleuchtung und Heiligung der Neugetauften ganz im Sinne der antiken Erkenntnistheorie erklärt, wenn er schreibt: „So wischen wir, die Getauften, die dem göttlichen Geist verdunkelnd im Weg stehenden Sünden wie einen Nebel von uns weg. Dann haben wir das Auge des Geistes frei und durch nichts gehindert und hell glänzend, mit dem allein wir Gott schauen, wenn vom Himmel her der Heilige Geist in uns einströmt. Dadurch entsteht eine Mischung ewigen Glanzes, die das ewige Licht zu schauen vermag. Denn 'Gleiches' ist mit 'Gleichem' befreundet. Und befreundet ist das Heilige mit dem, aus dem das Heilige stammt, und das ist das, was im eigentlichen Sinn Licht heißt."[99] Erleuchtung und Heiligung setzen die Herstellung einer ikonischen Beziehung zwischen dem menschlichen Erkenntnisvermögen und der erleuchtenden Kraft Gottes voraus, die dann erst die reale Beeinflussung und Veränderung des Menschen ermöglicht.

2. Syzygien

In „Refutatio" IV 44,1 hat Hippolyt geschrieben: „Denn die Natur ist aus Entgegengesetztem zusammengefügt, aus Gut und Böse, Rechts und Links, Licht und Finsternis, Nacht und Tag, Leben und Tod."[100] Er formulierte damit ein einfaches Welterklärungsmodell, das in der neupythagoräischen Philosophie[101] ebenso bekannt war wie schon in Altägypten[102], und auch die Kulturanthropologen haben es in den unterschiedlichsten Kulturen immer wieder aufgefunden.[103] Der Kosmos ist gebildet und zusammengehalten durch elementare Gegensatzpaare.

Gerade wenn es um die Erklärung des göttlichen Schöpfungs- und Erlösungsplanes ging, haben die altkirchlichen Theologen gerne auf solche Systeme von Gegensatzpaaren zurückgegriffen. Laktanz etwa schreibt in den „Divinae institutiones" II,9: „Auf den Himmel verlegte er ewiges Licht, das Himmelreich und ewiges Leben. Auf die Erde dagegen Finsternis, Unterwelt und Tod. So verschieden sind diese Dinge von den oberen, wie das Böse vom Guten und die Laster von den Tugenden."[104] Ähnlich heißt es in den „Homilien" des Pseudoclemens II 15,1: „Da nahm Gott, der selber eine einzige Person ist, um die

---

[98] Hippolytfragment einer Osterpredigt, die in den Pseudo-Chrysostomica enthalten ist (= PG 59, S. 735–746); Übersetzung von Odo Casel [Nr. 20], S. 25
[99] Clemens von Alexandrien: Paidagogos I 28,1f. (= GCS Clemens I, S. 106)
[100] = GCS Hippolyt III, S. 67
[101] Franz Joseph Dölger: Die Sonne der Gerechtigkeit und der Schwarze. Eine religionsgeschichtliche Studie zum Taufgelöbnis. Münster, 1918, S. 41f.
[102] Manfred Lurker [Nr. 72], S. 98
[103] Claude Lévi-Strauss hat in „Das wilde Denken" mit einer großen Anzahl von Beispielen belegt, daß bei den unterschiedlichsten Völkern „die Welt in Form eines aus sukzessiven Gegensätzen bestehenden Kontinuums dargestellt wird". (S. 165)
[104] = CCSL 19, S. 142

Menschen zur wahren Erkenntnis aller Dinge zu führen, eine klare Scheidung nach Gegensatzpaaren vor, indem er ... Himmel und Erde, Nacht und Tag, Leben und Tod schuf."[105]

Clemens von Alexandrien hat mit Hilfe der Syzygien die kosmische Reichweite des Christusereignisses dargestellt: „Uns, die wir in der Finsternis begraben und im Schatten des Todes eingeschlossen waren, strahlte vom Himmel her ein Licht auf, reiner als die Sonne, angenehmer als dieses Leben ... die Nacht aber zieht sich vor dem Licht zurück, verbirgt sich aus Furcht und weicht dem Tag des Herrn. Das All ist nicht verlöschendes Licht geworden und der Untergang [= Westen] hat sich zum Aufgang [= Osten] verwandelt ... (Christus) hat den Westen zum Osten zurückgebracht und den Tod zum Leben gekreuzigt. Den Menschen riß er aus dem Verderben und erhob ihn zum Äther, pflanzte die Verweslichkeit zur Unverweslichkeit, verwandelte die Erde zum Himmel, er, der Gärtner Gottes".[106] Deutlich ist erkennbar, wie in dem Text des Clemens die einzelnen Gegensatzpaare miteinander korrespondieren. Mehr noch, sie können sich sogar wechselseitig substituieren. Bei Laktanz ist das sogar ausgesprochen: „Denn wie das Licht zum Osten gehört, im Licht aber der Grund des Lebens liegt, so gehört zum Westen die Finsternis, die Finsternis aber ist Tod und Untergang."[107]

Semiotisch betrachtet, sind es stets identische semantische Merkmale, die die Korrespondenz der einzelnen Kategorien ermöglichen. Der Osten ist tatsächlich die Himmelsrichtung, in der die Sonne und damit das Licht aufgeht. Licht wiederum ist eine unabdingbare Voraussetzung für Wachstum und Leben. Diese einfachen Beobachtungen begründen für das relationale Denken die Zusammengehörigkeit und damit auch Substituierbarkeit der Kategorien Osten – Sonne(naufgang) – Licht – Leben. Auch hier liegt also wieder ikonische Zeichendeutung vor.

Die altkirchlichen Autoren gingen allerdings mit ihren Deutungen weit über den Bereich des sinnlich Erfahrbaren hinaus. Einmal vertraut, wurde das Prinzip der Ersetzbarkeit merkmalsidentischer Gegensatzpaare auch auf die Bereiche der Ethik und der Transzendenz angewendet. So entstanden lange Ketten von Syzygien, die tatsächlich große Teile der Wirklichkeit einbezogen. Im Taufritual Hippolyts waren die Syzygien während der Marginalitätsphase von erheblicher hermeneutischer Relevanz. Hier eine Zusammenstellung:

Syzygien			Traditio Apostolica
Links	–	Rechts	Aufstellung der Diakone
Exorzismus	–	Danksagung	Bezeichnungen der Öle
Teufel	–	Christus	Öldeutungen
(Westen)	–	(Osten)	Taufabsage
Finsternis	–	Sonnenaufgang/Licht	Taufzeit: Hahnenschrei
Tod	–	Auferstehung	Taufdatum: Passah
Unreinheit/Sünde	–	Reinheit	durchgängiges Motiv

---

105 = GCS Pseudoclementinen I, S.40f.
106 Clemens von Alexandrien: Protrepticus XI 114,1–4 (= GCS Clemens I, S. 80)
107 Laktanz: Divinae institutiones II,9 (CSEL 19, S. 142)

Das Syzygiendenken erlaubte es den altkirchlichen Autoren, Beschreibungs- und Deutungskategorien zu wechseln, ohne dabei das dargestellte Objekt zu verlieren. Das erklärt, warum Christus als Gott zugleich auch das Licht *ist* oder das Leben, der Osten usw. Mit Hilfe von Syzygien ließ sich das ekklesiologische Selbstverständnis der Kirche in ethischen oder kosmischen Kategorien darstellen. Umgekehrt konnte man auch das kosmisch erlebte Ereignis des Sonnenaufgangs als Partizipation am Tod und der Auferstehung Jesu deuten.

3. Typologie

Nicht nur das Gottesverständnis, die Ekklesiologie, die Ethik und die Kosmologie waren in dieses relationale Bedeutungskontinuum einbezogen, auch die Geschichte wurde semiotisiert. Dies geschah mit Hilfe der typologischen Methode. Den Apologeten diente die Typologie zum Nachweis des hohen Alters und damit der größeren Glaubwürdigkeit der christlichen Religion. Theologisch half sie, das Verhältnis von Christentum und Judentum zu klären, und hermeneutisch wurde sie verwendet, um die Symbolik der christlichen Rituale zu deuten und mit neuen Bedeutungen anzureichern.

Worin besteht die Eigenart typologischen Denkens? Typologisches Denken löst semantische Merkmale aus einem historischen Kontext heraus, spürt identische Merkmale in anderen Kontexten auf und postuliert zwischen beiden eine reale Beziehung oder Abhängigkeit.

Für die Tauftypologie sind vor allem die alttestamentlichen Texte bedeutsam geworden, in denen in irgendeiner Form von Wasser die Rede ist. 1. Petrus 3,18f. verbindet die Sintfluterzählung typologisch mit der Taufe, 1. Korinther 10,1—4 den Exodus. In 1. Korinther 10 heißt es: „Denn ich will euch darüber nicht in Unkenntnis lassen, ihr Brüder, daß unsere Väter alle unter der Wolke waren. Und alle durch das Meer hindurchzogen. Und alle auf Mose getauft wurden in der Wolke und im Meer. Und alle dieselbe geistliche Speise aßen. Und alle denselben geistlichen Trank tranken. Denn sie tranken aus einem geistlichen Felsen, der nachfolgte, der Fels aber war Christus."

Paulus hat den Durchzug des Volkes durch das Rote Meer als Taufe gedeutet. Ein Volk geht durch die todbringenden Fluten des Wassers hindurch in ein neues Leben hinein. Die Analogie ist evident. Aber Paulus ging noch einen Schritt weiter. Von der einmal erkannten Analogie her bot es sich geradezu an, die Parallelisierung der Vorgänge weiterzutreiben und auch die Speisungswunder beim Durchzug durch die Wüste (Exodus 15—17) als eucharistisches Mahl anzusehen.[108] Dabei waren es weniger die Nahrungsmittel als vielmehr die semantischen Merkmale (essen und trinken), die die Herstellung der Deutungsrelation erlaubten.

Die Deutung des Paulus hat überzeugt und durch die altkirchlichen Theologen eine ganze Reihe von Erweiterungen erfahren. Tertullian sah im Durchzug durch das Rote Meer den Untergang des Teufels im Taufwasser.[109] Cyprian verband die Beendigung der Macht des Pharao mit der Vernichtung des

---

[108] 1. Korinther 10,1—4 ist daher auch ein Beleg für das hohe Alter der Taufeucharistie.

[109] Tertullian: De baptismo IX,1 (= CCSL I, S. 284)

Teufels in den Exorzismen.[110] Für Origenes sind die Ägypter die bösen Geister, die im Taufbad ertrinken.[111] Cyrill von Jerusalem bezog den Aufbruch aus Ägypten auf die Taufabsage.[112] Für ihn ist Christus der neue Mose. Die Wolkensäule hat schon Paulus als Heiligen Geist gedeutet. Die Lichtsäule war für Clemens von Alexandrien der menschgewordene Logos Jesus Christus[113]. Überschaut man diese Auswahl aus den altkirchlichen Deutungen, dann zeigt sich, daß tatsächlich das gesamte Taufritual mit der Exoduserzählung verbunden worden ist. Den Ausgangspunkt bildeten identische semantische Merkmale innerhalb der beiden Themenkomplexe: (todbringendes Wasser) und (durch das Wasser hindurch errettet werden). Diese Merkmale erlaubten es, das Geschehen als ikonisches Zeichen der Taufe anzusehen. Um die Kernrelation herum wurden dann in den folgenden Jahrhunderten immer neue Analogien gruppiert, indem man die Elemente des Taufrituals in die alttestamentliche Erzählung zurückprojizierte. So entstand ein Netz von Entsprechungen, ein System von Verweisen und Beziehungen quer durch die Geschichte hindurch. Immer neue Verbindungen wurden entdeckt. Andere wurden im Laufe der Zeit auch wieder vergessen, weil schon ein einzelner Text eine so große Anzahl von semantischen Merkmalen enthalten konnte, daß er einen beinahe unerschöpflichen hermeneutischen Fundus bildete.

Das Prinzip der typologischen Taufdeutung wurde bisher nur an einem einzigen Text dargestellt. Es sollte aber nicht übersehen werden, daß das Alte Testament zahlreiche Texte aufweist, in denen vom Wasser gesprochen wird. Alle diese Texte konnten potentiell als Tauftypologie gedeutet werden. Der „Barnabasbrief" bietet im 11. Kapitel eine sehr anschauliche Zusammenstellung, wie weit das gehen konnte. Als Tauftypologie nennt er Psalm 1,3–6: „Der ist wie ein Baum gepflanzt an den Wasserbächen..."; Ezechiel 47,12: der fruchtbringende Strom, der als Tempelquelle seinen Anfang nimmt; Jeremia 2,13: „mich hat es [= das Volk] verlassen, den Quell lebendigen Wassers, und hat sich Brunnen gegraben, rissige Brunnen, die das Wasser nicht halten." Typologische Deutungen konnten sehr extreme Formen annehmen und selbst dort noch Analogien aufspüren, wo nur minimale Entsprechungen vorlagen. So hat Clemens von Alexandrien in der „Legende vom Räuberjüngling" die Tränen des reuigen Sünders als ikonisches Zeichen des Taufwassers angesehen und sie deshalb als eine zweite Taufe gedeutet.[114]

Die altkirchlichen Autoren benutzten die Methode der Typologie, um die Geschichte des Volkes Israel als Geschichte des Christentums darzustellen. Man christianisierte sie, indem man den alttestamentlichen Texten lediglich einen Zeichencharakter zubilligte. Dieser Zeichencharakter machte sie deutungsbedürftig von einem Wissen her, über das einzig und allein christliche Autoren verfügten.

Interessanterweise blieb es nicht allein bei dieser semiotischen Landnahme. Denn die alttestamentlichen Texte, die durch typologische Deutung an die christliche Kirche gebunden worden waren, wirkten sich ihrerseits auf die

---

110 Cyprian: Epistula 69,15 (= CSEL III/2, S. 764)
111 Exodushomilien V,5 (= GCS Origenes VI, S. 190)
112 Mystagogische Katechesen I,2 (= SC 126, S. 84)
113 De mysteriis 12 (= SC 25/2, S. 111); de sacramentis I,22 (= SC 25/2, S. 72)
114 Quis dives salvetur 42 = Eusebius: Kirchengeschichte III 23,6–8 (= SC 31, S. 127)

Gestaltung des Taufrituals und den Bildschmuck der Baptisterien aus. So kam es zu einer lebendigen Wechselwirkung zwischen historischem Text und liturgischer Praxis. Exodus 12 wurde schon im zweiten nachchristlichen Jahrhundert zur Osterperikope. Auch Hippolyt predigte zu Ostern über Exodus 12.[115] Im vierten Jahrhundert begann man, die Taufbecken mit zwei Treppen zu versehen. Die Täuflinge konnten dann von Westen her in das Wasser hinabsteigen und das Becken nach Osten hin wieder verlassen.[116] Auf diese Art wurde der Durchzug durch das Rote Meer „en miniature" in das Taufritual selbst hineingenommen. Typologisches Denken entwickelte ein relationales Bedeutungskontinuum, das den „garstigen Graben der Geschichte" von beiden Richtungen her überspringen konnte.

4. Die zyklische Zeit

Zeitgrenzen konnten nicht nur durch typologische Auslegung übersprungen werden. Sie wurden auch durch das Zeitverständnis selbst aufgehoben. Denn Zeit war nicht das abstrakte Geschehen, das nach dem Prinzip des stetigen Fortschreitens eine Wiederholung des einmal Vergangenen unmöglich macht. Zeit war vielmehr immer konkrete, inhaltlich gefüllte Zeit. Jeder Tag besaß ganz bestimmte Eigenschaften. Da sie im Jahreslauf immer wiederkehrten und damit auch bleibende Gültigkeit besaßen, gaben sie der Zeit einen Zeichencharakter. Ikonische Relationen liefen quer durch die Geschichte hindurch.

Nur die Quartadezimaner feierten das Passah am 14. Nisan, was der alttestamentlichen Überlieferung von Leviticus 23,5f. und Numeri 9,4f. entspricht. Der überwiegende Teil der christlichen Gemeinden orientierte sich stattdessen am Auferstehungstag Jesu und feierte deshalb das Passah als ein „Übergangsfest"[117] in Form einer Nachtvigil von Samstag auf Sonntag. Der Gottesdienst begann abends mit der Trauer über den Tod Jesu und endete am Morgen mit dem Jubel über seine Auferstehung. Durch die Wahl des Termins war in dieses Übergangsfest sowohl die christliche Passahdeutung als auch die Symbolik des Herrentags einbezogen.

Die Identifizierung der Passion Jesu mit dem jüdischen Passah war schon sehr früh glaubensmäßiges Allgemeingut.[118] Das Johannesevangelium lieferte die biblische Grundlage für diese Deutung. In Johannes 19,31 heißt es, daß Jesus am Rüsttag vor dem Sabbat hingerichtet wurde. Da am Vorabend aber auch die Passahlämmer geschlachtet wurden, konnte man die Kreuzigung Jesu typologisch als Schlachtung des wahren Passahlammes deuten. Schon Paulus hat das in 1. Korinther 5,7f. getan: „....denn als unser Passahlamm ist Christus geopfert worden". Folglich sahen die christlichen Gemeinden das Passah als Todesdatum Christi an und trauerten mit Fasten und Nachtwachen um seinen Tod.

---

[115] Exodus 12 war schon Predigttext der Osterhomilie des Melito (= SC 123); Vgl. Georg Kretschmar [Nr. 61], S. 138

[116] Vgl. Georg Kretschmar [Nr. 61], S. 271–273; Franz Joseph Dölger: Der Durchzug durch das Rote Meer als Sinnbild der christlichen Taufe. In: AC. Band II. Münster, 1930, S. 69

[117] Origenes: Contra Celsum VIII,22 (= GCS Origenes II, S. 239)

[118] Vgl. Tertullian: De baptismo XIX,2 (= CCSL 1, S. 294); ders.: Adversus Iudaeos X,18 (= CCSL 2, S. 1380); Meliton von Sardes: Osterpredigt (46) (= SC 123, S. 46); Epistula apostolorum 15 (26) (= Schmidt/Wajnberg, S. 52); vgl. auch Anm. 128

Am „dritten Tag" war Christus auferstanden. Der Sonntag galt deshalb schon früh als der „Tag des Herrn", an dem die Auferstehung gefeiert wurde. An diesem Tag fastete die Gemeinde nicht. Man betete nach Osten gewandt, stehend und mit erhobenen, nach vorn gekehrten Handflächen.[119] Der „Barnabasbrief" beschreibt den Sonntag als Tag der Auferstehung und Himmelfahrt: „Deshalb begehen wir auch den achten Tag in Freude; an ihm ist auch Jesus von den Toten auferstanden und ... in den Himmel aufgestiegen." (XV,9) Der Sonntag war deshalb der Tag, an dem für die Christen das neue Leben anfing.[120] Zugleich ist er auch der Tag, an dem die Weltschöpfung ihren Anfang nahm, der erste Tag: „Am Tag der Sonne halten wir alle gemeinsam die Zusammenkunft, weil es der erste Tag ist, an dem Gott durch Umwandlung der Finsternis und des Urstoffs die Welt schuf, und weil Christus, unser Heiland, an eben diesem Tag von den Toten auferstand."[121]

Nach dem zyklischen Zeitverständnis können die semantischen Merkmale, mit denen ein Tag einmal besetzt ist, nicht mehr verloren gehen. In einem zyklischen Kreislauf, der den in der Natur zu beobachtenden alljährlichen Wachstums- und Regenerationszyklen nachempfunden ist, wiederholen sich jedes Jahr aufs neue die mit den einzelnen Terminen verbundenen Urereignisse. Ostern und Pfingsten sind als Fixpunkte im Kirchenjahr ikonische Zeichen. Sie sind relational mit dem Urereignis verbunden. Mit dem Termin realisiert sich auch jedes Jahr aufs neue das Urereignis.

5. Etymologie und Wortverständnis

Die stoische Sprachphilosophie hatte die These vertreten, daß Sprache in der Seele des Menschen entsteht. Zwischen den einzelnen Silben oder Buchstaben eines Wortes und der benannten Wirklichkeit, der Natur, gibt es eine „Ähnlichkeit". Diese Ähnlichkeit gibt dem Wort eine ihm innewohnende Wahrheit und macht es so zu einem brauchbaren Mittel der Bezeichnung.[122] Ohne solche Ähnlichkeit wäre Sprache unwahr. Weil Sprache aber wahr ist, läßt sich die Wahrheit der Sprache mit Hilfe der Etymologie ermitteln, indem man die Ähnlichkeiten erforscht. Als „Ähnlichkeiten" werden auch in diesem Fall stets identische semantische Merkmale betrachtet. Gesucht werden ikonische Relationen, wobei die Betrachtung sich entweder auf die Beziehung von Wort und Ding richtet oder auf die Beziehung von einem Wort zu einem anderen Wort.

Auch das Sprach- und Wortverständnis der altkirchlichen Theologen gründete in der doppelten Annahme, daß sprachliche Benennungen die natürlichen Gegebenheiten exakt abbilden und daß sprachimmanente Strukturen mit den tatsächlich existierenden Strukturen der Weltwirklichkeit identisch sind. Man konnte also die Welt analysieren, indem man die Sprache analysierte. Gerhard van der Leeuw hat von „einer geheimen Korrespondenz"[123] zwischen

---

119 Franz Joseph Dölger: Das erste Gebet der Täuflinge in der Gemeinschaft der Brüder. In: AC. Band II. 1930, S. 142—147
120 Ignatius an Magnesios 9,1
121 Justin: Apologie I 67,8 (= Krüger, S. 58)
122 Auch Platon beschäftigt sich im „Kratylos" mit diesem Problem.
123 Gerhard van der Leeuw [Nr. 112], S. 146; Vgl. auch Norbert Brox [Nr. 19], S. 164—167

dem Wort und der Welt gesprochen, die es ermöglichte, das Wesen der Dinge aus den Bezeichnungen herauszulesen, die ihnen zugeordnet waren.

Zunächst soll hier an drei Beispielen verdeutlicht werden, wie Worte sich nach altkirchlichem Verständnis untereinander deuten konnten: In Matthäus 16,18 heißt es: „Du bist Petrus, und auf diesen Felsen will ich meine Kirche bauen." Petrus wird hier als ein Felsen (griech.: petra) bezeichnet. Da die beiden Begriffe phonetisch beinahe identisch sind, waren sie nach dem etymologischen Verständnis des Autors auch sachlich zusammengehörig. Der Begriff „Felsen" konnte deshalb an die Stelle des Wortes „Petrus" treten.

Nach dem gleichen Prinzip wurde auch die etymologische Beziehung der Begriffe „christos" und „chrisma" (= Salböl) ermittelt. Beide Worte beginnen mit der gleichen Silbe. Folglich nahm man an, daß auch in der Natur eine Gemeinsamkeit zwischen ihnen bestehen müsse. Dabei war es offensichtlich völlig unerheblich, daß die beiden Begriffe völlig verschiedenen Kategorien entlehnt sind. Nach Justin wird der Sohn Gottes „christos" genannt, weil er von Gott gesalbt worden ist (griech.: kechristai).[124] Tertullian schreibt, daß Aaron, der von Moses gesalbt wurde, „christos" genannt wurde, „von dem chrisma, welches die Salbe ist, die auch dem Herrn hat den Namen zukommen lassen".[125] Cyrill von Jerusalem hat im 4. Jahrhundert dann auch die einzelnen Christen in die etymologische Deutung mit einbezogen, wenn er schreibt, daß es die Salbung ist, die die Christen zu Christen macht.[126]

Die Identifizierung des jüdischen Passah mit dem Begriff „leiden" (griech.: pascho) ist schon vorchristlich.[127] Sie ist plausibel, denn beide Worte haben weitgehend identische Phoneme. Aspektidentität aber ermöglicht ikonische Zeichendeutung. Wie eng die christlichen Gemeinden das Passah und den Tod Christi zusammenrückten, belegt eine Formulierung von Hippolyt: „Er hat wohl das Mahl vor dem Passah gehalten, das Passah aber aß er nicht, sondern litt er."[128] Neben der typologischen Beziehung von Christus und Passah gab es also auch noch eine etymologische Beziehung von Christus und Passah. Beide gemeinsam unterstützten die Überzeugung, Jesus sei das wahre Passahlamm.

Auch das Verhältnis eines einzelnen Wortes zur außersprachlichen Wirklichkeit wurde relational bestimmt, weil man von der Überzeugung ausging, „daß das Wort und der Name keine bloße Darstellungsfunktion besitzen, sondern daß in beiden der Gegenstand selbst enthalten ist."[129] Besonders deutlich zeigt sich das an der Einstellung zu Eigennamen. Was Goethe in „Dichtung und Wahrheit" über die Namen geschrieben hat, entspricht sehr genau dem Namensverständnis der Antike: „Der Eigenname eines Menschen ist nicht etwa wie ein Mantel, der bloß um ihn her hängt und an dem man allenfalls noch zupfen und zerren kann, sondern ein vollkommen passendes Kleid, ja wie die Haut selbst

---

[124] Justin: Apologie II 6,3 (= Krüger, S. 65)

[125] Tertullian: De baptismo VII,1 (= CCSL 1, S. 282); Die Lesart ist umstritten. Andere lesen nicht „Christi dicti", sondern „Christiani dicti".

[126] Mystagogische Katechesen III,5 (= SC 126, S. 128)

[127] Schon Philo von Alexandrien hatte Passah von „pathos" abgeleitet: Quis rerum divinarum heres sit 192

[128] Hippolyt: Chronicon paschale, Fragment (= GCS Hippolyt I/2, S. 270); weitere Belege s.o. Anm. 118

[129] Ernst Cassirer [Nr. 21]. Band II. 1977, S. 53

ihm über und über angewachsen, an der man nicht schaben und schinden darf, ohne ihn selbst zu verletzen."

Bei der Anrufung des göttlichen Namens im Gebet oder im Glaubensbekenntnis ist zu beachten, daß mit dem Namen die göttlichen Kräfte selbst verbunden sind. Er darf nicht mißbraucht werden (Exodus 20,7) und ist zu behandeln wie Gott selbst. Wenn die gesamte Taufe als eine Taufe „im Namen des Vaters und des Sohnes und des Heiligen Geistes" (Matthäus 28,19)[130] bezeichnet wurde, dann wurde damit betont, daß Gott selbst es war, der die Taufe vollzog und die Reinigung von den Sünden vollbrachte.

Der Name partizipiert als ikonisches Zeichen an der Macht und der Hoheit Gottes. Zugleich ist er aber auch das Handwerkszeug, mit dessen Hilfe der Liturg im Gebet die Lebenswirklichkeit des Täuflings qualitativ verändert. Die Exorzismusgebete im Namen Jesu vertreiben die Dämonen (Hippolyt XX,8 u.ö.). Schon im Neuen Testament gibt es eine Reihe von Belegen dafür, daß im Namen Jesu Dämonen ausgetrieben wurden. „Meister, wir sahen einen, der sich nicht zu uns hält, in deinem Namen Dämonen austreiben, und wir wehrten es ihm." (Markus 9,38) In diesem Vers wird implizit festgestellt, daß die Wirksamkeit des Namens Jesu sogar unabhängig von der Person des Sprechers gegeben ist. Der Name ist zwar relational mit seinem Träger verbunden, aber er besitzt selbst dann die Eigenschaften des Trägers, wenn er gewissermaßen zu eigenem Vorteil zweckentfremdet wird. Anders ist der Protest der Jünger kaum zu verstehen. Hier wirkt das Wort geradezu wie ein materieller Gegenstand, ein Werkzeug zur Herstellung eines gewünschten Effekts.[131]

Der antike Objektbegriff fällt nicht zusammen mit der quantifizierbaren empirischen Realität. Ein Wort kann eingreifen in die Gesetzmäßigkeiten von Ursache und Wirkung. Auch Jesu Worten wurde eine solche Kraft (exusia) zugeschrieben. Der Hauptmann von Kapernaum etwa bat ihn: „Herr, ich bin nicht wert, daß du unter mein Dach hineingehst, sondern sprich nur ein Wort, so wird mein Knecht geheilt werden." (Matthäus 9,8)[132]

Dem Wort wird eine Wirkungsmächtigkeit zugeschrieben, die die Grenzlinie zwischen sprachlicher und nichtsprachlicher Realität aufhebt, indem es sie nach beiden Seiten hin überschreitet. Einerseits wird die Auffassung vertreten, daß die Sprache in die bestehenden Verhältnisse der Objektwelt eingreifen und diese qualitativ verändern kann. Andererseits ist man überzeugt, daß sich mit Hilfe der etymologischen Analyse Ähnlichkeitsbeziehungen zwischen verschiedenen Worten ermitteln lassen, die die tatsächlich bestehenden Verhältnisse in der Objektwelt widerspiegeln. So wird auch hier wieder ein relationales Bedeutungskontinuum sichtbar, das durch ikonische Beziehungen konstituiert ist. Merkmalsidentitäten ermöglichen nicht nur die wechselseitige Interpretation der Begriffe untereinander, sondern auch die Kopplung der Begriffe an koexistente Relationen in der Objektwelt.

---

[130] So auch Didache VII,1; Clemens von Alexandrien: Paidagogos I 42,1 (= GCS Clemens I, S. 115); Tertullian: Adversus Praxean XXVI,9 (= CCSL 2, S. 1198); Justin: Apologie I 61,3

[131] Auch das Alte Testament kennt den Objektcharakter des Wortes: Numeri 5,23f.; Jesaja 55,10f.; Genesis 1,1ff. (auch Johannes 1)

[132] Auch Petrus heilte durch sein Wort: Pseudoclemens: Homilien XII,23 (= GCS Pseudoclementinen I, S. 185)

Indexalisches Denken

„Wenn ein Glied leidet, dann leiden alle Glieder mit. Wenn einem Glied Herrliches geschieht, dann freuen sich alle Glieder mit." (1. Korinther 12,26) Paulus bietet mit dieser Formulierung geradezu ein klassisches Beispiel für das Denken in sympathetischen Relationen. Unter „Sympathien"[133] versteht man relationale Verknüpfungen von Dingen, Verhaltensweisen oder Stimmungen aufgrund von räumlicher oder zeitlicher Angrenzung oder Teilhabe. Gähnen, Lachen, Weinen, schlechte Laune usw. „übertragen" sich auf die Mitmenschen. Eine angeschlagene Saite bringt alle anderen Saiten zum Mitschwingen. Die altgriechischen Philosophen haben dieses einfache Prinzip zu einem der wichtigsten Deutungsmodelle für das Verständnis komplexer Zusammenhänge in den unterschiedlichsten Lebensbereichen weiterentwickelt. Das Sympathiedenken war verbreitet in der Naturwissenschaft, der Astrologie, der Medizin, der Politik und nicht zuletzt auch in Religion und Ethik. Man lebte in dem Bewußtsein, daß die gesamte kosmische, kulturelle und religiöse Lebenswelt von sympathischen Relationen durchzogen und zusammengehalten ist. Materielle, aber auch ideelle Elemente der Wirklichkeit waren durch Angrenzung oder Teilhabe miteinander verbunden zu einem dynamischen Geflecht von Beziehungen. Synekdochiales und vektorielles Denken spielt auch bei der Deutung des Taufrituals und der Interpretation des Christusereignisses eine erhebliche Rolle.

Synekdochiales Denken

Als Synekdoche wurde ein indexalisches Zeichen definiert, dessen Bezeichnendes am Bezeichneten partizipiert (Blatt – Baum). Synekdochiales Denken funktioniert nach den Gesetzmäßigkeiten des indexalischen Zeichengebrauchs, allerdings in viel umfassenderer Weise. Zwischen einer signifikanten Teilmenge und einer Grundgesamtheit werden Korrelationen angenommen, die effektive Beeinflussungen ermöglichen oder auch herbeiführen. Am Beispiel der Wechselbeziehung zwischen einem Herrscher und seinem Reich[134], das in vielfältigen Variationen in der antiken Literatur behandelt ist, soll die Logik des synekdochialen Denkens herausgearbeitet werden:

In der „Odyssee" vergleicht Odysseus den Ruhm der Penelope mit „dem Ruhm eines trefflichen Königs, der gottfürchtig ein Volk von starken Männern

---

[133] Der Begriff "Sympathie" war in der Antike nicht sehr trennscharf definiert. Er umfaßt häufig nicht nur synekdochiale und vektorielle Relationen, sondern auch ikonische. So etwa bei Plotin: Enneaden IV 4,32. Er versteht das All als einen lebendigen Organismus, der eine gemeinsame Seele besitzt, die sich in alle seine Teile erstreckt und schreibt: „Es geht also eine allseitige Sympathie durch dieses Eine ..., und was fern ist, ist auch wieder nah ... Denn da die ähnlichen Teile nicht unmittelbar aneinander gefügt sind, sondern durch Zwischenräume getrennt sind und dennoch durch ihre Ähnlichkeit in Sympathie stehen, so muß notwendig die Mitleidenschaft von dem nicht nebenan liegenden Teil in das ferne gelangen. Und da ein lebendiges zu einer Einheit zusammengeschlossenes Wesen ist, liegt kein Teil so fern, daß er nicht nahe wäre, um durch die Natur des einheitlichen Organismus in Mitleidenschaft gezogen zu werden." Übersetzung nach Karl Keiling [Nr. 57], S. 15

[134] Vgl.: Wolfgang Speyer: Religiös-sittliches und frevelhaftes Verhalten in seiner Auswirkung auf die Naturgewalten. In: JAC. 22. Jg. 1979, S. 30–39

beherrscht und die Gerechtigkeit schützt. Die schwarze Erde des Landes beschert Weizen und Gerste in Fülle, die Bäume hängen voll Obst, häufig gebiert das Vieh, und das Meer wimmelt von Fischen unter dem weisen König."[135] Deutlich wird hier ein Zusammenhang hergestellt zwischen dem frommen und gerechten Verhalten des Herrschers und dem Wohlergehen der gesamten Lebensgemeinschaft von Mensch und Tier. Umgekehrt kann auch der Frevel des Herrschers verheerende Folgen haben. Tantalos und Ödipus sind Beispiele aus der griechischen Mythologie, und auch die alttestamentliche Geschichtsschreibung liefert mit 2. Könige 24,1 f. und Josua 7 Belege für diese Vorstellung.

Da das Verhalten des Königs sich auf die gesamte Gemeinschaft und den Zustand der Natur auswirkt, läßt sich nun umgekehrt auch aus dem Zustand der Natur auf die Qualität des Herrschers oder den Zustand seines Volkes schließen. Ordnung oder Unordnung innerhalb des sozialen Gefüges wirken sich aus als Ordnung oder Unordnung in der Natur. Naturkatastrophen sind deshalb Zeichen des gegenwärtigen oder heraufziehenden Unheils. Nicht nur die Apokalyptiker der Bibel waren davon überzeugt, daß den Endzeitereignissen starke kosmische Erschütterungen vorausgehen würden. Nach Matthäus 27,45.51 wurde Jesu Tod am Kreuz von Finsternis und Erdbeben begleitet.[136] Tertullian überliefert, daß besonders die Christen für das Auftreten von Naturkatastrophen verantwortlich gemacht wurden: „Wenn der Tiber die Stadt überflutet, wenn der Nil nicht die Felder bewässert, wenn der Himmel stillsteht, wenn die Erde erbebt, wenn Hungersnot, wenn Seuchen ausbrechen, so schreit man sogleich: Die Christen vor die Löwen."[137]

Alle diese Beispiele zeigen, wie sich das Sympathiedenken in der Annahme eines übergreifenden Raumkontinuums verfestigt. In diesem Kontinuum sind die soziale Gemeinschaft mit ihren Umgangs- und Organisationsformen und die Naturereignisse aufeinander bezogen. Sie bilden ein sympathisches Gefüge, das sich in einem potentiell sehr störanfälligen Fließgleichgewicht befindet. Sein aktueller Gesamtzustand läßt sich jederzeit an einer Reihe von freudig oder schmerzhaft wahrnehmbaren Zustandsindikatoren ablesen. Jeder Teil dieses Systems verkörpert das Ganze. Es herrscht, wie Ernst Cassirer formuliert hat, „eine gedankliche und reale Indifferenz des Ganzen und der Teile. Das Ganze 'hat' nicht Teile und zerfällt nicht in sie; sondern der Teil ist hier unmittelbar das Ganze und wirkt und fungiert als solches."[138]

Wenn in der Alten Kirche einige Gemeinden und Territorien auf die Entwicklung eines Wasserweiherituals verzichteten[139], dann ist dies auf dem Hintergrund des eben dargestellten Gedankens durchaus verständlich. Ihrer Meinung nach war bereits durch die Taufe Jesu im Jordan alles Wasser geheiligt. Die Heiligkeit war durch die Taufe auf das Jordanwasser übergegangen, und dieses wiederum wurde aufgrund der Beziehung, die jede Teilmenge mit ihrer Grundgesamtheit verbindet, insgesamt als geheiligt angesehen.

---

135 Homer: Odyssee 19,109–114
136 Vgl. auch Matthäus 2,2
137 Tertullian: Apologie 40,2 (= CCSL 1, S. 153)
138 Ernst Cassirer [Nr. 21]. Band II. 1977, S. 65
139 Vgl. S. 11 Anm. 11; These von Franz Joseph Dölger [Nr. 29], S. 166 mit Belegen: Ignatius: An die Epheser 18; Clemens von Alexandrien: Eclogae propheticae 7 (= GCS Clemens III, S. 138); Vgl. Georg Kretschmar [Nr. 61], S. 92 Anm. 106

Irenäus hat die Eucharistiefeier als eine Darbringung der Erstlinge der Schöpfung gedeutet.[140] Er sah in Brot und Wein die gesamte Schöpfung repräsentiert und verband diesen Gedanken dann mit der Christussymbolik der beiden Elemente. In Christus ist folglich die gesamte Schöpfung zusammengefaßt und Gott dargebracht worden. Die Eucharistiefeier ist für ihn die Wiederholung des Opfertodes Christi, der als ein partielles Ereignis die Darbringung des gesamten Kosmos herbeiführt. In der doppelten Beziehung von Brot und Wein auf die Schöpfung und den Leib Christi bilden die eucharistischen Elemente also den Ausgangspunkt für die Darlegung der Heilswirkung des Kreuzestodes Christi.

Auch die Entstehung der christlichen Gemeinden ist kaum vorstellbar ohne die felsenfeste Überzeugung, daß es eine relationale Entsprechung gibt zwischen den Eigenschaften und dem Geschick eines einzelnen und dem Ergehen der Gesamtheit. Denn der Tod Jesu erfolgte „für unsere Sünden" (1. Korinther 15,3), und nicht zufällig koinzidieren bei den Synoptikern die Schilderungen seines Sterbens mit kosmischen Urereignissen wie Finsternis und Erdbeben. Der Kreuzestod bildete ein Äquivalent für die Sünden der gesamten Menschheit (Johannes-Apokalypse 5,9). Die Sünden waren abgewaschen durch die Reinigungskraft seines Blutes.[141] Paulus hat in Römer 5,18 diese universale Entsprechung in eine sehr einfache Formel gefaßt: „Wie es durch die Sünde des einen zur Verurteilung aller Menschen kam, so kam es auch durch eines Menschen Gerechtigkeit für alle Menschen zur Gerechtsprechung zum Leben."

Ohne den Gedanken weiter auszuführen, will ich an dieser Stelle noch darauf hinweisen, daß auch die vorsokratische Mikrokosmos-Vorstellung die Grundgedanken urchristlicher Soteriologie weiter erhellen könnte. Hier wurde die Ansicht vertreten, der Mensch sei ein kleines Abbild des Kosmos und der Kosmos umgekehrt ein Makroanthropos.[142] Die von daher entstehenden Entsprechungen lassen die Repräsentation des kosmischen Geschicks im Geschick eines einzelnen noch plausibler erscheinen.

Teilhabe, Repräsentation und Stellvertretung sind Schlüsselbegriffe relationaler Welterklärung. Sie ermöglichen es, das Heilige einzubeziehen in ein Wechselspiel von Ursachen und Wirkungen, die weit über den Bereich bloß mechanischer Kausalverknüpfungen hinausgehen. Synekdochiales Denken ist pankausales Denken.

Vektorielles Denken

Vektoren sind als indexalische Zeichen durch das Merkmal der Angrenzung von Bezeichnendem und Bezeichnetem definiert. Solche Vektoren sind uns auch in unserem Alltag durchaus geläufig. Wir verwenden Redewendungen wie „Er raucht zwei Packungen pro Tag", „Trinken wir ein Glas zusammen" oder „Ich zünde den Christbaum an". Das, was tatsächlich geschieht, Zigaretten

---

[140] Irenäus: Adversus haereses IV 18,1 (= SC 100/2, S. 596); Vgl. auch 19,3 (= SC 100/2, S. 622)
[141] Über das Blut als hochwirksames Katharticum vgl. Otto Böcher [Nr. 17], S. 214f. mit zahlreichen Belegen. Auch: Hippolyt XIX,2.
[142] Marian Kurdzialek: Der Mensch als Abbild des Kosmos. In: Albert Zimmermann (Hrsg.): Der Begriff der Repraesentatio im Mittelalter. Stellvertretung, Symbol, Zeichen, Bild. (= Miscellanea Mediaevalia 8). Berlin, 1971, S. 35–75

rauchen, ein Getränk trinken oder die Kerzen anzünden, wird in allen diesen Redewendungen durch die Benennung der jeweils angrenzenden Kategorie ersetzt. Solche Vorstellungen wurden in der Antike durch das Sympathiedenken gefördert und waren sehr weit verbreitet. Man war überzeugt, daß durch eine Angrenzung die semantischen Merkmale des einen Objekts auf das andere überfließen. Ein Rest von dieser Vorstellung findet sich auch noch in unseren Redewendungen: die Zigarettenschachtel kann geraucht, das Glas getrunken und der Weihnachtsbaum angezündet werden. Sprachlich erscheint uns das nicht unkorrekt, obwohl es empirisch Unfug ist.

Tertullian hat das Grundprinzip vektoriellen Denkens in „De baptismo" explizit erläutert. Er schreibt dort, der Heilige Geist habe in Urzeiten schon das Wasser geheiligt, indem er über dem Wasser schwebte (Genesis 1,2): „Durchaus aber wurde Heiliges von Heiligem getragen oder von dem, was über dem Wasser schwebte, wurde Heiligkeit entlehnt." Es folgt die Erläuterung des allgemeinen Prinzips, das dieser Behauptung zugrunde liegt: „da ja unausweichlich das Ding von der Materie dessen, das darüber liegt, Eigenschaften an sich reißt (qualitatem rapiat), vorzugsweise Körperliches von Geistigem, welches durch die Zartheit seiner Substanz das Körperliche leicht durchdringt und darauf ruht."[143] An den Grenzflächen der Objekte kommt es also zu einem permanenten Aufeinanderwirken der Qualitäten, die alle Dinge sphärisch umgeben.[144]

Dieser Grundsatz gilt in besonderer Weise für das Heilige und das Unreine. Beides sind Qualitäten, die auf jeden und alles übertragen werden können. Beide galten als hochgradig ansteckend, mißbräuchlicher Umgang als sehr gefährlich.[145] Um die Gemeinde vor Verunreinigungen durch die heidnische Umwelt zu schützen, wurde eine Vielzahl von Schutz- und Abwehrmaßnahmen in das Taufritual integriert. In den ersten Jahrhunderten hat ihre Zahl ständig zugenommen. Unverkennbar ist die Tendenz, das Ritual zu einem Bollwerk gegen den Teufel und seine Mächte auszubauen.[146] Nach innen hin sollte der Zustand der Reinheit und Heiligkeit unbefleckt bewahrt werden. Nach außen hin wurde die Unreinheit durch Exorzismen und andere Reinigungsriten bekämpft. Es galt, jedes Risiko auszuschließen, daß „die unreinen Geister mit dem Täufling ins Wasser hinabsteigen", wie Clemens von Alexandrien schrieb.[147] Die Kraft des Heiligen war die wirksamste Waffe im Kampf gegen die Unreinheit. Da sie stärker war als die Unreinheit, mußte beim Zusammentreffen der beiden Kraftfelder die Unreinheit überstrahlt und ausgelöscht werden. Es ist deshalb nur folgerichtig, daß dieses Zusammentreffen im religiösen Ritual geradezu aktiv herbeigeführt wurde und auch in allen Phasen des Taufrituals vorkommt.

---

[143] Tertullian: De baptismo IV,1 (= CCSL 1, S. 279)
[144] Besonders deutlich bei den Schattenheilungen Apostelgeschichte 5,15 und den Schweißtuchheilungen Apostelgeschichte 19,12
[145] 1. Samuel 5,6; 6,19; Richter 13,22
[146] Vgl. Alois Stenzel [Nr. 102], S. 69.199–240 und Georg Kretschmar [Nr. 61], S. 78. Im 2.Jh. entwickelten sich die Aufnahmeprüfung vor dem Katechumenat, die lange Ausdehnung des Katechumenats, die intensive exorzistische Behandlung der Taufkandidaten (die in Rom zusammen mit der traditio symboli zur Entwicklung der Skrutinien führte, zunächst drei, dann sieben und schließlich bis zu 13), die Wasserweihe und die Taufabsage.
[147] Clemens von Alexandrien: Excerpta ex Theodoto 83 (= GCS Clemens III, S. 132)

Drei Formen der religiösen Kraftübertragung lassen sich unterscheiden: Angrenzung, Berührung und Einverleibung. Alle diese drei Formen folgen der Logik des vektoriellen Zeichengebrauchs. *Angrenzung* liegt vor beim Anblasen der Taufkandidaten, bei den Weihehandlungen und im Taufbad, wo das geheiligte Wasser am Körper des Täuflings entlangrann. Die Handauflegungen, die Salbungen, die Siegelungen und die Küsse sind Formen der *Berührung*. Und schließlich fand bei der Feier der Taufeucharistie eine rituelle *Einverleibung* statt.

Die drei genannten Formen religiöser Kraftübertragung machten das Heilige gewissermaßen gebrauchsfähig. Sie ermöglichten einen ungefährlichen Transport und die gezielte Anwendung zur Vertreibung des Bösen in der Separationsphase bzw. zur Heiligung der Täuflinge in der Aggregationsphase des Taufrituals. Wenn auch der Kontakt nur durch Angrenzung oder Berührung hergestellt war, so galt er doch nie als ein bloß äußerlicher Kontakt. Vielmehr war man davon überzeugt, daß die heilige Kraft, die von außen an einen Menschen herangetragen wird, ihn vollständig erfüllt und deshalb auch alle seine persönlichen Eigenschaften und Bindungen qualitativ verändert. Von daher haben auch die auf den ersten Blick vielleicht überzogen anmutenden Deutungen der einzelnen Symbolhandlungen durchaus ihre Berechtigung: Das Siegel macht den Täufling ganz und gar zum Eigentum Christi.[148] Die Handauflegung verleiht den Heiligen Geist und heiligt den Getauften vollständig. Im Kuß der Neugetauften wird die Reinheit der Seelen übertragen und ausgetauscht.[149] Bei der Taufeucharistie ereignet sich die körperliche Teilhabe am Tod und der Auferstehung Jesu Christi.[150]

Die Weihegebete sollen an dieser Stelle noch etwas näher betrachtet werden. Gebete sind nach unserem Verständnis Sprachzeichen und als solche arbiträre Zeichenfolgen. Im Bewußtsein der altkirchlichen Autoren sind sie jedoch Vektoren. Bei dem Weihegebet über dem Öl werden Öl und Gebetstext als zwei angrenzende Kategorien angesehen. Das Öl gewinnt durch das Gebet Qualitäten, die vorher nur die Gebetsworte besessen haben, es wird zum Dämonen abweisenden oder zum eucharistischen Öl (XXI,6f). Cyrill von Jerusalem hat das an einer Stelle sehr deutlich ausgesprochen, wo er die Ölweihe in Analogie zur eucharistischen Weihe beschreibt: „Denn wie das Brot der Eucharistie nach der Anrufung des Heiligen Geistes kein gewöhnliches Brot mehr ist, sondern der Leib Christi, so ist dieses heilige Salböl nach der Anrufung kein bloßes oder sozusagen gewöhnliches Salböl mehr, sondern die Gnade Christi."[151]

Zusammenfassend ist festzuhalten, daß auch überall da, wo die altkirchlichen Theologen vektorielle Zeichen ausdeuten, die Weltwirklichkeit als ein Raum-

---

[148] s.o. S. 35
[149] vgl. Hippolyt XVIII,3
[150] 1. Korinther 10,16f.; Ignatius hat die Eucharistie als „pharmakon athanasias" bezeichnet. Durch die fortwährende Ernährung von der Eucharistie erhält der Glaubende Anteil an Christus selbst und gewinnt dadurch die Fähigkeit zur Auferstehung und Schutz vor Verwesung: An die Epheser XX,2
[151] Cyrill von Jerusalem: Mystagogische Katechesen III,3 (= SC 126, S. 124); ähnlich auch Origenes: Das Wasser ist nicht mehr Wasser, wenn es durch die Anrufung geheiligt ist: Johanneskommentar 3,5 (= GCS Origenes IV, S. 512) und Justin: Apologie I,66

kontinuum begriffen wird, dessen unterschiedliche Elemente durch sympathetische Relationen miteinander verbunden und auf einander bezogen sind. Allerdings sind es hier nun nicht Kausalbeziehungen, wie beim synekdochialen Denken, die koinzidierende Vorgänge zu einem alles umspannenden Bedeutungsuniversum zusammenfügen. Hier ist es eine identische numinose Qualifiziertheit, die über alle äußeren Grenzen hinweg das einzelne Element zum Bestandteil eines in sich abgeschlossenen mythischen Raums macht. Da es nach altkirchlichem Verständnis nur zwei Grundkräfte gab, das Heilige und das Unreine, zerfiel die Welt dem vektoriellen Denken in zwei getrennte Raumsphären, die Welt des Heiligen und die Welt des Teufels. Eine der wichtigsten Aufgaben des Taufrituals war es, die Grenzlinie zwischen diesen beiden Sphären zu definieren und den Transfer von der einen in die andere zu ermöglichen.

Ergebnisse

Im ersten Hauptteil wurde der Frage nachgegangen, wie die altkirchlichen Theologen die einzelnen Bedeutungen des Taufrituals ermittelt und wie sie ihre Deutungen begründet haben. Drei Aspekte sind behandelt worden. Zunächst wurde gezeigt, daß das Taufritual Hippolyts von seinem Aufbau her den Gesetzmäßigkeiten antiker Passagerituale folgte. Die vorchristliche Aufbaustruktur implizierte schon Bedeutungen, die dann später auch dem christlichen Taufritual zugeschrieben wurden. Daneben konnte gezeigt werden, daß auch einzelne vorchristliche Ritualsequenzen in das Taufritual integriert wurden. Wo das geschah, wurden sie mit neuen christlichen Deutungen versehen.

Die theologischen Deutungen des Rituals stützten sich zum überwiegenden Teil auf eine genaue Kenntnis und Beobachtung der Eigenschaften und der charakteristischen Merkmale der einzelnen Ritualsegmente. Die Deutungen der Kirchenväter waren sehr eng am tatsächlichen Ritualverlauf orientiert. Sie wurden angeregt durch die sinnlichen Erfahrungen, die jeder Teilnehmer im Verlauf der Tauffeier tatsächlich gemacht hat. In zentralen Punkten vertraute das Ritual auf die Symbolkraft der Natur und das Expressionsvermögen des menschlichen Körpers. Elementare menschliche Verhaltensweisen wie waschen oder essen, aber auch die einfachen Grundnahrungsmittel (Wasser, Milch, Honig, Wein, Mehl und Öl) werden zu bedeutungtragenden Signifikanten.

Ganz ohne Worte ist das Taufritual allerdings nie ausgekommen. Ohne Glaubensbekenntnis und Vaterunser ist die Taufe undenkbar. Worte waren nötig, um dem allgemeinen Schema des Übergangsrituals einen unverwechselbaren, eindeutig christlichen Sinn zuzuweisen. Worte waren auch da nötig, wo ein semantisch so wenig festgelegtes Zeichen wie die Handauflegung gerade durch die begleitenden Worte präzisiert und erläutert werden mußte. Und Worte waren schließlich auch nötig für die Ölweihen, um die beiden Öle semantisch zu unterscheiden.

Gerade die Konsekrationsgebete aber wurden eines der Einfallstore, durch die das verbale Zeichensystem im Laufe der Jahrhunderte immer stärker in das nonverbale Gerüst des Taufrituals einsickerte. Tendenziell zeigt sich das im vierten Jahrhundert etwa bei Cyrill von Jerusalem, wenn er in seinen „Mystagogischen Katechesen" schreibt, daß das Wasser vor der Weihe nur gewöhnliches Wasser ist und das Brot des eucharistischen Mahls nur gewöhnliches

Brot.[152] Erst das Gebet macht aus beidem heilige Substanzen. Damit wird das Weihegebet zu einem besonders herausgehobenen Bestandteil des Rituals. Ein wichtiger Schritt war getan, um die semantischen Merkmale einer natura loquax dem verbalen Zeichensystem unterzuordnen. In den folgenden Jahrhunderten kam es zu einem immer umfangreicheren Anschwellen der gesprochenen Gebetstexte. Die Entwicklung verlief der erklärten Intention Hippolyts diametral entgegen. Wo er das Gebet dem persönlichen Vermögen des einzelnen Beters anvertraut hatte, wurde es nun zum autoritativ fixierten Text. Immer umfangreicher schwollen die Gebetsteile an, bis sie schließlich die Taufhandlungen vollkommen zu überlagern und zu ersticken drohten.

In dem Kapitel über „Relationales Denken in der altkirchlichen Symboldeutung" wurde gezeigt, daß die altkirchlichen Theologen die religiösen Symbole im Kontext eines relationalen Welt- und Wirklichkeitsverständnisses gedeutet haben. Religiöse Zeichendeutung bediente sich der üblichen und in der Antike weit verbreiteten Anschauungen über den relationalen Charakter der Welt. Nicht das isolierte Objekt, sondern das Zeichen mit seiner potentiell unabsehbaren Fülle von Verweisen und Bezügen eröffnet den Zugang zum Verständnis dieses Denkens. Die ikonischen und indexalischen Relationen, die der Zeichen deutende Geist zwischen den Dingen entdeckte, galten den Kirchenvätern als Relationen, die in der Wirklichkeit selbst existieren. Die Welt wurde so als ein Netzgeflecht untereinander verknüpfter und sich ständig abbildender oder beeinflussender Zeichen und Raumsphären betrachtet. Alles war potentiell ein Zeichen des anderen, alles wirkte auf den Zustand des Ganzen und wirkte wie das Ganze. In diesem semiotischen Wirklichkeitskontinuum, dessen Ordnungsprinzipien sich aus der Logik des ikonischen und indexalischen Zeichengebrauchs entwickeln lassen, gab es keine klaren Grenzen zwischen den einzelnen Kategorien. Die Natur war hier ebenso mit einbezogen wie die Geschichte, die Kultur, das Buch, die Sprache und Gott. Aufgrund von Merkmalsidentität, Teilhabe oder Angrenzung konnte alles durch alles vermittelt erscheinen oder vermittelt werden.

Auf dem Hintergrund dieses umfassend semiotisierten Wirklichkeitsverständnisses ist es dann auch angemessen, tatsächlich von einer „Wirkung" des Rituals zu sprechen. Denn wo Ikonizität als Identität betrachtet wird und koinzidierende Ereignisse als Kausalitäten, da ist der Zeichenzusammenhang als ganzer in die Außenwelt hinein verschoben. Zeichendeutung wird dann zur Feststellung von Zeichenwirkungen.

---

[152] s.o. Anm. 151

Teil 2
Wie das neuzeitliche Unbehagen gegenüber religiösen Symbolen entstand

Im 16. und 17. Jahrhundert haben theologie- und geistesgeschichtliche Entwicklungen zu einer radikalen Neubewertung des Realitätsgehalts religiöser Symbole geführt. Diese Entwicklungen sollen im zweiten Hauptteil in Umrissen nachgezeichnet und auf ihre Konsequenzen für die Hermeneutik religiöser Zeichen hin untersucht werden. Im 16. und 17. Jahrhundert wurde die enge Bindung der Zeichendeutung an ein relationales Wirklichkeitsverständnis, das bei den Kirchenvätern unübersehbar war und auch in der mittelalterlichen Hermeneutik noch ungebrochen dominierte, aufgebrochen. Unter dem Druck der naturwissenschaftlichen Revision des Weltbildes zersplitterte das alte relationale Wirklichkeitskonzept. Natur, Geschichte und Sprache wurden als eigenständige Kategorien analysiert und auf neue Weise rational begründet. Theologisch war dieser Prozeß begleitet von einer verstärkten Konzentration auf das Wort als Zentralmedium theologischer Aussagen. Geistesgeschichtlich war er geprägt von einer umfassenden Kritik der Zeichen, des relationalen Denkens und der semiotischen Prämissen des mittelalterlichen Wissenschaftsverständnisses. An die Stelle der Ähnlichkeit, der Teilhabe und der Angrenzung traten neue Kategorien. Identität und Differenz, Maß und Ordnung waren die Grundbegriffe des neuen Denkens, mit deren Hilfe die Weltwirklichkeit neu bestimmt und vermessen wurde. Die Zeichen verloren ihren gesicherten Platz im Weltgefüge, ihre Verweisfunktionen wurden suspekt. Schließlich sprach man ihnen sogar explizit ab, überhaupt gesicherte Erkenntnisse über die Dinge zu vermitteln. Relationales Denken galt fortan als unvernünftig oder kindisch. Erste Schritte in diese Richtung zeichneten sich bereits im Nominalismus des beginnenden 16. Jahrhunderts ab. Auch bei Martin Luther, dessen Denken bekanntlich durch die Ablehnung der mittelalterlichen Exegesetraditionen entscheidend geprägt war, sind sie nachweisbar.

Im ersten Kapitel werde ich mosaiksteinartig einige Themenfelder zusammenstellen, in denen sich sehr deutlich zeigt, wie das mittelalterliche Wissenschaftsgefüge von relationalem Denken her geprägt ist und zusammengehalten wird. Ich bin auf die teilweise sehr weit auseinander liegenden Bereiche aufmerksam geworden, nachdem ich die Gesetzmäßigkeiten des ikonischen und indexalischen Zeichengebrauchs in der altkirchlichen Zeit rekonstruiert hatte.

Es folgt ein Kapitel, das sich mit dem Zeichenverständnis Martin Luthers beschäftigt. Martin Luther hat die Taufe nicht nur theoretisch im Rahmen seiner Sakramentenlehre behandelt. Er hat auch selbst eine Taufliturgie überarbeitet und veröffentlicht.

Im dritten Kapitel schließlich wird, ausgehend von der Person des Don Quixote, die veränderte Einstellung des 17. Jahrhunderts gegenüber den Grundprinzipien des relationalen Denkens dargestellt. Exemplarisch werden drei Aspekte behandelt: die veränderte Einstellung zum Zeichen, zur Sprache und zur Natur.

Simplicissimus – Aspekte des mittelalterlichen Weltbildes

Der „abenteuerliche Simplicissimus" des Hans Jacob Grimmelshausen (1669) liefert uns ein sehr anschauliches Beispiel dafür, wie das mittelalterliche Denken die ganze Welt als einen „Garten Gottes" verstanden hat. Nach all den Abenteuern und Lebenswirren, die der Simplicissimus hinter sich gebracht hat, beendet er sein Leben als Einsiedler auf einer kleinen Insel:

„O wie oft wünschte ich mir, wann ich meinen Leib abgemattet hatte und demselben seine Ruhe geben mußte, geistliche Bücher, mich selbst darin zu trösten, zu ergötzen und aufzubauen, aber ich hatte solche drum nit; demnach ich aber vor diesem von einem heiligen Mann gelesen, daß er gesagt, die ganze weite Welt sei ihm ein großes Buch, darinnen er die Wunderwerke Gottes erkennen, und zu dessen Lob angefrischt werden möchte, als gedachte ich derselbigen nachzufolgen, wiewohl ich, sozusagen, nit mehr in der Welt war; die kleine Insel mußte mir die ganze Welt sein, und in derselbigen ein jedes Ding, ja ein jeder Baum ein Antrieb zur Gottseligkeit, und eine Erinnerung zu denen Gedanken, die ein rechter Christ haben soll; also! sahe ich ein stachelecht Gewächs, so erinnerte ich mich an der Dörnenkron Christi, sahe ich einen Apfel oder Granat, so gedachte ich an den Fall unserer ersten Eltern und bejammerte denselbigen; gewanne ich ein Palmwein aus einem Stamm, so bildete ich mir vor, wie mildiglich mein Erlöser am Stammen des hl. Kreuzes sein Blut vor mich vergossen; sahe ich Meer oder Berg, so erinnerte ich mich des einen oder anderen Wunderzeichens und Geschichten, so unser Heiland an dergleichen Orten begangen; fande ich einen oder mehr Stein so zum Werfen bequem waren, so stellte ich mir vor Augen, wie die Juden Christum steinigen wollten ... Mit solchen und dergleichen Gedanken hantierete ich täglich; ich aß nie, daß ich nicht an das letzte Abendmahl Christi gedachte; und kochte mir niemals keine Speis, daß mich das gegenwärtige Feuer nicht an die ewige Pein der Höllen erinnert hätte."[1]

Unverkennbar hat das Zeichen im Weltbild des Simplicissimus eine Schlüsselposition inne. Er versteht seine gesamte Lebensumwelt als ein System von Zeichen. Da er nicht über Bücher verfügt, liest er die Welt, die ihn umgibt, so, als wäre sie ein Buch.[2] Und es gibt in ihr nichts, was sich nicht als ikonisches oder indexalisches Zeichen deuten und auf Gott oder die biblischen Erzählungen beziehen ließe. Diesen Pansymbolismus hält Johan Huizinga für eines der wesentlichen Kennzeichen des mittelalterlichen Denkens. In seinem Buch „Herbst des Mittelalters" hat er geschrieben: „Der Symbolismus schuf ein Weltbild von ungleich strengerer Einheit und innigerem Zusammenhang, als das kausal-naturwissenschaftliche Denken es zu geben vermag ... Denn jedes Ding kann mit seinen verschiedenen Eigenschaften gleichzeitig Symbol für vielerlei sein, es kann auch mit ein und derselben Eigenschaft Verschiedenes

---

[1] Hans Jacob Christoph von Grimmelshausen [Nr. 44], S. 690f
[2] Die Metapher „Buch der Natur" war von der Antike bis in die Neuzeit hinein geläufig und ist durchgängig belegt. Vgl. Erich Rothacker: Das Buch der Natur. Hrsg. v. Wilhelm Perpeet. Bonn, 1979; Ernst Robert Curtius: Schrift- und Buchmetaphorik in der Weltliteratur. In: Dt. Vierteljahrsschrift für Literaturwissenschaft und Geistesgeschichte. 20. Jg. 1942, S. 359–411

bezeichnen; die höchsten Dinge haben tausenderlei Symbole. Kein Ding ist zu niedrig, als das es nicht das Höchste bedeuten und zu seiner Verherrlichung dienen könnte. Die Walnuß [etwa] bedeutet Christus: der süße Kern ist die göttliche Natur, die fleischliche äußere Schale die menschliche, und die holzige Schale dazwischen ist das Kreuz. Alle Dinge bieten dem Emporsteigen des Gedankens zum Ewigen Stütze und Halt; alle heben einander von Stufe zu Stufe empor."[3] Simplicissimus, der in seiner Einsiedelei dieses relationale Denken einübte, demonstriert exemplarisch die Spielregeln und die Reichweite des mittelalterlichen semiotischen Wirklichkeitsverständnisses. Es ist unübersehbar, daß hier die Prinzipien altkirchlicher Symboldeutung weitergeführt sind. In der Literaturgeschichte ist er einer der letzten von denen, die ein solches Wirklichkeitsverständnis ungebrochen zum Ausdruck gebracht haben.

Relationales Denken in der mittelalterlichen Hermeneutik

Die Erfordernisse der Schriftauslegung[4] scheinen eine der Antriebsquellen gewesen zu sein, die die Erhaltung und Entwicklung relationaler Wirklichkeitskonzepte im Mittelalter gefördert haben. Grundlegend ist die schon in der Alten Kirche verbreitete Überzeugung, daß die Bibel als „Heilige Schrift" vom Heiligen Geist selbst inspiriert worden ist.[5] Alle ihre Aussagen sind Wegweiser und Führer zur Erkenntnis Gottes und seines in Jesus Christus realisierten Heilsplanes mit der Menschheit. Alle ihre Aussagen gelten als unbedingt wahr. Zwar kann die Bibel dunkle Stellen und unklare Passagen enthalten, Widersprüche und Ungereimtheiten aber nicht. Schriftauslegung hatte deshalb die Aufgabe, die dunklen Stellen von den klaren her zu deuten[6] und so mit den allezeit gültigen christlichen Grundwahrheiten in Einklang zu bringen.

Zu diesem Zweck verwendete man die allegorische Methode der Textinterpretation. Sie wurde schon seit dem sechsten vorchristlichen Jahrhundert zur Erklärung literarischer Texte benutzt[7] und ist auch im Neuen Testament belegt: Galater 4,21–31. Die Allegorese ermöglichte eine christliche Auslegung des Alten Testaments, wie wir sie schon bei der Darstellung der typologischen Methode gefunden haben. In den alttestamentlichen Texten fanden die Exegeten den „Schatten der zukünftigen Güter" (Hebräer 10,1)[8] und verwendeten deshalb große Sorgfalt darauf, die Analogien und Beziehungen zu den neutestamentlichen Wahrheiten aufzuspüren und herauszuarbeiten.

Gertrud Chappuzeau hat die Methode an Hand der Exegese des Hohen Liedes bei Hippolyt, Origenes, Ambrosius, Beda und Bernhard von Clairvaux

---

3 Johan Huizinga [Nr. 50], S. 291; Vgl. auch Friedrich Ohly [Nr. 88]
4 Vgl. zum folgenden: Hennig Brinkmann [Nr. 18]; Christel Meier: Argumentationsformen kritischer Reflexion zwischen Naturwissenschaft und Allegorese. In: Frühmittelalterliche Studien. 12. Jg. 1978, S. 116–159; Friedrich Ohly [Nr. 87]
5 Hippolyt: Danielkommentar I 7,2 (= SC 14, S. 80); Origenes: De principiis IV 2,4.9 (= GCS Origenes V, S. 315 und 321 f.); Augustin: De doctrina christiana II 2,3 (= CCSL 32, S. 7 f.)
6 Tertullian: De resurrectione mortuorum XIX,1 (= CCSL 2, S. 944); Origenes: De principiis IV 2,9 (= GCS Origenes V, S. 321–323); Augustin: De civitate Dei XI,19 (= CCSL 48, S. 337 f.)
7 Gertrud Chappuzeau: Die Exegese von Hohes Lied 1, 2a.b und 7 bei den Kirchenvätern von Hippolyt bis Bernhard. In: JAC. 18. Jg. 1975, S. 90
8 ebd., S. 132

untersucht. Ihr Ergebnis deckt sich mit dem Befund, den auch die vorliegende Untersuchung der Gesetzmäßigkeiten altkirchlicher Ritualdeutung erbracht hat. Sie schreibt, daß in der Allegorese keineswegs willkürlich verfahren wurde, sondern „daß die Auslegungen auf Grund von Verhältnisähnlichkeiten, d.h. mit Hilfe von Analogien gefunden wurden".[9]

Sachgemäße Exegese konnte folglich nur betrieben werden, wenn der Ausleger die Ähnlichkeiten zwischen den Texten richtig bestimmte und darüber hinaus auch die Eigenschaften und Verwendungsweisen der Dinge kannte, die in den Texten erwähnt wurden. Augustin hat diese Forderung in „De doctrina christiana"[10] explizit erhoben. Er schreibt dort, daß die Unkenntnis der Dinge und ihrer Eigenschaften (sc. semantischen Merkmale) oft ein richtiges Verständnis der Schrift verhindert und verstellt hat. Der Ausleger muß einfach wissen, was der Ölbaum bedeutet oder der Ysop, die Schlange, der Karfunkel oder der Beryll, wenn diese Dinge in einem biblischen Text erwähnt werden. Um die Bedeutungen der Dinge einheitlich zu klären und damit der Allegorese ein gesichertes Fundament zu verschaffen, forderte er die Erstellung kurzer Sachbücher, in denen die Eigenschaften katalogisiert und für den Exegeten abrufbar sind. Er beschränkte seine Forderung jedoch nicht nur auf die Dinge der natürlichen Umwelt, sondern wollte auch die Bedeutungen der Namen und der Zahlen mit einbeziehen. In „De Genesi ad litteram" schrieb er: „Wer Maß, Zahl und Gewicht nur sichtbar kennt, der kennt sie sklavisch ... Trotzdem ist es aber nötig zu wissen, welche Art von Ähnlichkeit zwischen Niederem und Höherem besteht. Denn nicht anders strebt die Vernunft in rechter Weise von hier dorthin."[11]

Die Untersuchung der Namen, Maße, Zahlen, Tiere, Pflanzen, Steine usw. hatte also keineswegs einen rein naturwissenschaftlichen Zweck, sie diente vielmehr der Feststellung von semantischen Merkmalen, die für die Hermeneutik der Texte und damit für die Erkenntnis Gottes und seines Heilswirkens fruchtbar gemacht werden konnten. Christliche Exegeten haben nachweislich für ihre Sachexegese auch antike Lehrbücher zu Rate gezogen. Hieronymus verwendete die „Naturgeschichte" des Plinius[12] und Augustin daneben auch die „Collectanea rerum memorabilium" des Solinus.[13] Auch die Standardwerke der Rhetorik von Donatus, Charisius und Diomedes wurden benutzt. Ebenso historische Darstellungen wie die Schriften des Josephus.[14]

Im Mittelalter schwoll die Zahl der naturkundlichen Werke stark an. Nach einer Zusammenstellung von Pitra, die Friedrich Ohly referiert hat[15], erschienen in der Zeit vom 5. bis 17. Jahrhundert 150 allegorische Wörterbücher, 20 Traktate „De natura rerum", 20 Vogelbücher[16], 22 Pflanzenbücher und 25

---

[9] ebd., S. 91 ähnlich S. 129; vgl. auch Gertrud Chappuzeau: Die Auslegung des Hohenliedes durch Hippolyt von Rom. In: JAC. 19. Jg. 1976, S. 45–81

[10] Augustin: De doctrina christiana II 16,24 und 39,59 (= CCSL 32, S. 49 und 73)

[11] Augustin: De Genesi ad litteram IV 4,9 (= CSEL 28/1, S. 101)

[12] Hieronymus: Jesajakommentar zu 54,11f. (= CCSL 73A, S. 611) und Ezechielkommentar zu 28,11–19 (= CCSL 75, S. 394)

[13] Augustin: De civitate Dei XXI,5 (= CCSL 48, S. 764–766)

[14] Origenes: Kommentar zum Hohenlied 3 (= GCS Origenes VIII, S. 116); vgl. Gertrud Chappuzeau, Exegese, 1975, S. 91f.

[15] Friedrich Ohly [Nr. 87], S. 22

[16] Vgl. dazu Dietrich Schmidtke: Geistliche Tierinterpretation in der deutschsprachigen Literatur des Mittelalters (1100–1500). Diss. Berlin, 1968 und Heimo Reinitzer: Vom

Steinbücher[17]. Darunter waren gewaltige Werke wie „De universo" von Hrabanus Maurus[18] oder das „Speculum maius" des Vinzenz von Beauvais, Enzyklopädien des gesamten mittelalterlichen Wissens. Alle diese Bücher verzeichneten die Eigenschaften der Dinge und ihre möglichen allegorischen Bedeutungen.

Der Symbolwert eines Dings bestimmte sich nicht allein aus seinem natürlichen Vorkommen und seinen Gebrauchseigenschaften, er wurde auch indexalisch aus sprachlichen Bildern oder biblischen Erzählungen erhoben. Was schon für die Ritualdeutung der Alten Kirche charakteristisch war, galt auch hier: Es gab keinen prinzipiellen Unterschied zwischen den Aussagen der Heiligen Schrift und den Eigenschaften von Dingen aus dem Bereich der Objektwelt. Beide Ebenen verschmolzen in der Auslegungspraxis zu einem einzigen Text, dessen Bestandteile sich wechselseitig interpretieren konnten. Berühmte Beispiele für dieses exegetische Vorgehen waren im Mittelalter Hugo von St. Victors „De arca Noe morali"[19] und der „Stiftshüttenkommentar" des Adamus Scotus.[20] Beide Kommentare versuchen mit Hilfe der allegorischen Methode zu zeigen, daß die Arche bzw. die Stiftshütte den gesamten Kosmos repräsentiert.

Sehr instruktiv ist auch die Gliederung des „Schlangenbuchs" von Ulisse Aldrovandi (1522–1605). Denn das Buch enthält neben Kapiteln über die „Anatomie", die „Gewohnheiten" oder „Zeugung und Fortpflanzung", die man auch heute noch erwartet, eine ganze Reihe von unerwarteten Kapiteln: „Antipathie und Sympathie", „Wunder und Vorzeichen", „Mythologie", „Lehrfabeln", „Sprichwörter", „Münzen", um nur einige zu nennen.[21] Schon in der Gliederung zeigt sich also wieder das für das relationale Denken so charakteristische Zusammentreten von Geschichte und Geschichten, von Natur und Text zu einem übergreifenden Bedeutungskontinuum. Daß auch die Etymologie[22] und die Typologie[23] in der bereits bekannten Art in das Netzgeflecht relationaler Verweise und Substitute hineinverflochten waren, wird nach dem bisher Gesagten sicherlich nicht mehr überraschen.

Ein reich entwickeltes Wortfeld stand zur Verfügung, um ikonische oder indexalische Zeichen zu benennen. Es umfaßte neben den schon erwähnten Begriffen „similitudo", „analogia", „Sympathie" oder „Typologie" eine Vielzahl von

Vogel Phoenix. Über Naturbetrachtung und Naturdeutung. In: Wolfgang Harms / Heimo Reinitzer (Hrsg.): Natura loquax. (= Mikrokosmos 7). Frankfurt, 1981, S. 17–72

[17] Vgl. dazu Christel Meier: Gemma spiritalis. Teil I. München, 1977; vgl. Apk. 21,18–20

[18] Friedrich Ohly hat darauf hingewiesen, daß Hrabanus Maurus in der praefatio an König Ludwig den Titel seiner Schrift erläutert hat als: „de sermonum proprietate et mystica rerum significatione" (= PL 111, S. 9B): [Nr. 87]: S. 6 Anm. 2

[19] Hugo von St. Viktor (gest. 1141): De arca Noe morali (= PL 176, S. 617–680); vgl. die Darstellung von Friedrich Ohly: Cor amantis non angustum. Vom Wohnen im Herzen. In: Dietrich Hofmann (Hrsg.): Gedenkschrift für William Foerste. Köln / Wien, 1970, S. 461–463

[20] (um 1180) Tripartium tabernaculum una cum pictura (= PL 198, S. 609–796)

[21] Nach Michel Foucault [Nr. 40], S. 71f.

[22] Vgl. Willy Sanders: Grundzüge und Wandlungen der Etymologie. In: Wirkendes Wort. 17. Jg. 1967, S. 367–380; Friedrich Ohly [Nr. 87], S. 12–20

[23] Friedrich Ohly: Synagoge und Ecclesia. Typologisches in mittelalterlicher Dichtung. In: Miscellanea Mediaevalia. 4. Jg. 1966, S. 350–369

weiteren Ausdrücken.[24] Der Begriff „symbolum" spielte nur eine untergeordnete Rolle[25], „signum" war dagegen ein Grundbegriff des sprachorientierten triviums der artes liberales[26] und seit Augustin auch hermeneutischer Schlüsselbegriff der Sakramentenlehre.[27] Auch in der Lehre von der analogia entis war er fest verankert.[28]

Relationales Denken in Alchimie, Pharmazie, Medizin und Astrologie

Die Früchte des relationalen Denkens findet man nicht allein in der Religion und Theologie des Mittelalters. Vielmehr gab es eine ganze Reihe von Wissenschaften, die den Zeichencharakter aller Dinge heuristisch voraussetzten.[29] Die Welt, verstanden als ein großes Buch, diente nicht allein dazu, die ewigen christlichen Wahrheiten der Heiligen Schrift zu bestätigen und die Gotteserkenntnis zu fördern. Dem semiotisch geschulten Blick vermittelte sie auch den Gebrauchs- und Heilwert der Dinge oder die im Verborgenen wirksamen Korrespondenzen. Ein reges Erkenntnisinteresse bemühte sich darum, sie zu entschlüsseln, und schuf dabei ebenfalls gewaltige Literaturberge. Auch dieser Sektor kann hier nur kurz angesprochen werden. Er darf jedoch nicht übergangen werden, denn die Entstehung des neuzeitlichen Unbehagens gegenüber den vielfältigen Formen der Symbolik und des relationalen Denkens ist vermutlich gerade durch die Abkehr von den wissenschafts- und erkenntnistheoretischen Prämissen der Vertreter dieser Disziplinen besonders nachhaltig gefördert worden.

Die Welt und das sie umgebende Universum galten ihnen als ein einziges Meer von Zeichen, zusammengehalten durch ein alles umfassendes Spiel von Kräften und Ähnlichkeiten. Dem forschenden Zugriff können diese Zusammenhänge nicht verborgen bleiben. Denn die Natur selbst ist so eingerichtet, daß sie dem Betrachter ihre verborgenen Relationen preisgibt. Sie spricht durch Zeichen, und wer die Zeichen zu entschlüsseln versteht, der erkennt auch die Heilkräfte, die in ihr stecken. Er kann die Korrespondenzen und die Sympathien ermitteln, die in ihr wirksam sind. Theophrast von Hohenheim (1493–1541), der als „Paracelsus" bekannt gewordene Zeitgenosse Martin Luthers, hat das jahrtausendealte Credo dieses Natur- und Wirklichkeitsverständnisses so zusammengefaßt: „Die Natur zeichnet ein jegliches Gewächs, das von ihr ausgeht, zu dem, dazu es gut ist. Darum, wenn man erfahren will, was die Natur gezeichnet hat, so muß man es an dem Zeichen erkennen, was Tugenden in ihm sind ... Es soll sich des niemand verwundern, daß ich die Zeichen von den Dingen vortrage, denn *nichts ist ohne ein Zeichen*; das ist, die Natur läßt nichts von ihr

---

[24] repraesentatio, amicitia, figura, vestigium, umbra, mysterium, aenigma, allegoria, aequalitas, consonantia, coniunctio, convenientia, aemulatio; vgl. die Darstellung von Michel Foucault [Nr. 40], S. 46–56

[25] Hennig Brinkmann: Verhüllung (Integumentum) als literarische Darstellungsform im Mittelalter. In: Albert Zimmermann (Hrsg.): Der Begriff der Repraesentatio im Mittelalter. Berlin, 1971, S. 327

[26] Rudolf Haller [Nr. 46]

[27] H.M. Feret [Nr. 37]; Cornelius P. Mayer [Nr. 76]; Jan Lemmens [Nr. 65]

[28] Joachim Track: Art.: Analogie. In: TRE. Band 2. Berlin, 1978, S. 625–650, bes. 634–637

[29] Alfonso Maierù [Nr. 74]

gehen, ohne daß sie das nit bezeichnet, das in ihm ist ... und es ist nichts so Geheimes im Menschen, das nit ein auswendig Zeichen an sich hätte."[30] Die mittelalterliche Alchimie hat das ikonische Prinzip des Sympathiedenkens zu hochkomplexen Korrespondenzsystemen weiterentwickelt. Alfons Kirchgässner, der die Entwicklung in seinem Buch „Die mächtigen Zeichen" dargestellt hat, schreibt: „Tiere haben ihre kosmischen Entsprechungen: Dem Adler korrespondiert die Sonne, der Mittag, das Feuer, die rote Farbe; der Stier, das wichtigste Opfertier, korrespondiert der Sonne ... der Unterwelt, dem Wasser, der Erde, dem Tod, dem Leben (Wodan, Poseidon, Michael [Markus] haben ihn als Tier). So entsteht ein ganzes System von Übereinstimmungen zwischen Tieren, Jahreszeiten, Stunden, Elementen, Farben, Himmelsgegenden."[31] Umgekehrt läßt sich ein einzelnes Objekt, bedingt durch die Vielzahl semantischer Merkmale, in die es zerlegt werden kann, auch in sehr unterschiedlichen Gestalten repräsentieren: „Die Sonne ist gegenwärtig nicht nur in ihren Strahlen und in ihrer Wärme, sondern auch im Blitz, im Feuer, im Gold, im Kristall, im Spiegel, im Auge, im Kreis, im Rad."[32] Man sieht, wie sich diese Systeme von Entsprechungen und Repräsentationen aus den gleichen Denkformen entwickeln lassen, die auch schon der Deutung altkirchlicher Rituale zugrunde lagen. Der relational denkende Wissenschaftler fand überall Hinweise und Anzeichen auf verborgene Relationen.[33] Er sah nicht das Ding an sich, sondern er suchte Sinn und Zusammenhänge zwischen den Dingen. Die ganze Welt war für ihn sprechende Materie. In einem marokkanischen Sprichwort ist das sehr schön zum Ausdruck gebracht: „Im Ursprung sprachen alle Steine, sprach alles Holz, sprach das Wasser, sprach die Erde."[34]

---

30 Von den natürlichen Dingen. In: Willi-Erich Peuckert (Hrsg.): Theophrastus Paracelsus. Werke. Bd.I. Darmstadt, 1965, S. 297; zitiert nach Erich Rothacker: Buch, a.a.O., S. 128; Vgl. Wolfgang Schneider: Über die Signaturenlehre in Medizin und Chemie. In: Die Pharmazie. 5. Jg. 1950, S. 355–359, und Guido Jüttner: Die Signatur in der Pflanzenabbildung. In: Pharmazeutische Zeitung. 116. Jg. 1972, S. 1998–2001
31 Alfons Kirchgässner [Nr. 58], S. 181
32 Alfons Kirchgässner [Nr. 58], S. 192
33 Interessanterweise hat der französische Kulturanthropologe Claude Lévi-Strauss ein ähnliches Weltbild auch in völlig anderen Kulturkreisen aufgefunden. Er belegt vor allem in seinem Buch „Das wilde Denken" sehr detailliert, wie dort mit Hilfe relationaler Denkformen „die Welt in Form eines aus sukzessiven Gegensätzen bestehenden Kontinuums dargestellt wird" (S. 165). „Die Gesellschaften, die wir primitiv nennen, können sich nicht vorstellen, daß zwischen den verschiedenen Klassifizierungsbereichen eine Kluft bestehen könnte; für sie sind es Etappen oder Momente eines kontinuierlichen Übergangs" (S. 162). Lévi-Strauss hat selbst auch gesehen, daß zwischen dem „wilden Denken" und dem Denken des Mittelalters Parallelen bestehen (S. 55). Er hat sie allerdings nicht weiter verfolgt. In der Tat sind die Übereinstimmungen in vielen Fällen so frappant, daß es auf den ersten Blick berechtigt erscheint, von kulturübergreifenden Grundformen des relationalen Denkens zu sprechen, die sich stets der gleichen semiotischen Mechanismen der Zeichenanalyse und Zeichendeutung bedienen. Leider fehlt es auf diesem Gebiet aber an vergleichenden Untersuchungen.
34 Zitiert nach Hans Peter Duerr [Nr. 30], S. 134

Martin Luthers Deutung der Taufsymbolik

Hermeneutische Spurentilgung in der Theologie vor Martin Luther – zwei Beispiele

Nachdem im ersten Kapitel Aspekte des relationalen Denkens im Mittelalter dargestellt worden sind, sollen nun in den folgenden drei Kapiteln mosaiksteinartig einige wenige Aspekte der Entwicklung zusammengetragen werden, die dazu führte, daß das relationale Denken seinen gesicherten Platz im Haus der Theologie und der Naturwissenschaften verloren hat.

Um einem möglichen Mißverständnis vorzubeugen, sei an dieser Stelle zunächst einmal betont, daß das relationale Denken zu keiner Zeit die einzige Denkform war, die dem Menschen zur Verfügung stand. Wer, wie dies in der Antike geschehen ist, Pflanzen und Tiere züchtet, wer Häuser und Schiffe baut, wer Nachrichten und Handelswege über tausende von Kilometern hinweg zu organisieren versteht, der hat damit auch überzeugend bewiesen, daß er rational denken kann. Ich spreche mich damit explizit gegen die Annahme einer Evolutionsgeschichte des Denkvermögens aus, die im relationalen Denken nur die Vorstufe des rationalen zu erkennen vermag. Es gibt keinen Bruch in der Geschichte des Denkvermögens. Weder zwischen Sokrates und den Vorsokratikern noch zwischen Aufklärung und Spätmittelalter. Wohl aber gibt es veränderte Prämissen und, daraus resultierend, neue Fragestellungen, neue Interessen, neue Kategorien und neue Ergebnisse. Rationales und relationales Denken stehen als zwei Grundformen des menschlichen Denkvermögens immer schon nebeneinander. Diese Einsicht könnte allzu leicht durch die Tatsache verdeckt werden, daß die von der Themenstellung der vorliegenden Arbeit her gebotene Konzentration auf die Grundregeln religiöser Zeichendeutung die Umrisse eines in sich überaus kohärenten relationalen Wirklichkeitsverständnisses freizulegen gestattete.

Interessanterweise gibt es schon lange vor Luther innerhalb des Denkgebäudes der Theologie gewissermaßen systemimmanente Entwicklungen, die tendenziell zu einer Auflösung der altkirchlichen relationalen Hermeneutik führen mußten. Da ist zunächst ein Phänomen, das ich als „hermeneutische Spurentilgung" bezeichnen möchte. In der Alten Kirche wurden Zeichen analysiert, um hermeneutische Aussagen zu gewinnen. Die genaue Beobachtung besonders der ikonischen und der indexalischen Zeichen war eine unabdingbare Voraussetzung für jede Hermeneutik. Ja, selbst die Sprache des Gebets oder der Name Gottes galten als ein indexalische Zeichen. Diese hermeneutischen Überzeugungen, die, wie wir gesehen haben, auf relationalen Wirklichkeitskonzepten beruhen und auch nur innerhalb von relationalen Wirklichkeitskonzepten plausibel sind, wurden nicht erst zu Beginn der Neuzeit, sondern schon im Mittelalter selbst aufgebrochen. Die Übernahme der aristotelischen Philosophie und Methode in die Theologie führte zu einer semantischen Entleerung der alten semiotisch begründeten Theorien. Man hielt zwar fest an der überkommenen Begrifflichkeit, aber man begann, die Begriffe analytisch zu reflektieren und neu zu definieren. In der Sakramentenlehre zeigt sich diese Entwicklung ebenso wie in der Analogienlehre. Die alte Begrifflichkeit existiert zwar noch, aber man hat sie völlig neu definiert und dabei ihres Begründungszusammenhangs beraubt. Zurück bleiben Worthülsen, die längst ihren ursprünglichen Sinn verloren haben und ihn auch dem Kundigen nur noch schwer preisgeben. An zwei Beispielen möchte ich das kurz darstellen:

Das vierte Laterankonzil von 1215 beschäftigte sich mit der Lehre von der „analogia entis" und stellte fest, daß zwar eine Ähnlichkeit zwischen Gott und Mensch existiert, jede Ähnlichkeit ist aber von einer noch größeren Unähnlichkeit umschlossen. Die später entwickelte Lehre von der „analogia attributionis" ging noch einen Schritt weiter, indem sie festsetzte, daß nur Gott „ist". Alle Geschöpfe „sind" nur insofern, als sie von Gott her gesehen und von ihm her ihr Sein attribuiert bekommen. Der Endpunkt dieses Prozesses hermeneutischer Spurentilgung ist erreicht in der Lehre von der „analogia proportionalitatis". Sie bestritt völlig die Erkennbarkeit einer Beziehung von Gott und Mensch und behauptete, daß Gott sich zu seinem Sein so verhält, wie der Mensch sich zu seinem Sein verhält. Der Begriff „Analogie" taucht zwar noch in der Benennung der Theorie auf, die postulierte Analogie ist aber weder inhaltlich qualifiziert noch inhaltlich qualifizierbar. Damit geht das altkirchliche Wissen um die Ikonizität der Analogien verloren und wird unter dogmatischer Spekulation verschüttet.

Auch Martin Luther ist in seiner Einstellung zu den sakramentalen Zeichen das Opfer einer solchen hermeneutischen Spurentilgung geworden. Seine Sakramentenlehre ist in einigen Punkten deutlich vom Nominalismus des Wilhelm von Ockham geprägt.[35] Für den Nominalismus aber galt die Prämisse „finitum non capax infiniti". Wendet man sie auf das Gebiet der Sakramentenlehre an, so führt dies zu gravierenden Verschiebungen der hermeneutischen Bedingungen. Ikonische und indexalische Zeichen müssen als arbiträre Zeichen betrachtet werden, denn für den Nominalismus kann etwas Begrenztes überhaupt nicht zum Träger oder Vermittler des Heiligen werden. Zwischen beidem besteht eine unendliche Kluft, die einzig und allein durch Gottes souveränen Willen (aufgrund seiner freien Gnade) überbrückt werden kann. Gott aber kann jede Wirkung aus sich selbst hervorbringen. Er kann sogar das Kausalgesetz von Ursache und Wirkung suspendieren. Alle sakramentalen Zeichen wurden deshalb vom Nominalismus grundsätzlich als arbiträre Zeichen angesehen. In sich sind sie ohne jeden Deutungswert. Sie könnten auch völlig anders ausgewählt und eingesetzt sein. Gott hätte die Freiheit, die Taufgnade sogar an die bloße Berührung mit einem Stück Holz zu binden. Der wahrnehmbare Signifikant steht nach Ockham in keinem Zusammenhang mit der Bedeutung und Wirkung des Sakraments. Er ist lediglich Anlaß für das freie Handeln Gottes. Ockham kennt keine ikonischen Relationen, die Kosmos und Transzendenz verbinden. Erwin Iserloh hat deshalb auch von einem „mangelnden Symbolverständnis des Nominalismus"[36] gesprochen. Auch hier zeigt sich, daß der Prozeß hermeneutischer Spurentilgung schon lange vor Luther und dem Beginn der Neuzeit eingesetzt hat.

---

[35] Erwin Iserloh [Nr. 51], hier bes. S. 140–144
[36] Erwin Iserloh: Bildfeindlichkeit des Nominalismus und Bildersturm im 16. Jahrhundert. In: Wilhelm Heinen (Hrsg.): Bild-Wort-Symbol in der Theologie. Würzburg, 1969, S. 129

Zeichenbedeutung und Zeichenwirkung in Luthers Sakramentenlehre[37]

Luther hat das Sakrament der Taufe dreimal in seinen Schriften behandelt. Im „Sermon vom heiligen hochwürdigen Sakrament der Taufe"(1519)[38], in „De captivitate Babylonica ecclesiae praeludium"(1520)[39] und im „Großen Katechismus" (1529/30)[40]. Alle drei Schriften werden im folgenden besprochen werden. Dabei geht es nicht um die in der Theologie seit langem diskutierten Fragen, ob sie eine einheitliche Theologie erkennen lassen oder ob der reformatorische Durchbruch zu den Grundsätzen Wort und Glaube sich schon vor 1520 zeigt. Vielmehr wird ausschließlich danach gefragt, wie Luther in seinen drei Schriften den Zeichencharakter der Taufe darstellt und bewertet.

Der „Sermon" von 1519 geht von der Betrachtung der Taufh«ndlung selbst aus und unterscheidet drei Faktoren, die das Taufsakrament konstituieren: die Zeichenhandlung, die Zeichenbedeutung und den Glauben. Das *Zeichen* ist, „das man den menschen yn dem namen des Vatters und des Suns und des Heyligen Geysts sto(e)st ynß wasser"(S. 260). Dieses Zeichen hat verschiedene *Bedeutungen*:

- das Sterben der Sünde
- die geistliche Wiedergeburt (S. 260)
- die Reinigung (S. 264)
- die Gewißheit der Auferstehung am Jüngsten Tag (S. 262)
- Gott schließt einen Bund mit dem Täufling (S. 262)
- Mitglied des Volkes Christi werden (S. 259f)
- Neuschöpfung des Täuflings und Geistverleihung (S. 262)
- „da wirt uns Christus geben" (S. 263)

Interessanterweise trennt Luther die ersten drei Motive von den letzten fünf. Während die letzten bereits bei der Taufe realisiert werden, ist die Wirkung der ersten drei noch nicht vollständig vorhanden: „sterben odder ersauffen der sund geschicht nit volnkomen yn dieße(m) lebe(n) biß der mensch auch leyplich sterb und gantz verweße zu puluer. Das sacrament odder tzeichen der tauff ist bald geschechen, wie wir vor augen sehen, aber die bedeutu(n)g, die geistliche tauff, die erseuffu(n)g der sund, weret die weyl wir leben und wirt aller erst ym tod volnbracht. Da wirt der mensch recht yn die tauff gesenckt und

---

37 Grundlegend Ernst Bizer [Nr. 9]; Erwin Iserloh [Nr. 52]; Ursula Stock [Nr. 104]; Wolfgang Schwab [Nr. 99]; Joseph Lortz: Sakramentales Denken beim jungen Luther. In: Lutherjahrbuch. 36. Jg. 1969, S. 9–40

38 WA 2, S. 727–737 und Hans-Ulrich Delius (Hrsg.): Martin Luther Studienausgabe. Band 1. Berlin-Ost, 1979, S. 239–269 (alle Zitate im Wortlaut nach der Ausgabe von Delius)

39 WA 6, S. 497–573 und Hans-Ulrich Delius (Hrsg.): Martin Luther Studienausgabe. Band 2. Berlin-Ost, 1982, S. 168–259 (alle Zitate im Wortlaut nach der Ausgabe von Delius)

40 In: Die Bekenntnisschriften der Evangelisch-lutherischen Kirche. Göttingen, ³1956, S. 691–707

geschicht, was die tauff bedeut."(S. 260) Auch die endgültige Reinigung steht noch aus: „Nu das noch nit vollnbracht ist und er noch lebt ym sundlichen fleysch, ßo ist er nit an sund noch reyn aller dinger, ßondern angefange(n)." (S. 262)

Da für Luther die Bedeutung und die Wirkung des ikonischen Zeichens auseinanderfallen, muß er eine Verdopplung der Taufe annehmen, um den Sinn der Taufhandlung zu sichern. So wird das Untertauchen bei der ersten Taufe zum ikonischen Zeichen für den Tod, der am Lebensende eintritt. Dieser physische Tod aber ist die eigentliche Taufe. Erst im Tod „geschicht, was die tauff bedeut". Während Paulus schreiben konnte: „Ihr seid abgewaschen, ihr seid geheiligt, ihr seid gerecht geworden" (1. Korinther 6,11), hat der getaufte Christ bei Luther nur „angefangen, durch die tauff reyn tzu werden".(S. 264) „Darumb ist das eynn großer yrthum, die do meynen, sie seyen durch die tauff gantz reyn worden".(S. 265) Das ikonische Zeichen vermittelt keine Gewißheit mehr, Zeichenbedeutung und Zeichenwirkung sind auseinandergetreten. Deshalb erhält der *Glaube* als drittes Element des Sakraments nun einen entscheidenden Stellenwert. Nicht mehr aus dem Handlungsvollzug, sondern einzig aus dem Glauben ist die Gewißheit der Zeichenwirksamkeit zu erlangen. Was die Handlung anbelangt, da soll sich jeder „fursehen, daß nit eyn falsche sicherheyt bey eynreysse".(S. 269)

In „De captivitate" (1520) spricht Luther von zwei Bestandteilen des Sakraments, dem Zeichen und dem göttlichen Verheißungswort. Jedem sakramentalen Zeichen ist ein solches Verheißungswort beigegeben. Zur Taufe gehört Markus 16,16. Der Vers lautet in Luthers Übersetzung: „Wer da glaubet und getauft wird, der soll selig werden. Wer aber nicht glaubt, der wird verdammt."

Das einmal gegebene Verheißungswort bleibt für allezeit gültig. Es fordert den Glauben, nicht das Werk. Deshalb fängt das Sakrament auch beim Glauben an. 1520 argumentiert Luther gegen die Sakramentenlehren des Thomas von Aquin und des Duns Scotus. Beide hatten die Sakramente „wirksame Zeichen" genannt, die in ihrem Vollzug das realisieren, was durch sie bezeichnet ist. Gott selbst wirke in ihnen. Thomas hatte dabei auch die semantischen Merkmale des Wassers in seine Begründung mit einbezogen. Gerade das Wasser besitzt Eigenschaften, durch die die göttliche Wirkung dargestellt werden kann.[41] Luther betont dagegen, es komme überhaupt nicht auf den äußeren Vollzug an, sondern ausschließlich auf den Glauben. Die Sakramente sind folglich auch keine wirksamen Zeichen. Einzig die Korrelation von promissio und fides zählt: „Wir aber sollen ... lernen mehr das Wort als das Zeichen, mehr den Glauben als das Werk."(S. 217) Die sakramentale Handlung wird tendenziell inhaltlich bedeutungslos, wenn Luther sagt, daß zwar alle Sakramente zur Stärkung des Glaubens eingesetzt sind (S. 212), der Glaube ihrer aber nicht bedarf, während umgekehrt aber kein Sakrament ohne den Glauben denkbar ist. „Es kann auch einer glauben, wenn er gleich nicht getauft ist; denn die Taufe ist nicht mehr denn ein äußerlich Zeichen, das uns der göttlichen Verheißung ermahnen soll."[42] Da der Glaube die notwendige Hauptsache ist,

---

41 Thomas von Aquin: Summa theologiae III q 62,1
42 Predigt von 1522 (= WA 10/II, S. 142); vgl. WA 6, S. 363 und 518

besteht die Lebensaufgabe des Christen darin, immer wieder neu durch den Glauben getauft zu werden.

Im „Großen Katechismus" (1529/30) setzt sich Luther mit Positionen der Schwärmer auseinander und wendet sich deshalb auch stärker der Frage zu, ob denn das Wasser für die Taufe überhaupt notwendig ist: „Weil die Welt jetzt so voll Rotten ist, die da schreien, die Taufe sei ein äußerlich Ding, äußerlich Ding aber sei kein Nütz".(GK 7) Er betont dagegen, daß die Taufe „kein Menschentand" ist, sondern nach Gottes Gebot als Wassertaufe eingesetzt ist. „Aber laß äußerlich Ding sein, als es immer kann, da stehet Gottes Wort und Gebot, so die Taufe einsetzet, gründet und bestätigt."(GK 8)

Dann wendet er sich der Frage zu, ob denn das Wasser schon als solches etwas nützt, und beantwortet sie negativ: „Wo man das Wort davon sondert, so ist's nicht ander Wasser, denn die Magd damit kochet."(GK 22) Luther bestreitet, daß es einen Zusammenhang von Taufbedeutungen und den semantischen Merkmalen des Wassers gibt. Tertullian konnte schreiben: „Das Flüssige allein, zu jeder Zeit eine vollendete Materie, heiter, einfach, durch sich rein, bot sich Gott als würdiges Fahrzeug dar."[43] Luther kann das nicht mehr. Für ihn gibt es aus der Natur nichts über die Wirkung der Sakramente zu lernen: „Darümb lehren wir allezeit, man solle die Sakrament und alle äußerlich Ding, so Gott ordnet und einsetzt, nicht ansehen nach der groben äußerlichen Larven [= Erscheinung], wie man die Schalen von der Nuß siehet, sondern wie Gottes Wort darein geschlossen ist."(GK 19) Allein auf Gottes Wort kommt es an. Das Wasser allein ist nichts. „Denn das ist der Kern im Wasser: Gottes Wort oder Gepot und Gottes Namen."(GK 16)

Luthers Ausführungen zeigen bis zu diesem Punkt durchgängig die Tendenz, das semantische Potential des Taufwassers zu bestreiten. Die Wirkmächtigkeit des göttlichen Namens und der Glaube an das Verheißungswort Markus 16,16 garantieren die Wirksamkeit der Taufe. Im folgenden gibt es dann jedoch eine Passage, von der man erhofft, doch eine inhaltliche Begründung für die Notwendigkeit der Verwendung von Wasser bei der Taufe zu erhalten. Er setzt sich da mit der Ansicht auseinander, der Glaube mache selig, die Welt und die äußerlichen Dinge aber seien dabei unnütz.(GK 28) Die These liegt durchaus in der Konsequenz seiner Ausführungen von 1520. Er weist sie jedoch energisch zurück: „Ja, es soll und muß äußerlich sein, daß man's mit Sinnen fassen und begreifen und dadurch ins Herz bringen könne, wie denn das ganze Evangelion ein äußerliche mündliche Predigt ist. Summa, was Got in uns tuet und wirket, will er durch solch äußerliche Ordnung wirken."(GK 30) Die Taufe wird mit Wasser vollzogen, weil dies Gottes Wille ist. Warum aber gerade Wasser nötig ist, erklärt Luther nicht. Für das Verständnis der Taufhandlung bleibt das ohne Belang. Paulus hat in 1. Korinther 11,26 das Verb „katangellein" auf das Herrenmahl bezogen und damit dem Sakrament einen Verkündigungscharakter zugesprochen, der unabhängig von der rein verbalen Predigt des Evangeliums besteht. Luther konnte das nicht mehr.

Indem Luther im Jahre 1519 der Zeichenhandlung und im Jahre 1529 dem Taufwasser ikonische Qualitäten absprach, hat er das Sakrament seines Charakters als einer eigenständigen religiösen Ausdrucksform neben der Wortverkündigung beraubt. Aus dem Handlungsvollzug bei der Taufe gibt es nichts

---

[43] Tertullian: De baptismo III,2 (= CCSL 1, S. 278)

anderes zu lernen, als daß er von Gott eingesetzt ist. Inhaltlich bleibt er ohne Deutungswert. 1520 fehlt nur noch ein kleiner Schritt, um die Sakramente gänzlich überflüssig werden zu lassen. Diesen Schritt hat Luther nicht vollzogen. Aber in ihrer Konsequenz haben seine Äußerungen den Boden für die theologische Legitimationskrise der Taufe bereitet. Die sakramentale Handlung im Gottesdienst erscheint als ein unverständlicher Appendix, als ungeliebtes Relikt einer vorrationalen Religionspraxis, das unabhängig von der Wortverkündigung theologisch nicht mehr zu rechtfertigen ist. Besonders pointiert ist das in den „Grundlagen der Dogmatik" des reformierten Theologen Otto Weber formuliert, der geschrieben hat: „Eine dem Taufgeschehen als solchem innewohnende Verstehbarkeit besteht für uns nicht. Das Taufgeschehen ist für uns in reiner Form Verkündigungshandlung: Es lebt aus dem in ihm zur Sprache und gleichsam zu Gesichte kommenden Wort."[44] Ähnliches liest man auch bei Carl Heinz Ratschow: „Angesichts der Breite, in der das Wort als Wort Gottes geschieht, spricht nichts dagegen, auch eine Handlung wie die Taufe nach der Weise des Wortes zu sehen und auszulegen ... Die Taufe als ganze Handlung trägt Wortcharakter."[45] Die Belege lassen sich durchaus noch vermehren. Aber es ist doch zu fragen, ob hier nicht zu Unrecht das reichhaltige Spektrum der religiösen Ausdrucksformen, die zum Kernbestand der christlichen Religion gehören, egalisiert wird. Vom Wortcharakter des Sakraments bis hin zu der Überlegung Günther Dehns ist es dann nur noch ein kleiner Schritt. Günther Dehn hat geschrieben, die Taufe sei nur insofern heilsnotwendig, als sie „auch durch das Wort *ersetzt* werden" kann.[46]

Liturgische Konsequenzen und Probleme in Luthers „Taufbüchlein" von 1526

Mit der Neufassung der deutschen Taufagende[47] im Jahre 1526 hat Martin Luther eine Entwicklung eingeleitet, die geprägt ist durch eine Abkehr von den visuellen Zeichen und eine verstärkte Hinwendung zu Wort und Gebet. Die veränderte liturgische Gestalt der Taufe und ihre Auswirkungen auf die Verständnisbedingungen der Taufsymbolik sollen in diesem Kapitel dargestellt werden.

Seine erste deutsche Taufagende[48] hatte Luther schon 1523 vorgelegt. Dabei handelte es sich im wesentlichen um eine Übersetzung der zu seiner Zeit in Wittenberg gültigen lateinischen Taufordnung. Neben kleineren Änderungen hatte er lediglich die praebaptismalen Exorzismen gekürzt und das sog. „Sintflutgebet" eingefügt.[49] Dieses Gebet schließt um das „Ersäuffen des alten Adam" und die Eingliederung des Täuflings in die „Arche der Christenheit" an die Erwähnung der alten Tauftypologien Sintflut, Exodus und Jordan an. 1526 hat Luther das „Taufbüchlein" neu herausgebracht und dabei den Handlungsteil der Taufe stark verkürzt. Er begründete die Streichungen damit, die betroffenen Stücke seien von Menschenhand hinzugefügt, „die tauff

---

[44] Otto Weber [Nr. 117], S. 658
[45] Carl Heinz Ratschow [Nr. 92], S. 212; vgl. S. 212–220
[46] Günther Dehn [Nr. 26], S. 25f.
[47] = WA 12, S. 531–541
[48] = WA 12, S. 38–48
[49] Vgl. zum folgenden die Darstellung von Bruno Jordahn [Nr. 54], S. 361–425

zu zieren".(S. 538) Diese Auffassung hatte er schon im Nachwort zur ersten Taufagende vertreten. Dort allerdings hatte er noch mit Rücksicht auf die schwachen Gewissen von einer Streichung Abstand genommmen.[50]

Es liegt auf der Hand, nun nach einem Zusammenhang zwischen seiner theologischen Einstellung zur Wirksamkeit sakramentaler Zeichen und den Eingriffen in das liturgische Formular zu suchen. Man sollte sich allerdings zunächst auch klarmachen, daß Luther mit seiner Neufassung den schwierigen und überaus mutigen Versuch unternommen hat, eine seit Jahrhunderten überfällige liturgische Korrektur des Taufrituals vorzunehmen. Nachdem aus der relativ kleinen christlichen Minderheitenkirche schon mehr als tausend Jahre vorher eine Staatskirche geworden war und schließlich im Zuge der Germanenmission sogar eine Volkskirche, war die Kindertaufe längst schon zur Regelform der christlichen Taufe geworden. Das Taufritual aber war ursprünglich für die Taufe von Erwachsenen konzipiert. Zu keiner Zeit war es gelungen, die Sprünge sinnvoll zu kitten, die auftreten mußten, als man nach diesem Ritual Kinder taufte. Da war es eben nicht mehr ein bekennender Christ, der nach dreijähriger Vorbereitungszeit, religiöser Unterweisung und persönlicher Begleitung dem Teufel absagte, sich Christus zuwandte und im Taufbad das „credo" sprach. Sondern es war ein Säugling, der von alledem, was da an ihm vollzogen wurde, nichts verstand. Seine Eltern und Paten sprachen stellvertretend für ihn, und erst nach Jahren erkannte er, daß er ein getaufter Christ in einer christlichen Gesellschaft war. Hier liegt ein Keim für die Sinnentleerung der Taufe, der übrigens schon sehr früh erkannt worden ist. Er wurde zum Motor für die Entwicklung und Ausbreitung des Mönchtums, als immer deutlicher wurde, daß der Heiligkeitsanspruch der Kirche unter dem Druck von Massentaufen und katechetischem Defizit zusammenbrach. Leider hat diese Einsicht aber nicht zu einer frühzeitigen Neukonzeption des Taufrituals geführt.

Wenn Luthers Sakramententheologie so energisch die Notwendigkeit des Glaubens betont, so kann man das sicherlich auch auf dem Hintergrund seiner ganz praktischen Erfahrungen mit der Kindertaufe sehen. Er beklagt nämlich schon im „Taufbüchlein" von 1523, daß „die leutt nach der tauff so u(e)bel auch geratten".(S. 47) All die schönen Zeremonien haben offensichtlich keine lebenslange Wirkung. Aus realistischer Menschenkenntnis heraus weiß Luther, daß die Sünden nach dem Taufbad nicht ein für allemal verschwunden sind. Der „alte Mensch" ist eine Macht, die im Verlauf des Lebens immer stärker erwacht, wenn sie nicht täglich vom Glauben kontrolliert und zurückgedrängt wird: „Ein junges Kind hat kein sonderliche Untugend an sich; wo er aber erwächst, so wird er unzüchtig und unkeusch; kommt er zu seinem vollen Mannsalter, so gehen die rechten Laster an, je länger je mehr."(GK 70) Deshalb also ist es so wichtig, täglich wieder in die Taufe hineinzukriechen und „täglich wieder erfürzukommen".(GK 71)

Luthers „Taufbüchlein" von 1526 ist deshalb auch als beherzter und längst überfälliger Versuch zu werten, die Folgenlosigkeit der Taufe zu überwinden. Dies geschieht durch zwei Maßnahmen. Zunächst einmal möchte Luther die Verständlichkeit und die Mitvollziehbarkeit der Feier erhöhen. Der Glaube der Eltern und Paten soll geweckt werden. Denn dieser Glaube ist ja eine unabdingbare Voraussetzung dafür, daß das getaufte Kind später auch christlich

---

[50] WA 12, S. 47 und 48

erzogen wird. Außerdem streicht er das Ritual zusammen und konzentriert das Geschehen auf wenige Ereignisse:

Luther hat erkannt, daß derjenige, der Kinder tauft, es nicht allein mit dem Täufling zu tun hat, sondern auch mit Eltern und Paten. Dieser Personenkreis aber muß aktiv in das Taufgeschehen eingebunden werden. Die Eltern und die Paten sollen nicht am Taufstein stehen müssen, ohne zu verstehen, was da eigentlich geschieht. Vielmehr sollen sie „zum Glauben gereizt" werden: „Und habe darumb sollichst deudscht, anzufahen auff deudsch zu teuffen, damit die paten und beystehende deste mehr zum glauben und ernstlicher andacht gereytzt werden."(S. 537) Mit Blick auf diesen Teilnehmerkreis wird deshalb empfohlen, daß die „priester, so do teuffen, deste mehr vleyss umb der zuho(e)rer willen haben mu(e)ssen".(S. 537) Deutlich und langsam sollen sie vor allem sprechen, damit alles gut verfolgt und im Herzen bewegt werden kann. Auch sollen die Liturgen nicht gedankenlos handeln. Die Paten sind in das Geschehen einbezogen, wenn sie sich auch innerlich an den Gebeten beteiligen: „Denn wo der priester spricht 'last uns beten', da vermanet er dich yhe, das du mit yhm beten sollst. Auch sollen sein gebets wort mit yhm zu Gott ym hertzen sprechen alle paten und die umb her stehen."(S. 538)

Luther begründet seine Streichungen damit, daß die betreffenden Ritualsegmente der Taufliturgie von Menschen hinzugefügt worden sind: „So gedencke nu, das ynn dem teuffen dise euserliche stucke das geringste sind, als da ist unter augen blasen, creutze an streichen, saltz ynn den mund geben, speychel und kot ynn die oren und nasen thun, mit ole auff der brust und schuldern salben und mit Cresem die scheytel bestreychen, westerhembd anzihen[51] und brennend kertzen ynn die hend geben, und was das mehr ist, das von menschen die tauff zu zieren hynzu gethan ist; denn auch wol on solchs alles die tauffe geschehen mag, und nicht die rechte griffe sind, die der teuffel schewet odder fleucht. Er veracht wol gro(e)sser ding." (S. 538)

Die Wirkung des Taufrituals hängt ganz wesentlich von der Beteiligung der Taufgemeinde ab. Ohne ihren Willen und ohne ihren späteren Einsatz im Leben des Täuflings kann die Taufe keine Früchte zeigen. Im Vorwort seiner Taufordnung wendet er ihr deshalb die größte Aufmerksamkeit zu und fordert diese Aufmerksamkeit auch von jedem anderen Täufer. Damit zieht er zugleich auch Konsequenzen aus seiner ablehnenden Haltung gegenüber dem Postulat einer Wirkmächtigkeit des Sakraments. Im Taufvollzug selbst sollen zuallererst die Bedingungen geschaffen werden, die eine andauernde Wirksamkeit der Taufe gewährleisten.

Vier liturgische Probleme der Kindertaufliturgie

An Luthers „Taufbüchlein" lassen sich exemplarisch vier Probleme der Kindertaufliturgie aufzeigen, die bis heute keine befriedigende Lösung erfahren haben: die Funktionsvermehrung der Taufe, die Spannungen im Ablauf der Ritualsequenz, die verbale Repräsentation abgestorbener Handlungs- und Strukturbedeutungen und die Entstehung neuer Bedeutungen bei Veränderung der Ritualgestalt. Zunächst werden die vier Punkte dargestellt werden, um

---

[51] Nur diesen Brauch sieht Luther noch in der Fassung von 1526 vor: WA 12, S. 541

daran anschließend ihre Auswirkungen auf die Verständnisbedingungen der Taufsymbolik zu diskutieren:

1. Funktionsvermehrung

Mit der Weiterentwicklung des Christentums zu einer Volksreligion und der damit verbundenen Tendenz zur Kindertaufe als Grundform der christlichen Taufe sind der Tauffeier zwei zusätzliche Funktionen zugewachsen. Beide haben mit ihrer ursprünglichen Intention überhaupt nichts zu tun: In einer Volkskirche, in der jedes Kind, das zur Bevölkerung gehört, automatisch auch getauft werden muß, symbolisiert die Taufe nämlich nicht nur die Aufnahme in die christliche Gemeinde, sondern zugleich auch die Aufnahme in die (christliche) Gesellschaft. Der einzelne wird von der Verpflichtung zu einer bewußten Entscheidung für das Christentum freigestellt. Stattdessen steht der Taufvollzug nun unter dem Zwang sozialer Notwendigkeiten. Die persönliche Religiosität der Eltern ist nur noch ein superadditum, nicht mehr conditio sine qua non. Hier liegt eine der Ursachen für die praktische Folgenlosigkeit der Taufe, die für alle Zeiten nachgewiesen werden kann, in denen Kinder in Massen getauft wurden.

Eine weitere Funktion wuchs der Taufe durch die zeitliche Nähe zur Geburt zu. Die Geburt eines Kindes hat umwälzende Konsequenzen für die ganze Familie. Durch die Geburt des ersten Kindes wird aus dem Ehepaar erst eine Familie im Vollsinn des Begriffs. Die Taufe bot deshalb einen willkommenen Anlaß, diesen Statusübergang als Familienfest zu begehen. Damit wird die Taufe zum Bestandteil einer Familienfeier, unter Umständen ist sie nicht einmal mehr ihr Höhepunkt. Dieses Problem aber berührt den Nerv des christlichen Taufverständnisses.[52]

2. Der Bruch in der Taufsequenz

Luther hat den Dreischritt „Absage – Zusage an Christus – Wassertaufe", der im altkirchlichen Taufritual die Abwendung des Täuflings von seinem alten Lebenswandel und die Hinwendung zu Christus ausdrückte, beibehalten. Allerdings werden die entscheidenden Sätze jetzt von den Paten gesprochen. „Darnach laß der priester das kind *durch seine paten* dem teuffel absagen." Die Paten sollen als Kind antworten, wenn sie gefragt werden: „Entsags*tu* dem teuffel; ... Gleubs*tu* an Gott den almechtigen vater ...Wil*tu* getaufft sein?"

Hier wird ein Bruch in der Liturgie erkennbar, der uns heute leicht als magisches Stellvertretungshandeln erscheinen kann, auch wenn er von den Gesetzen des relationalen Denkens her nicht mit der gleichen Schärfe ins Gewicht fällt. Weder in der Antike noch im Mittelalter ist es gelungen, ein Kindertaufritual zu entwickeln, durch das nicht die Strukturgesetze des altkirchlichen Erwachsenentaufrituals hindurchschimmern. Die alte Struktur, die die Abfolge der einzelnen Ritualsequenzen bestimmt, ist auch dann noch geblieben, als große Teile des Rituals gestrichen wurden. Mit der Abfolge der Ritualsegmente überlebte aber auch die ursprüngliche Bedeutung dieser Struktur. Und so signalisiert das Ritual an dieser Stelle rudimentär immer noch einen Übergang,

---

[52] Vgl. Rudolf Bohren: Unsere Kasualpraxis – Eine missionarische Gelegenheit? München, [4]1968

der faktisch im Kindertaufritual gar nicht mehr stattfindet und auch nicht mehr stattfinden muß.

3. Verbaler Ersatz von Struktur- und Handlungsbedeutungen

Wie eben gezeigt wurde, werden durch die Übernahme traditioneller Ritual-sequenzen Strukturbedeutungen auch dann konserviert, wenn sie durch verän-derte Umstände längst schon obsolet geworden sind. Umgekehrt kann es geschehen, daß durch die Streichung von Ritualsequenzen bestimmte Bedeu-tungen, die ursprünglich im Ritualgeschehen sinnlich erfahrbar waren, nicht mehr repräsentiert sind. Will man sie dennoch erhalten, muß man sie gewis-sermaßen verbal „nachtragen". Das geschieht in der Regel in den Gebeten. Das Ritual verliert dadurch jedoch an Anschaulichkeit, und die Deutungen erhalten einen unkontrollierbaren Charakter. Einige Beispiele:

Die Eingliederung in die Gemeinde erfolgte bei Hippolyt im Anschluß an den Wasserritus. Der Täufling wurde in den Versammlungsraum der Gemeinde geführt und durchlief ein mehrgliedriges Einigungsritual, das seinen Höhepunkt und Abschluß in der gemeinsamen Eucharistiefeier fand. Luther erwähnt die Taufeucharistie nicht. Sie war zu seiner Zeit nicht mehr üblich[53] und ist es auch bis heute nicht. Stattdessen findet man 1526 im Anschluß an das Sintflutgebet die Bitte, der Täufling möge „aus der ungleubigen zal gesundert, ynn der heyligen Arca der Christenheyt trocken und sicher behalten"[54] werden.

Ähnliches erfolgte schrittweise auch mit den Bedeutungen „Tod" und „Wieder-geburt". Diese Bedeutungen waren im Ritual mehrfach repräsentiert, unter anderem im Strukturaufbau. Als die Passagestruktur durch die Einführung der Kindertaufe und die daraus resultierende Veränderung der prae- und postbap-tismalen Riten aufgelöst wurde, waren die Bedeutungen „Tod" und „Wieder-geburt" nicht mehr von der Struktur her abgesichert. Man konnte aber immer noch den Wasserritus mit Untertauchen und Auftauchen als ikonisches Zeichen für „Tod" und „Wiedergeburt" ansehen. Luther hat dies in seiner Taufschrift von 1519 auch explizit getan. Gegen die zu seiner Zeit übliche Form der Infusions-taufe[55], bei der der Täufling nur übergossen wurde, hat er gefordert, daß der Täufling völlig untergetaucht werden soll.[56]

Sein Vorschlag wurde jedoch, nicht zuletzt auch wegen der mit dieser Taufform verbundenen Gefahr für die Gesundheit der Täuflinge, nicht lange befolgt. Die Taufe durch Übergießen oder Besprengen wurde zur Regelform. Diese beiden Formen legen aber als ikonische Zeichen ganz andere Bedeutungen nahe. Das Übergießen betont mehr den Reinigungsaspekt, das Besprengen dagegen eine Applikation heiliger Kräfte. Die Taufbedeutungen „Tod des alten Men-schen" und „Wiedergeburt eines neuen Menschen" sind dann also nicht mehr im Ritualvollzug sinnlich erfahrbar. Gleichwohl heißt es bis heute in der Tauf-agende der EKU: „Wir sagen dir von Herzen Lob und Dank, daß du ... auch

53 Bruno Jordahn [Nr. 54], S. 386f. und 399
54 WA 12, S. 539f.
55 Bruno Jordahn [Nr. 54], S. 393–395; vgl. De captivitate, S.217 = WA 6, S. 534
56 Taufsermon 1519, S. 259

dieses Kind durch die Heilige Taufe *wiedergeboren* und zu einem Glied am Leibe deines lieben Sohnes Jesus Christus gemacht hast."[57]

4. Neue Bedeutungen durch Strukturveränderungen

Im Taufritual Hippolyts ließen sich vier Phasen nachweisen. Auf das dreigliedrige Passageritual folgte das Einigungsritual in der Kirche. Die einzelnen Phasen waren häufig durch Ortsveränderungen markiert. Auch in Luthers Taufbüchlein findet man eine Ortsveränderung. Der erste Teil der Tauffeier findet in Übernahme des Wittenberger Taufbrauchs vor der Kirche statt[58], der zweite Teil in der Kirche am Taufbecken. Vor der Kirche wird der Teufel vertrieben und das Kinderevangelium Markus 10,13–16 verlesen. Es folgt eine Handauflegung mit Vaterunser und die Einladung, die Kirche zu betreten. Die eigentliche Taufhandlung findet dann in der Kirche statt. Die Kirchentür stellt offensichtlich eine Grenzmarkierung dar. Das unterstreicht auch das Eingangsvotum in der Kirche: „Der Herr behu(e)te deinen eingang und ausgang von nu an bis zu ewigen zeiten."

Die Zweiteilung signalisiert eine von der altkirchlichen Einstellung völlig verschiedene Haltung gegenüber dem Bösen und dem Raum des Heiligen. Das Böse befindet sich offensichtlich draußen, in der Welt. Sein Machtbereich aber endet an der Kirchenpforte. Dort wird der Teufel vertrieben, und hinter der Tür beginnt dann der Raum des Heiligen. Die Paten begleiten den Täufling im Verlauf der Taufzeremonie folglich aus der Welt des Teufels in den Machtbereich Gottes hinein und gehen dann nach der Taufe wieder in die sündige Welt zurück.

In diesem Ritualaufbau kommt in wesentlich stärkerem Maße als bei Hippolyt das (Unter?)Bewußtsein zum Ausdruck, daß der Mensch von Gott und seiner Heiligkeit getrennt ist und in einer sündigen Welt lebt. Zugleich zeigt sich darin aber auch ein stark verändertes ekklesiologisches Selbstbewußtsein. Bei Hippolyt war die Kirche im wörtlichen Sinne die „Gemeinschaft der Heiligen". Jedes ihrer Mitglieder wurde in der Taufe gereinigt, geheiligt und lebte mit der Verpflichtung, diese Heiligkeit im alltäglichen Leben zu bewahren, um die Gemeinde als ganze vor Verunreinigungen aller Art zu schützen. Die Kirche war der mythische Raum des Heiligen und zugleich dessen irdische Repräsentation. Dieses Selbstverständnis konnte an der Struktur des Taufrituals abgelesen werden. Ganz anders in Wittenberg. Hier hat sich das Heilige, folgt man der Logik des zweigliedrigen Ritualaufbaus, in das Innere der Kirchen zurückgezogen und die Lebensumwelt der Christen dem Teufel preisgegeben. In dem Kapitel über das relationale Denken im Mittelalter ist aber deutlich geworden, daß diese Einstellung ganz und gar nicht dem christlichen Selbst- und Weltverständnis der Zeit entspricht. Dieser überraschende Befund läßt sich am besten so erklären, daß durch die Veränderungen der Struktur von Ritualen alte Bedeutungen verschwinden und neue, unter Umständen sogar auch unbeabsichtigte Bedeutungen entstehen.

---

[57] Agende für die Evangelische Kirche der Union. Band II: Die kirchlichen Handlungen. 1. Teil. 1964. Nachdruck Bielefeld, 1981, S. 17

[58] Vermutlich auch 1526, obwohl dies nur in der Fassung von 1523 ausdrücklich erwähnt ist; vgl. Bruno Jordahn [Nr. 54], S. 363

Mit seinem Taufbüchlein von 1526 hat Luther Akzente gesetzt, die die Verständnisbedingungen der Taufsymbolik bis heute mitbestimmen. Er beschnitt den Handlungsteil der Taufe und übernahm Bedeutungen, die ursprünglich sinnlich erfahrbar waren, in den Wortteil. Zwar ist die Intention, durch diese Eingriffe das Ritual klarer und besser mitvollziehbar zu gestalten, uneingeschränkt zu begrüßen. Allerdings wurde nun der Wortteil mit Deutungen überladen, die nicht mehr durch das sinnlich wahrnehmbare Geschehen gedeckt waren. Das Motiv der Heiligung des Täuflings, das im altkirchlichen Ritual noch einen zentralen Stellenwert hatte, verschwand aus dem Spektrum möglicher Taufbedeutungen und blieb nur als Formel im Glaubensbekenntnis und in den Bekenntnisfragen an die Taufpaten zurück. Als man in späterer Zeit dann wieder zur Infusions- oder Aspersionstaufe zurückkehrte, war die Taufhandlung auch dieses Restes an Ikonizität beraubt.

Je mehr das Taufritual an innerer Anschaulichkeit verlor, desto stärker war man auch bemüht, die alten Taufbedeutungen zu bewahren, indem man sie wenigstens dogmatisch festschrieb. So enthalten die theologischen Schriften zur Sakramentenlehre häufig lange Listen, in denen die „Bedeutungen" oder auch die „Wirkungen" der Taufe aufgezählt werden.[59] Leider wird dabei aber die Frage gar nicht erst gestellt, ob denn nicht Taufbedeutungen und Taufereignisse in einem sinnvollen Verhältnis stehen müssen, um überhaupt plausibel und damit für die Taufgemeinde verständlich zu sein. Eine Vielzahl weitreichender Deutungen und die auf das Symbol eines Symbols geschrumpfte Taufhandlung treten in ein krasses Mißverhältnis.

Unübersehbar sind auch die Probleme, die sich daraus für die liturgische Praxis ergeben. Wo der Blick sich vom tatsächlichen Handlungsgeschehen abgewendet hat und die dogmatisch festgeschriebenen Bedeutungen ihren Bezug zu den tatsächlich erlebbaren Ereignissen der Taufliturgie verloren haben, da wird sakramentale Hermeneutik zu einer Art von „Zumutung". Der Taufgemeinde wird zugemutet, daß sie den Auslegungen ihres Pfarrers einen im wörtlichen Sinne „blinden" Glauben entgegenbringt. Wahrnehmen, miterleben, erfahren oder verstehen können sie sie nicht. Und umgekehrt wird auch manch einem Pfarrer die dogmatische Auslegung seines Tuns sehr schwer über die Lippen gehen. Werner Jetter hat dazu angemerkt: „Manche Pfarrer werden sich aus Angst vor dem Geschrei lieber einen rundum satten und schlafenden Säugling wünschen. Denn um das Säuglingsweinen als Schmerzensgeschrei des alten Adam zu bewerten, der sich da gegen sein Ersäuftwerden wehre, dazu müßte man eine handfestere Theologie haben, als ich sie mir zu erschwingen vermag."[60] Zwischen Taufvollzug und Taufdeutung klafft eine Lücke, die kaum zu schließen ist. Das Problem wird im Schlußkapitel der Arbeit noch einmal aufgegriffen und weiter behandelt werden.

---

59 Vgl. etwa die „Erklärung zur Lehre vom Heiligen Sakrament der Taufe" der Generalsynode der Evgl.-Luth. Kirche in Deutschland von 1950. Hier sind nicht weniger als zehn Bedeutungen der Taufe aufgezählt: Anteil an Christi Erlösung; Auferweckung mit Christus in das Leben; Erlösung von der Macht der Sünde, des Todes, des Teufels; Vergebung; Rechtfertigung; Wiedergeburt; Neue Schöpfung; Neues Leben des neugeschaffenen Menschen; Einpflanzung in den Leib des Herrn; ewige Seligkeit

60 Werner Jetter: Werde ich Christ durch die Taufe? – Bleiben wir Christen durchs Abendmahl? In: ZThK. 60. Jg. 1963, S. 377

Don Quixote –
Das Ende des mittelalterlichen Weltbildes

In den Jahren 1605 und 1615 erschienen der erste und zweite Teil des Romans „Der scharfsinnige Ritter Don Quixote von der Mancha" von Miguel de Cervantes Saavedra. In diesem Roman, der wie Grimmelshausens „Simplicissimus" ebenfalls der Barockzeit angehört, wird eine völlig andere Einstellung gegenüber der Symbolik und dem symbolisierenden Denken sichtbar. Der Unterschied zum „Simplicissimus" soll an einer kurzen Episode aus dem Roman verdeutlicht werden:

„Da nun in unseres Abenteurers Kopf alles, was er sah und hörte, dichtete und dachte, sogleich die Farbe all dessen annahm, was er in seinen Ritterbüchern gelesen hatte, so erschien ihm auch die Schenke auf den ersten Blick als ein Schloß mit vier Türmen und silberstrahlenden Zinnen, dem auch die Zugbrücke und die tiefen Gräben und all das Zubehör nicht fehlten, mit dem man dergleichen Burgen immer darstellt. Er ritt auf die Schenke, oder besser: das vermeintliche Kastell zu; wenige Schritte vor dem Tore zog er die Zügel seines Rosinante an, denn er hoffte, es werde zwischen den Zinnen ein Zwerg erscheinen und mit der Trompete das Zeichen geben, daß ein Ritter Einlaß begehre. Da es ihm aber zu lange währte und sein Rosinante mit allen Kräften nach dem Stalle drängte, so näherte er sich endlich der Tür und erblickte die beiden Dirnen, die ihm als schöne Damen und anmutige Edelfräulein erschienen; er glaubte, sie hätten sich vor das Schloßtor begeben, um die frische Luft zu genießen. In diesem Augenblick geschah es nun, daß ein Schweinehirt, der auf dem nahen Stoppelfeld eine Herde Schweine – es hilft kein Erbarmen, sie heißen nun einmal so – hütete, in sein Horn blies, um sie durch dieses Zeichen heimzutreiben. Flugs also hatte Don Quixote, was er wollte, denn für ihn war dies das Signal des Zwergen, der seine Ankunft meldete; und nun ritt er mit unsäglicher Befriedigung unter das Tor und auf die beiden Dirnen zu."[61]

Wie der Simplicissimus, so lebt auch Don Quixote in einer Welt von ikonischen und indexalischen Zeichen. Auch er entschlüsselt sie nach den Gesetzmäßigkeiten des relationalen Denkens. Die Schenke erscheint ihm als Schloß, die Dirnen als Edelfräulein und das Hornsignal des Schweinehirten als Trompetensignal. Auch für ihn gibt es keine Differenz zwischen der Wirklichkeit der Bücher, aus denen er sein Wissen und Denken gewonnen hat, und der Wahrheit der Welt, in der er sich bewegt. Wie Simplicissimus in jedem Baum und jedem Strauch die Geschichten und Glaubenswahrheiten der Bibel entdeckte, so sieht Don Quixote die Welt als Kulisse des Rittermilieus. Unentwegt überträgt er die Inhalte seiner Bücher auf seine Umwelt, um seine Umwelt von ihnen her zu interpretieren und zu erleben. So ist er durchaus dem Simplicissimus vergleichbar, der beim Anblick eines Apfelbäumchens auf die Knie fällt, um den Sündenfall der ersten Eltern zu beweinen.

Dennoch besteht zwischen beiden ein tiefgreifender Unterschied. Die Einschätzung des Realitätscharakters der Symbolik, mit der beide Figuren konfrontiert sind, hat sich vollkommen verändert. Simplicissimus lebt in einer Welt, in der sich alles, was überhaupt existiert, in einer umfassenden Ordnung befindet. Die Zeichen verweisen auf Beziehungen, die den Dingen selbst als Qualitäten

---

61 Miguel de Cervantes Saavedra [Nr. 22], S. 69

zukommen. In dieser Welt gibt es zwar Verwirrungen, Dunkelheiten und Schicksalsschläge, die der einzelne nicht immer verstehen kann, Simplicissimus durchlebt sie wie ein Spielball auf den Wellen, aber hinter all dem vordergründigen Chaos steht eben doch die alles umgreifende Ordnung Gottes. In dieser Ordnung hat jeder und alles seinen Platz und seine Beziehung. Sie macht das Schicksal sinnvoll und läßt den einzelnen zur Ruhe kommen, wenn er seinen Platz erst einmal gefunden hat: „Zuletzt als ich mit herzlicher Reu meinen ganzen geführten Lebenslauf betrachtete, und meine Bubenstück, die ich von Jugend auf begangen, mir selbsten vor Augen stellte, und zu Gemüt führete, daß gleichwohl der barmherzige Gott, unangesehen aller solchen groben Sünden, mich bisher nit allein vor der ewigen Verdammnis bewahrt, sonder Zeit und Gelegenheit geben hatt mich zu bessern, zu bekehren, ihn um Verzeihung zu bitten, und um seine Guttaten zu danken, beschriebe ich alles was mir noch eingefallen in dieses Buch."[62]

Während Simplicissimus die Bestimmung seines Lebens als Einsiedler in einer als Zeichensystem verstandenen Welt findet, gelingt dies Don Quixote nicht. Er lebt in einer Welt der Bücher, reitet durch eine Welt der Ähnlichkeiten und wird immer wieder von seiner Umwelt mit dem Objektcharakter der Wirklichkeit konfrontiert. Bei Cervantes verknüpfen die Ähnlichkeiten die Welt nicht mehr zu einem übergreifenden Bedeutungskontinuum, das den Kategorienwechsel problemlos gestattet. Die Relationen, die einstmals die Welt der Bücher, der Natur und der Geschichte zusammenhielten, sind zerstört. An ihre Stelle ist das Bewußtsein für Identität und Differenz getreten. Somit ist der Schweinehirt nichts anderes an ein Schweinehirt, die Huren sind Huren, die Schenke ist eine Schenke, und jeder, der etwas anderes behauptet, gilt als verrückt. Zu Recht erntet er das Gelächter, die Verachtung und die Aggression seiner Mitmenschen. Dies ist das Schicksal des Don Quixote, der so unbeirrbar an dem Denken in Ähnlichkeiten und Relationen festhält. Er muß sehr schmerzhaft am eigenen Leibe erfahren, daß für ihn und sein Denken in dieser Welt kein Platz mehr ist. Auf dem Sterbebett „bekehrt" er sich und setzt Sancho Pansa zu seinem Erben ein: „Jetzt erkenne ich meine Torheit und die Gefahr, in die mich das Lesen dieser Bücher gestürzt hat, die ich nun aufrichtig verabscheue, da ich durch Gottes Barmherzigkeit wieder zum rechten Gebrauch meines Verstandes gekommen bin."[63]

Wie wurde aus dem frommen Einsiedler der Dummkopf auf dem Klepper? Jahrhundertelang waren die exakte Naturbeobachtung und die synthetische Hermeneutik Hand in Hand gegangen. Man hatte sich nicht mit analytisch gewonnenem Detailwissen begnügt. Bloßes Wissen an sich galt gar nichts. Vielmehr war man davon überzeugt, daß der eigentliche Sinn erst hinter den Dingen zu finden sei. Es ging also stets darum, das gewonnene Wissen wie eine Leiter zu nutzen, um daran emporzusteigen zur Erkenntnis Gottes und seiner in der Welt wirkenden Kräfte. Dieser zweite Schritt ist weggefallen, als es vom 16. bis 18. Jahrhundert zu einer wissenschaftstheoretischen Neubesinnung kam. Fortan begnügte man sich mit der exakten Naturbeobachtung. Analyse, Maß und Klassifikation waren gefragt. Die relationale Hermeneutik aber wurde scharf kritisiert und radikal verworfen. Im einzelnen vollzog sich die Abwendung von dem relationalen Wirklichkeitskonzept in einem sehr langsa-

---

62 Hans Jakob Christoph von Grimmelshausen [Nr. 44], S. 691
63 Miguel de Cervantes Saavedra [Nr. 22], S. 1350

men, keineswegs stetigen und überaus differenzierten Prozeß. Michel Foucault hat in seinem Buch „Die Ordnung der Dinge" diesen Prozeß exemplarisch an den Paradigmen Sprache, Natur und Ökonomie nachgezeichnet. Er macht darin deutlich, daß die Ausbildung der streng rational argumentierenden Einzelwissenschaften einherging mit einer Fundamentalkritik des Zeichencharakters der Wirklichkeit und der Grundformen des relationalen Denkens. Es ist das neu erwachte wissenschaftliche Selbstbewußtsein, „das die Ähnlichkeit als fundamentale Erfahrung und erste Form des Wissens ausschließt und in ihr eine konfuse Mischung denunziert, die man in Termini der Identität und des Unterschiedes, des Maßes und der Ordnung analysieren muß."[64]

Ganz in diesem Sinne kritisierte René Descartes (1596–1650) die Grundlagen des Symbolverstehens, wenn er schrieb: „Es ist eine menschliche Angewohnheit, sooft man zwischen zwei Dingen irgendeine Ähnlichkeit bemerkt, über jedes von beiden auszusagen, was man nur über eines von ihnen wahr gefunden hat, selbst da, wo beide verschieden sind."[65] Francis Bacon (1561–1626) entwickelte seine generelle Philosophiekritik aus einer Kritik des Denkens: „Unseres Dafürhaltens sind nämlich alle bisher erfundenen philosophischen Systeme samt und sonders Fabeln und Spiele einer erdichteten Theaterwelt ... Der menschliche Geist setzt gern eigenthümlich bei den Dingen eine größere Ordnung und Gleichheit voraus, als darin wirklich zu finden ist; und obgleich in der Natur manches einzeln dasteht und untereinander verschieden ist, dichtet er gern Parallelen und correspondierende Verhältnisse, die nicht vorhanden sind."[66]

Mit der Kritik am Ähnlichkeitsdenken stellt sich konsequenterweise auch die Kritik an den erkenntnistheoretischen Grundannahmen des mittelalterlichen Wissenschaftsbetriebs ein. In der „Logik von Port Royal" (1622) wird jede Form der zeichenorientierten Wissenschaft als „leere Spitzfindigkeit" bezeichnet. Die Wahrheit liegt nicht hinter den Dingen, wo sie als Bezeichnetes erkennbar wird, sondern erschließt sich dem erkennenden Subjekt unmittelbar. Die Dinge selbst sind wahr, insofern sie erkannt, klassifiziert, definiert und berechnet werden können: „Denn das, was diese Akademiker sagen: es sei unmöglich, die Wahrheit zu finden, wenn man nicht von ihr irgendwelche Zeichen hat ... ist nur eine leere Spitzfindigkeit. Wie man keiner anderen Merkmale bedarf, um das Licht von der Finsternis zu unterscheiden als das Licht selbst, das sich den Sinnen zur Genüge kundgibt, so braucht man auch keine anderen Zeichen, um die Wahrheit zu erkennen, als die Klarheit selbst, die die Wahrheit umgibt und sich den Geist unterwirft."[67]

Im 17. Jahrhundert ist also an allen Faktoren, die zur Begründung relationaler Wirklichkeitskonzeptionen führten, massive Kritik geübt worden. Descartes hat den ikonischen Zeichen die Gewißheit genommen, indem er dem Prinzip der Ähnlichkeit das Prinzip der Differenz entgegenstellte. Bacon hielt das relationale Denken für Träumerei. Und die Logiker von Port Royal nannten die zeichenorientierte Form der Welterkenntnis eine „leere Spitzfindigkeit". Parallel zu dieser kritischen Absetzbewegung vollzogen sich in vielen Teilbereichen des Wissens einschneidende Veränderungen, die zu einer neuen Beurteilung

---

64 Michel Foucault [Nr. 40], S. 85
65 René Descartes [Nr. 27], S. 3
66 Francis Bacon [Nr. 3], Nr. 44 und 45 (= S. 33f.)
67 Antoine Arnauld [Nr. 2], S. 7

der Wirklichkeit und einem betont rationalen Selbstverständnis des erkennenden Subjekts führten. Dieser Prozeß soll an drei Begriffen noch etwas näher erläutert werden, die ihrerseits für das Verständnis der religiösen Symbolik bedeutsam sind: der Einstellung zum Zeichen, der Einstellung zur Sprache und der Einstellung zur Natur.

1. Die veränderte Beurteilung des Zeichens

In der Zeichentheorie der Logiker von Port Royal wird die Vorstellung, das Zeichen sei eine Signatur, die den Dingen selbst anhaftet, energisch verworfen. Vielmehr wird, so meinen sie, das Zeichen erst durch ein erkennendes Subjekt konstituiert, das ein Ding wahrgenommen hat und der Wahrnehmung Zeichenhaftigkeit zuerkennt. Ohne diese kognitive Operation gibt es keine Zeichen: „Das Zeichen enthält genau genommen in sich zwei Ideen, die des Dings, das darstellt, und die des dargestellten Dings; seine Natur besteht darin, die zweite Idee durch die erste anzuregen."[68] Drei mögliche Zeicheneinteilungen werden in der „Logik" diskutiert. Zunächst wird unterschieden zwischen „sicheren Zeichen" und „wahrscheinlichen Zeichen". Ein sicheres Zeichen ist beispielsweise die Atmung eines Menschen. Sie zeigt an, daß er lebt. Die meisten Zeichen sind aber bloß wahrscheinliche Zeichen (= "semeia"). Vor ihnen muß der Denker sich hüten, denn „der größte Teil der unbesonnenen Urteile kommt aus einer Verwechslung dieser zwei Arten von Zeichen".[69]

Die Unterscheidung von sicheren und wahrscheinlichen Zeichen geht auf Aristoteles[70] zurück, der in seiner „Analytica priora" festgestellt hat, daß Erkenntnisse, die mit Hilfe von „semeia" gewonnen werden, weder sicher noch notwendig sind. Sie dürfen nicht als wissenschaftliche Erkenntnisse ausgegeben werden. Bedeutsam sind sie deshalb auch nicht in der Wissenschaft, sondern in der Rhetorik. Hier stellt das Beweisverfahren „dia semeia" ein anerkanntes rhetorisches Mittel dar. Indem die Logiker von Port Royal sich auf diese Konzeption bezogen, machten sie deutlich, wie zerbrechlich die Wahrheit der Zeichen ist und wie gefährlich es ist, sich unbedacht auf sie zu berufen.

Die zweite Unterscheidung ist die schon von Augustin her bekannte Unterscheidung zwischen „natürlichen" und „arbiträren" Zeichen. Als natürliches Zeichen gilt ein Spiegelbild. Als arbiträres Zeichen ein sprachlicher Begriff. Diese Unterscheidung wird nicht näher ausgeführt. Zwar wird festgehalten, daß sprachliche Zeichen die Wahrheit der Dinge zum Ausdruck bringen können. Dies ist jedoch nicht zwangsläufig immer auch der Fall.

Schließlich wird unterschieden zwischen solchen Zeichen, die mit den bezeichneten Dingen in Verbindung stehen, die Miene des Gesichts etwa oder das Symptom einer Krankheit, und solchen Zeichen, die keine Verbindung zu den bezeichneten Dingen haben: „die Opferungen des alten Gesetzes, Zeichen

---

68 Antoine Arnauld [Nr. 2], S. 41
69 ebd.
70 Aristoteles: Analytica priora 70a 10; vgl. Sophistici elenchi 167b 7–10; Raffaele Simone: Die Semiotik Augustins. In: Rainer Volp (Hrsg.): [Nr. 115], S. 82–85; Klaus Oehler: Die Anfänge der Relationenlogik und der Zeichenschluß bei Aristoteles. In: Zeitschrift für Semiotik. 4. Jg. 1982, S. 259–266

des getöteten Christus".[71] Diese Unterscheidung bezieht sich offensichtlich auf die Differenz von indexalischen und ikonischen Zeichen. Allerdings hat das typologische Denken und damit auch die Annahme von ikonischen Relationen, die die Einheit der Geschichte begründen, für die „Logiker" keine Gültigkeit mehr. Sie sehen in der Opfertypologie nichts anderes als ein Zeichen, dem die Beziehung zum Bezeichneten fehlt. Dem ikonischen Zeichen wird, wie auch schon bei Luther, eine innere Plausibilität abgesprochen. Die Identität einzelner semantischer Merkmale bleibt unberücksichtigt. Der Signifikant ist nicht mehr bedeutsam für die Ermittlung der Zeichenbedeutung. Das Zeichen ist jetzt als doppelte Idee definiert und nicht, wie etwa bei Augustin, als Einheit von Wahrnehmung und weiterführender Bedeutung. Von daher gilt auch nicht die Kenntnis von Objekteigenschaften als Grundvoraussetzung für die korrekte Deutung eines Zeichens. Voraussetzung ist vielmehr, daß jemand ein bestimmtes semantisches *Wissen* hat. Dieses Wissen stellt sicher, daß ein Zeichen richtig gedeutet wird. Eine genaue Analyse des Signifikanten ist dazu nicht erforderlich.

Die Abendmahlssymbolik wird herangezogen, um diese These zu illustrieren: Danach ist es „nicht von Bedeutung, ob das Brot des Abendmahls als einzelgegebenes Wirkliches beharrt, vorausgesetzt, daß in unseren Sinnen stets das Bild vom Brot aufkommt, das uns zum Vorstellen der Art und Weise dient, in der der Leib Christi die Nahrung unserer Seelen ist".[72] Mit anderen Worten, der Signifikant ist tendenziell überflüssig, was einzig zählt ist die richtige Idee. Damit aber wird die spezifische Differenz von ikonischem und arbiträrem Zeichen eingeebnet, denn die Verstehbarkeit eines Zeichens wird einzig auf das Vorhandensein einer allgemein verbreiteten Assoziation zurückgeführt. Das Ding selbst ist für das Zeichen ohne Belang, an die Stelle der Beobachtung tritt die Assoziation.

Zugleich gilt aber auch, daß ein Zeichen nicht abstirbt, wenn es seiner Ikonizität verlustig geht. Es überlebt vielmehr so lange, „wie jene doppelte Idee veranlaßt wird, selbst dann noch, wenn das der Idee des darstellenden Dinges zugrundeliegende Ding in seinem Eigendasein zerstört ist".[73] Nach dieser Zeichenkonzeption ist es nicht bedeutsam, ob beim Abendmahl Brot, trockene Oblaten oder vielleicht sogar Kuchen gereicht wird. Wichtig ist allein, daß sich die Idee des Brotes einstellt und mit der richtigen Assoziation verbindet.

Ganz offensichtlich ist in dieser Zeichenkonzeption das Bewußtsein für die sinnlich erfahrbare Seite der religiösen Symbolik verkümmert. Das ikonische Zeichen wird als arbiträres Zeichen gedeutet, eine Beurteilung, die der altkirchlichen diametral entgegensteht. Denn in der Alten Kirche konnten selbst arbiträre Zeichen als ikonisch oder indexalisch gedeutet werden und man sprach sogar dem Wort einen Objektcharakter zu.

2. Die veränderte Beurteilung der Sprache

In seiner Schrift „Neues Organon der Wissenschaften" (1620) bezweifelte Francis Bacon, daß die Methode der Etymologie zu gesicherten Erkenntnissen über die Natur der Dinge führen kann: „Die Menschen glauben nämlich, ihre

[71] Antoine Arnauld [Nr. 2], S. 42
[72] Antoine Arnauld [Nr. 2], S. 43
[73] ebd.

Vernunft führe die Herrschaft über die Worte; allein nicht selten beherrschen gegentheils die Worte den Sinn so, daß dadurch die Philosophie und die Wissenschaften zu unnützer Sophisterei herabgesunken sind ... Die Vorurtheile, womit die Worte den Verstand erfüllen, sind zweifacher Art: entweder sind es Bezeichnungen von Dingen, die gar nicht existieren (denn ebenso wie unbemerkte Dinge keinen Namen haben, so gibt es auch Namen für Phantasiegebilde, denen keine Realität zugrunde liegt), oder es sind Bezeichnungen wirklicher Dinge, aber verworren und unbestimmt, flüchtig und unregelmäßig von den Dingen abstrahiert."[74]

Konnte noch die mittelalterliche Schriftauslegung die Wahrheit der Welt aus dem Wortlaut der Heiligen Schrift erheben, so verschwand nun das Vertrauen in die Abbildungskraft der Sprache völlig. Sprache erschien in der vorliegenden Form als ein höchst unzureichendes Mittel der Weltbeschreibung, mehr Falle und Hindernis für den kritischen Geist als Hilfe und Möglichkeit. Sie sollte deshalb unter streng wissenschaftlichen Gesichtspunkten revidiert werden, um überhaupt einen gesicherten Erkenntnisgewinn zu ermöglichen: „Will nun ein geschärfter Verstand, eine tiefere Beobachtung, jene Grenzen [der Begriffe] versetzen, um sie der Natur anpassender zu machen: so empören sich die Worte dagegen. Das ist die Ursache, warum große und feierliche Disputationen der Gelehrten oft auf einen Streit über Worte und Namen hinauslaufen; da es doch rathsamer wäre, nach der verständigen Sitte der Mathematiker, damit anzufangen und sie durch Definitionen zu ordnen. Aber auch Definitionen können bei materiellen Naturgegenständen nichts fruchten, weil sie selbst aus Worten bestehen und Worte nur Worte erzeugen. Daher hier nichts anderes übrig bleibt, als zu den einzelnen Instanzen und ihren Reihen und Ordnungen zurückzukehren, worüber wir unten handeln werden, wenn wir unsere Methode angeben, Begriffe und Axiome festzustellen."[75]

Das Vertrauen in die Abbildungskraft der bestehenden Sprachen war erloschen. Man war überzeugt, daß es nur durch eine an der Mathematik orientierte Revision des Wissens (und daraus resultierend dann auch des ganzen Wortschatzes) wiederhergestellt werden konnte. Den gleichen Gedanken findet man auch bei Gottfried Wilhelm Leibniz (1646–1716). Ihm ging es um die Entwicklung einer „characteristica universalis", einer Kunstsprache, die es erlaubt, die „Zeichen [= characteres] so zu bilden und anzuordnen, daß sie untereinander in der selben Beziehung stehen wie die Denkinhalte".[76] Erst diese Kunstsprache würde es dem Benutzer ermöglichen, die zahlreichen Mißbräuche der Sprache wie etwa unklare Begrifflichkeit, übertragene Redewendungen, Namen für Phantasiegebilde usw. zu vermeiden und zu wahren Aussagen über die Objektwelt zu gelangen. Noch Ludwig Wittgenstein verfolgte in seinem „Tractatus logico philosophicus" ein ähnliches Programm, als er schrieb: „Die richtige Methode der Philosophie wäre eigentlich die: Nichts zu sagen, als was sich sagen läßt, also Sätze der Naturwissenschaft – also etwas, was mit Philosophie nichts zu tun hat –, und dann immer, wenn ein

---

74 Francis Bacon [Nr. 3], Nr. 59 und 60 (S. 39f.)
75 Francis Bacon [Nr. 3], Nr. 59 (S. 40)
76 zitiert nach Hans Poser: Signum, notio und idea. Elemente der Leibnizschen Zeichentheorie. In: Zeitschrift für Semiotik 1. Jg. 1979, S. 310

anderer etwas Metaphysisches sagen wollte, ihm nachzuweisen, daß er gewissen Zeichen in seinen Sätzen keine Bedeutung gegeben hat."[77]

3. Die veränderte Beurteilung der Natur

An der veränderten Einstellung zur Natur läßt sich besonders deutlich der Prozeß der Ablösung eines relationalen durch ein rationales Wissenschaftsverständnis ablesen. Etwa 100 Jahre lang liefen verschiedene Versuche, die Naturwissenschaft relational im System einer „Astronomia magna" oder „Magia naturalis" wissenschaftlich zu begründen, parallel zu Bemühungen, sie rational nach den Prinzipien der Geometrie und Mechanik zu erklären. Erst dann verschwand das relationale Denken aus dem Bereich der wissenschaftlichen Naturerklärung. Paracelsus hat 1536 den relationalen Ansatz der Wissenschaftsmagie folgendermaßen definiert: „Diese Kunst zwingt den Himmel in seinen Kräften herab in die Steine und Kräuter, Wörter und dergleichen, lernt auch eine in ein anderes verwandeln, lernt auch die außerweltlichen Gestirne, Kometen und dergleichen zu erkennen, ihnen Bedeutung zu geben und sie zu erklären."[78] In der „magia naturalis" sollte das relationale Wissen der gesamten antiken und mittelalterlichen Naturforschung zu einem kohärenten System der Welterklärung weiterentwickelt und für die Medizin, die Pharmazie und andere Disziplinen fruchtbar gemacht werden.

Dagegen setzte das rationale Naturverständnis[79] bei mathematischen und physikalischen Prinzipen an. Galileo Galilei (1564–1642) vertrat die Auffassung, das „Buch der Natur" sei in geometrischen Buchstaben geschrieben, die man deshalb auch mathematisch erfassen muß: „Das Buch der Philosophie ist das Buch der Natur, das vor unseren Augen beständig daliegt, das jedoch nur wenige zu entziffern und zu lesen vermögen, da es in Buchstaben, die von denen unseres Alphabets verschieden sind, in Dreiecken und Quadraten, in Kreisen und Kugeln, in Kegeln und Pyramiden verfaßt und geschrieben ist."[80] Auch bei Johannes Kepler (1571–1630) findet man diese Idee: „Also daß es einer aus meinen Gedanken ist, ob nicht die ganze Natur und alle himmlische Zierligkeit in der Geometria symbolisiert sei."[81]

Hinter derartigen Überlegungen stand die Annahme, Gott müsse als ein Protogeometer und Protomechaniker die Welt nach konstanten Regeln und Gesetzen entworfen haben. Diese Gesetze sind in sich stimmig und lassen weder Brüche noch Sprünge zu. Durch die konsequente Anwendung von Geometrie und Mechanik werden sie erforscht: „Die Alten verwandten gelegentlich die Geometrie und die Mechanik als Hilfsmittel der Physik, jedoch nicht immer. Wir jedoch verwenden sie nun ständig."[82]

---

77 Ludwig Wittgenstein [Nr. 121], Satz 6.53 (S. 115)
78 zitiert nach Kurt Goldammer: Magie bei Paracelsus. Mit besonderer Berücksichtigung des Begriffs der „natürlichen Magie". In: [Nr. 80], S. 35
79 Heribert Nobis [Nr. 83]
80 Galileo Galilei an Fortunio Liceti, zitiert nach Erich Rothacker, Buch, a.a.O., S. 45
81 Johannes Kepler: Weltharmonik (1619). Hrsg.v. Max Caspar. München, 1939, S. 15. Zitiert nach Karin Pfanner: Die Signaturenlehre Jakob Böhmes. Diss. phil. Graz, 1948, S. 18
82 Giambattista Vico (1668–1744), De nostri temporis studiorum ratione (1709), c.2. Zitiert nach: Heribert Nobis [Nr. 84], S. 46

Natur und Mensch[83] wurden als Maschinen berechenbar. Auch die Einheit von Natur und Buch löste sich auf. Michel Foucault hat dafür exemplarisch die „Historia naturalis de quadripedibus" des Jan Jonston (Amsterdam 1657) genannt. In diesem Tierbuch sind, anders als noch bei Aldrovandi, die sprachbezogenen und symbolhaften Kategorien gestrichen. Die Semantik der Tierwelt geriet in Vergessenheit. Zurück blieben allein rein biologische Kategorien: Name, anatomische Teile, Ort des Vorkommens, Alter, Vermehrung usw. Die Natur hatte ihren Zeichencharakter und ihre hermeneutische Kraft verloren. Sie war fortan nichts weiter als Materie, die zerlegt und vermessen werden kann. Ganz in diesem Sinne äußerte sich René Descartes in seinem Traktat „Le monde ou Traité de la lumiére" (1646): „Ihr sollt zu allererst wissen, daß ich in der Natur keine Göttin oder irgendeine andere Art von imaginärer Kraft sehe, sondern daß ich mich dieses Wortes bediene, um die Materie selbst zu bezeichnen, die ich mit allen den Eigenschaften ansehe, die ich ihr zuerkennen muß."[84]

Es lag in der Konsequenz dieses Ansatzes, daß es fortan für den „architectus divinus" innerhalb des Weltzusammenhangs keine weiteren Aufgaben mehr gab. Nachdem er alles einsichtig und klar geordnet hatte, bedurfte es seiner nicht mehr. Die Einheit von Gott und Welt zerbrach unter dem Ansturm des rationalen Weltverständnisses. Hans Blumenberg, der diese Entwicklung exemplarisch am Denken des Nikolaus von Kues und des Giordano Bruno dargestellt hat, resümiert: „Das nachkopernikanische Universum hält keinen designierten Ort und kein ausgezeichnetes Substrat für die göttliche Heilstat mehr bereit. An dieses Universum hat sich die Gottheit bereits in der Schöpfung voll ausgegeben. Da sie gegenüber der Unendlichkeit der Welten nichts zurückhielt und zurückhalten konnte, bleibt ihr gegenüber keinem Wesen dieser Welt etwas nachzuholen."[85]

An dieser Stelle soll die kurze Skizze einiger für die Bewertung der religiösen Symbolik wichtiger geistesgeschichtlicher Entwicklungen am Beginn der Neuzeit beendet werden. Das Thema wäre einer wesentlich eingehenderen Betrachtung würdig. Leider kann das hier nicht geleistet werden. Noch einmal soll aber betont werden, daß die Mosaiksteine, die herausgegriffen wurden, keineswegs eine gradlinig verlaufene Entwicklung widerspiegeln. Die Art der Darstellung innerhalb des knapp bemessenen Raumes könnte diesen falschen Eindruck erwecken. Weltanschauungen zerfallen und entstehen nicht über Nacht. Das Mittelalter konnte rund 400 Jahre lang, vom 13. bis 17. Jahrhundert, die in der Scholastik oder im Humanismus entwickelten wissenschaftstheoretischen und sprachkritischen Potentiale, die schließlich dann das neue rationale Wissenschafts- und Weltverständnis entscheidend mitbegründeten, integrieren.[86] Wesentlich länger noch war es möglich gewesen, die aus der Logik der Zeichenrezeption selbst entspringenden inneren Widersprüchlichkei-

---

[83] Vgl. dazu Karl-Heinz Weimann: Leibniz und die medizinischen Strömungen seiner Zeit. In: [Nr. 80], S. 160; Karl Eduard Rothschuh: René Descartes und die Theorie der Lebenserscheinungen. In: Sudhoffs Archiv. 50. Jg. 1966, S. 25–42

[84] René Descartes: Le monde ou Traité de la lumiére (erschienen 1677). In: Oeuvres Bd. XI, ed. Adam-Tannery. Paris, 1909, S. 36f. Zit. nach Heribert Nobis [Nr. 84], S. 34

[85] Hans Blumenberg: Aspekte der Epochenschwelle: Cusaner und Nolaner. Frankfurt, 1976, S. 111

[86] Vgl. dazu den Aufsatz von Heribert Nobis [Nr. 84], S. 34–57

ten relationaler Wirklichkeitskonzepte einfach zu ignorieren. Die Sakramenten-lehre Martin Luthers, die im vorhergehenden Kapitel behandelt wurde, kann durchaus auch als ein Beispiel für eine solche Integrationsleistung angesehen werden.

Ergebnisse

Die massive Kritik am Zeichen und an den Formen relationalen Denkens hat zu Beginn der Neuzeit die zentralen hermeneutischen Überzeugungen der alt-kirchlichen Zeichendeutung zerstört. Ein neues Wissenschafts- und Weltver-ständnis bildete sich heraus, das zutiefst geprägt war von einem elementaren Mißtrauen gegenüber dem „Panier des Symbols mit seinem luftigen, vielfach lichtscheuen Gefolge".[87] Geschichte, Natur, Schrift und Gotteserkenntnis tra-ten auseinander und wurden fortan als eigenständige Kategorien abgehan-delt. Die Natur wurde ihres Zeichencharakters entkleidet und zersplitterte in eine Vielzahl isolierter Objekte. Diese Entwicklung hatte geradezu revolutionä-re anthropologische Konsequenzen. Denn der Mensch trat als ein erkennen-des Subjekt in Erscheinung und unterwarf das Spiel der Signaturen der Kom-petenz seines Zeichen deutenden Geistes. Er sah sich nicht mehr als kleiner Teil einer vorgegebenen göttlichen Weltordnung, in der es die Aufgabe jedes einzelnen ist, den Ort seiner Bestimmung zu finden. Vielmehr stand er jetzt vor der Aufgabe, all die vielen isolierten Objekte zu vermessen, zu klassifizieren und neu zu bestimmen. Johann Wolfgang von Goethe hat die veränderte anthropologische Situation sehr einfühlsam erfaßt: „Das Erhabene, durch Kenntnis nach und nach vereinzelt, tritt vor unserem Geist nicht leicht wieder zusammen, und so werden wir stufenweise um das Höchste gebracht, das uns gegönnt war, um die Einheit, die uns in vollem Maße zur Mitempfindung des Unendlichen erhebt, dagegen wir bei vermehrter Kenntnis immer kleiner wer-den. Da wir vorher mit dem Ganzen als Riesen standen, sehen wir uns nun als Zwerge gegen die Teile."[88]

Das Beziehungsgeflecht von Mensch, Welt und Gott war fortan nicht mehr Gegenstand des naturwissenschaftlichen Interesses. Ikonische und indexali-sche Zeichen wurden vollständig aus der Wissenschaft verbannt. Selbst der Sprache als arbiträrem Zeichensystem traute man nicht mehr. Einzig verläßlich erschienen streng nach mathematischer Logik definierte Zeichensysteme. Nur ihnen traute man zu, jeden Mißbrauch und jede Zweideutigkeit auszuschließen. Mit der Ablehnung der Symbolik verband sich auch die Unterstellung mangeln-der Reife gegenüber denen, die hartnäckig am alten Denken festhielten. Relationales Denken galt jetzt als unvernünftig, kindisch oder verrückt. Schon in der „Logik von Port Royal" trifft man auf das Postulat, daß erst eine Reifung des Geistes den Fortschritt hin zu einem streng rationalen Weltverständnis ermög-licht habe. Hier spricht ein neues Selbstbewußtsein, wenn es heißt, daß das relationale Denken in eine Zeit gehört, „da wir ... eher Kinder als Männer gewesen sind".[89] So entwickelte sich das Vorurteil, relationales und rationales Denken seien zwei Stufen in der Geschichte der geistigen Entwicklung der

---

87 Max Schlesinger [Nr. 98], S. 52
88 Johann Wolfgang von Goethe, Maximen und Reflexionen, Nr.1065 (ed. Rudolf Pechel) = Nr.1139 (ed. Max Hecker)
89 Antoine Arnauld [Nr. 2], S. 62

Menschheit. Diese Ansicht hat sich schnell verbreitet und nicht allein zur Abwertung des Mittelalters als einer Zeit geistiger Finsternis geführt. Sie ist auch in den Völkervergleich eingegangen und hat dort ein verheerendes Unverständnis für die Kulturen und das Denken der fremden Völker hervorgerufen.[90]

Neben der Abwertung des relationalen Denkens kam es schon im Nominalismus zu einer Abwertung der ikonischen Zeichen. Luther bestritt ihre Wirksamkeit und ordnete sie dem Glauben an das biblische Verheißungswort (1520) bzw. die Wirkmächtigkeit des göttlichen Namens (1529) unter. Auch in der „Logik von Port Royal" zeigte sich die Tendenz, die Ikonizität religiöser Zeichen aufzulösen in Arbitrarität. Damit ging das Bewußtsein für die sinnlich wahrnehmbare Seite der Symbolik verloren. Das symbolon war nur noch Ausdruck einer Idee[91], und man kann mit gutem Recht fragen, ob sich diese Idee nicht weitaus präziser und leichter durch Worte ausdrücken läßt.

Durch die Auflösung der altkirchlichen Ritualstruktur, durch die Abwertung der Ikonizität und der Zeichen überhaupt und durch die Fundamentalkritik am relationalen Denken sind die Verständnisbedingungen der religiösen Symbolik, die für das altkirchliche Ritual gültig waren, an der Schwelle zur Neuzeit nahezu vollständig aufgehoben worden. Daraus resultierte eine bis heute andauernde Legitimationskrise der sakramentalen Handlungen, die als eigenständige religiöse Ausdrucksformen nicht mehr verantwortet werden konnten. Es entstand der verbreitete Verdacht, in den kirchlichen Ritualen würden Relikte einer vorrationalen Kultpraxis konserviert. Die Geschichte der religiösen Symbolik würde einmünden in die Geschichte der religiösen Sprache, wenn die Beurteilungen, die hier dargestellt worden sind, vollends berechtigt wären. Aus dem Umstand jedoch, daß sie es nicht sind, ergibt sich die Möglichkeit, aber auch die Notwendigkeit, in neuer Weise über religiöse Symbolik nachzudenken.

---

[90] Vgl. dazu Claude Lévi-Strauss [Nr. 67], S. 13–20
[91] So hat auch Friedrich Creuzer das Symbol definiert in: Symbolik und Mythologie der alten Völker, besonders der Griechen. Leipzig / Darmstadt, [2]1819; vgl. Ernst Cassirer [Nr. 21], S. 50f.

Teil 3
Religiöse Symbole verstehen –
eine semiotische Rekonstruktion

Die Logiker von Port Royal hatten unrecht, als sie behaupteten, der menschliche Geist sei nach den vielen Irrungen, die er durchlief, im 17. Jahrhundert endlich erwachsen geworden. Rationales und relationales Denken begegnen in der Geistesgeschichte immer schon nebeneinander und nicht etwa nacheinander. Gewandelt hat sich nicht das Denkvermögen, gewandelt hat sich vielmehr die Bewertung der Denkformen. Das relationale Denken und damit das Wissen um die Zeichenhaftigkeit der Welt wurde zwar zu Beginn der Neuzeit aus dem wissenschaftlichen Bewußtsein hinausgedrängt, die Geschichte des relationalen Denkens war damit aber keineswegs beendet. Unbeachtet und abgewertet blüht es nach wie vor in vielen Teilbereichen der Wissenschaft, der Kultur, der Gesellschaft und des psychischen Erlebens. Es ist sicherlich kein Zufall, daß sich die Philosophiegeschichte seit Kant in vielfältiger Form der Frage nach einer möglichen *Einheit* von Erkenntnis und Welt, von Subjekt und Objekt oder von Sinn und Geschichte zuwandte. Schleiermachers Konstruktion semiotischer Universalkategorien[1] oder die Neubegründung der Ästhetik[2] im 18. Jahrhundert: all dies sind Themen, die sich erst dann stellen konnten, als die Semiotik des Mittelalters vergessen war und die Welt vor dem Geist und dem Zeitgeist nicht mehr bruchlos zusammenzudenken war. Mehr noch, es läßt sich nachweisen, daß das relationale Denken paradoxerweise geradezu Geburtshilfe bei der Entwicklung des rationalen Wissenschaftsverständnisses geleistet hat.

Andere wichtige Bereiche, in denen relationales Denken von konstitutiver Bedeutung ist, sind lange Zeit vollkommen übersehen worden. Der Zusammenhalt und die Organisation einer jeden Gesellschaft ist nur durch Zeichen und Zeichensysteme zu gewährleisten und aufrechtzuerhalten.[3] Die Logik der Träume[4] und des Unbewußten folgt den Gesetzmäßigkeiten des ikonischen und indexalischen Zeichengebrauchs. Unsere Sprache schließlich ist gerade deshalb ein so kreatives und lebendiges Medium, weil sie eben keineswegs ein System von ausschließlich arbiträren Zeichen ist. In den Kapiteln über die Metapher und die visuelle Merkmalsübertragung wird gezeigt werden, daß zwischen sprachlicher und nichtsprachlicher Symbolik viel weitreichendere Gemeinsamkeiten bestehen, als üblicherweise angenommen wird.

Wer über religiöse Symbolik nachdenkt, der muß über die Leistungsfähigkeit und die Grenzen der Sprache nachdenken. Eberhard Jüngel hat einmal gesagt: „Gott ist ein sinnvolles Wort nur im Zusammenhang metaphorischer Rede."[5] Religion kann nicht auf das Ikon verzichten, sei es in der Ikonizität des religiösen Rituals oder in metaphorischer Rede. Denn die Religion hat ihren

---

1 Rainer Volp: Die Semiotik Schleiermachers. In: [Nr. 115], S. 135–139
2 Willehad Paul Eckert: Art.: Ästetik I: Im Mittelalter und in der Renaissance. In: TRE. Band I. Berlin, 1977, S. 544–553
3 Pierre Bourdieu [Nr. 16]
4 Rudolf Fleischer: Mythen und Träume. In: Kunst und Kirche. Heft 1. 1986, S. 38–41
5 Eberhard Jüngel [Nr. 55], S. 110

Gegenstand nicht anders zur Verfügung als in sprachlichen Bildern, in irdischen Dingen oder in szenischen Darstellungen. Sie ist angewiesen auf die semantischen Merkmale der Kategorien, die sie zur Beschreibung des Heiligen benutzt. Genau das geschieht, wenn Gott als Vater, als Schöpfer, als König, als urgütig und allgegenwärtig beschrieben wird. Die Fundamente des religiösen Denkens und der religiösen Symbolik sind metaphorisch.

Dieser Gedanke soll hier nun aufgegriffen und semiotisch vertieft werden. Was ist das denn eigentlich, eine Metapher? Es geht darum, ein semiotisches Modell zu entwickeln, das die Funktionsweise und die Argumentationslogik von Metaphern erklärt. Die Verständnisbedingungen religiöser Symbolik lassen sich dann daraus ableiten, denn einen strukturellen Unterschied von sprachlicher und visueller Symbolik gibt es nicht.

Die Marzipankartoffel und das Prinzip der semantischen Merkmalsübertragung

Denkpsychologische und sprachwissenschaftliche Voraussetzungen

Mit Hilfe des „Wolkenkratzertests"[6] konnte gezeigt werden, daß das menschliche Gehirn über die Fähigkeit verfügt, die semantischen Merkmale von Objekteindrücken, Situationswahrnehmungen und Vorstellungen auch unabhängig voneinander abzurufen und sie je nach Anforderung in sehr verschiedene Begriffshierarchien einzugliedern. Für das Verständnis der Metaphern sind nun noch weitere kognitive Speicherprinzipien zu erwähnen, der *„phänomenale Raum"* und das *„Assoziationsfeld"*.

Der phänomenale Raum[7] ist in Erinnerungssituationen erlebbar. Wenn man beispielsweise plötzlich und unerwartet ein bestimmtes Musikstück hört, dann kann sich mit der Musik gleichzeitig auch die detaillierte Erinnerung an die Situation einstellen, in der man das Musikstück zum erstenmal gehört hat. Wir kennen auch alle Situationen, in denen wir nach einem Namen oder einem Begriff suchen, aber so sehr wir uns auch bemühen, er fällt uns einfach nicht ein. Wir sprechen dann davon, daß uns der Begriff „auf der Zunge liegt". In solchen Situationen versuchen wir, über eine ganze Kette von Assoziationen, die wir mit dem Begriff verbinden, an das richtige Wort heranzukommen. Wir durchforsten einen „phänomenalen Raum". Mit der Erinnerung an eine bestimmte Situation, eine bestimmte Örtlichkeit, Veranstaltung oder Begebenheit fällt uns dann plötzlich auch der gesuchte Name wieder ein. Der phänomenale Raum ist ein Prinzip der kognitiven Datenspeicherung. Die Raum- und Zeitmerkmale multimodaler Sinneswahrnehmungen bleiben im phänomenalen Raum miteinander verbunden, ganz unabhängig davon, durch welche Sinnesmodi die Informationen aufgenommen worden sind. Wir speichern komplexe

---

6 s.o. S. 29

7 Vgl. zum folgenden: Anton Hajos [Nr. 45], S. 128–134; Michael Posner [Nr. 91]. Er verwendet den Begriff „memory cell" und definiert diesen Begriff als ein „Netz von assoziativen Erinnerungen ... die die Eigenschaft haben, sich gegenseitig mit hoher Wahrscheinlichkeit zu aktivieren." (S. 55)

Situationen und sind deshalb auch in der Lage, uns an ein einzelnes Element zurückzuerinnern, wenn wir uns erst einmal die Situation richtig „vor Augen gestellt" haben.

Der Begriff des „Assoziationsfeldes" gehört ebenfalls in den Zusammenhang der Gesetzmäßigkeiten kognitiver Speicherprinzipien. Allerdings geht es hier um den Nachweis, daß einzelne Dinge der Objektwelt entsprechend ihrer jeweiligen Funktion in einer räumlich-situativen Konstellation integriert und gespeichert werden können. Ein Experiment des Amerikaners Reitman belegt das auf sehr amüsante Art[8]: Er bat einige Versuchspersonen, sie möchten sich doch bitte ein Walroß mit Zigarre und Zylinder vorstellen. Wenn sie ihm bestätigten, die Vorstellung entwickelt zu haben, fragte er sie, wo sich Zigarre und Zylinder befänden. Durchgängig antworteten die Teilnehmer, die Zigarre befände sich im Maul, der Zylinder auf dem Kopf des Walrosses. Alle Teilnehmer hatten übereinstimmend das gleiche Assoziationsfeld gebildet.

In der Sprachwissenschaft gibt es Überlegungen, die in die gleiche Richtung zielen wie die Untersuchung von Assoziationsfeldern in der Kognitiven Psychologie. Es handelt sich um die „Wortfeldtheorie", die auf Jost Trier und Walter Porzig zurückgeht.[9] Danach zieht die Auswahl eines einzelnen Textelementes mit großer Wahrscheinlichkeit andere Elemente des gleichen semantischen Feldes nach sich. Eine Ziege bellt nicht, sie meckert. Für die Zubereitung warmer Speisen steht im Deutschen eine große Anzahl von Verben zur Verfügung: kochen, backen, braten, dünsten usw. Wählt man eines dieser Verben aus, so wirkt sich das unmittelbar auf die möglichen Subjekte und adverbialen Bestimmungen aus. Jeder Begriff ist also mit einem „Wortfeld" umgeben. Als Wortfeld werden alle syntaktischen und semantischen Elemente bezeichnet, mit denen ein Begriff in einer Sprache verbunden wird. Die einzelnen Wortfelder lassen sich dann durch Textanalyse ermitteln. Der Begriff „Schloß" etwa ist Bestandteil dreier möglicher Wortfelder: König – Palast – residieren – prächtig etc.; Türverschluß – Pforte – Schlüssel – schließen – sicher etc.; Gewehrteil – Tod – schießen – gefährlich etc. Erst in einem konkreten Text wird ein Wortfeld eingespielt und determiniert. Umgekehrt kann man auch sagen, daß ein Textzusammenhang überhaupt erst durch Wortfelder konstituiert wird.

Die zwei Komponenten der Metapher

Die Metapher unterscheidet sich, semiotisch betrachtet, von den drei Zeichenarten Index, Ikon und Symbol dadurch, daß sie mindestens zwei Signifikantenkomplexe gleichzeitig anbietet. Der räumlichen Angrenzung der Signifikanten korrespondieren auf der Signifikatebene Relationen zwischen den semantischen Feldern der verwendeten Begriffe. Die Metapher ist also ein komplexes Zeichen, in dem mindestens zwei Signifikanten und die zugehörigen semantischen Felder aufeinander bezogen sind. Dies kann auf vier verschiedene Arten geschehen:

---

8 Reitman 1965; das Experiment ist dargestellt nach Michael Posner [Nr. 91], S. 38f. Weitere Versuche referiert Hans Hörmann [Nr. 49], S. 153f.

9 Jost Trier: Meine drei Ansätze zur Wortforschung (1959). In: Hartmut Beckers / Hans Schwarz (Hrsg.): Gedenkschrift für Jost Trier. Köln, 1975, S. 1–12; Karl-Dieter Bünting: Einführung in die Linguistik. Frankfurt, 1971, S. 168–189

- innerhalb eines einzelnen Wortes, das dann die Form
  eines zusammengesetzten Substantivs hat;
- indem zwei verschiedene Begriffe aufeinander
  bezogen werden;
- durch die Verbindung eines einzelnen Wortes mit
  einem umfassenden Textzusammenhang;
- durch die Verbindung eines Textes mit einer Situation.

Hier sei zunächst der einfachste Fall gewählt, das zusammengesetzte Substantiv. Am Beispiel des Wortes „Marzipankartoffel" lassen sich die zwei Bestandteile einer Metapher leicht unterscheiden. Der Begriff „Marzipan" wird hier mit den semantischen Merkmalen des Begriffs „Kartoffel" zusammengestellt. Diese beiden Begriffe bilden die beiden Komponenten der Metapher. Harald Weinrich hat sie im Anschluß an eine Unterscheidung von Jost Trier[10] *Bildspendebereich* und *Bildempfangsbereich* genannt.

Metaphern der Alltagssprache sind in der Regel ikonisch. Es gibt identische semantische Merkmale zwischen den beiden Objekten, die in dem Begriff „Marzipankartoffel" aufeinander bezogen werden. Die Marzipankartoffel hat mit einer Kartoffel folgende Merkmale gemeinsam: (erdige Farbe), (rund), (feste Konsistenz). Sie unterscheidet sich aber hinsichtlich Größe und Geschmack. Die identischen Merkmale gestatten es nun, die Marzipankugel als „Kartoffel" zu bezeichen.

Gegenüber der schlichten Bezeichnung „Marzipan" ist der neue Begriff nicht bedeutungsmäßig redundant. Denn er vermittelt eine sprachliche Information über die Farbe, die Form und die Konsistenz des Marzipans. Alle diese Informationen sind in dem Grundwort „Marzipan" allein nicht enthalten. Damit ist eine der wichtigsten Funktionen der Metapher bereits erkannt: Indem der Bildempfangsbereich mit den semantischen Merkmalen des Bildspendebereiches angereichert wird, werden latent vorhandene Merkmale des benannten Objekts aktualisiert, fokussiert und verbal repräsentiert.

Die Metapherntheorie des Aristoteles und ihre Folgen

Am Beispiel des Begriffs „Marzipankartoffel" läßt sich die Argumentationslogik von Metaphern relativ leicht durchschauen. Wesentlich schwieriger wird das, wenn man Metaphern analysiert, bei denen ein einzelnes Wort in einen umfangreichen Textzusammenhang hingestellt worden ist (s.o.: Form 3). Solche Metaphern lassen sich ebenfalls nach dem Schema von Bildempfangsbereich und Bildspendebereich analysieren. In der Metaphernforschung ist das jedoch nicht immer geschehen. Denn ein unerwartet auftauchender Begriff kann ja wie ein Fremdkörper im Kontext des gesamten Textablaufes wirken. Er scheint den Zusammenhang zu stören. Deshalb hat Gilbert Ryle Kontextmetaphern als eigenständige Gruppe von Metaphern zu erfassen versucht. In allen Kontextmetaphern, so meint er, sei ein „category mistake"[11] nachweisbar, der den Fluß des Textes stört. Ähnlich hat auch Tzvetan Todorov von einer „anomalie sémantique"[12] gesprochen. „Semantische Anomalie entsteht, wo ein Lexem

---

[10] Harald Weinrich: Münze und Wort. Untersuchungen zu einem Bildfeld (1958). In: [Nr. 118], S. 284
[11] Gilbert Ryle [Nr. 96], S. 8
[12] Tzvetan Todorov: Die semantischen Anomalien (1966). Dt. In: Jens Ihwe (Hrsg.):

gegen die akzeptierte Norm seines Gebrauchs verwendet wird."[13] Schließlich sei auch noch Karlheinz Stierle erwähnt. Er bezeichnet die beiden Komponenten der Metapher in seiner Metapherntheorie als „Substitut" und „Substituent". Auch er geht davon aus, daß ein elaborierter sprachlicher oder sprecherischer Kontext in der Regel die Anzahl der möglichen und sinnvollen Begriffe schon vorab determiniert, die bei korrekter Anwendung der Grammatik eine semantische Leerstelle ausfüllen können (s.o.: Ziege – meckern). Wer eine Metapher anwendet, der fügt folglich statt des determinierten Begriffs einen „Substituenten" in den Ablauf des Textes ein. Damit wird die Einheit des Textes aufgesprengt. Die Metapher schafft also einen Bruch im Text und füllt ihn sogleich wieder aus.[14]

Wer die Kontextmetaphern in der erläuterten Weise als „Substitute" auffaßt, die eigentlich gar nicht in den vorgegebenen Kontext hineingehören, der isoliert die Bildspendebereiche und verkennt den grundsätzlich relationalen Charakter von Metaphern. Die Metapher erscheint dann in der Perspektive der aristotelischen Metapherntheorie.[15] Schon Aristoteles nahm an, daß es im alltäglichen Sprachgebrauch für jedes Ding ein allgemein anerkanntes Wort gibt.[16] Eine Metapher bezeichnete er deshalb auch als ein „fremdes Wort"[17]. Dieses „fremde Wort" paßt eigentlich nicht zu dem Sachverhalt, den es bezeichnen soll. Da sich aber nach Aristoteles generell alle Sachverhalte ohne den Gebrauch von Metaphern aussagen lassen, forderte er, auf den Gebrauch von Metaphern in der Wissenschaft vollkommen zu verzichten. Nicht in der Wissenschaft, sondern ausschließlich in der Rhetorik kann es sinnvoll sein, Metaphern zu verwenden.

Alle diese Theorien lassen letztlich den Gebrauch von Metaphern in der Sprache als Spielerei oder gar Unsinn erscheinen. Denn man kann sich doch fragen, ob es nicht sinnvoller ist, sofort klar und deutlich zu sagen, was man meint, statt den Umweg über ein unpräzises und nicht kontextgemäßes Ersatzwort zu nehmen. In der Konsequenz dieser Metapherntheorie liegt die Forderung nach der völligen Abschaffung des Metapherngebrauchs zugunsten einer eindeutigen, klaren, jederzeit unmittelbar verstehbaren Sprache. Sie ist in der Wissenschaftsgeschichte über Jahrhunderte hinweg nachweisbar. Von Aristoteles, der die Metapher aus wissenschaftlichen Texten verbannte[18], über Descartes' Formel „clare et distincte", die Sprachkritik Bacons und Lockes[19] und Leibniz' Forderung nach einer „characteristica universalis" bis hin zu Wittgensteins berühmtem Schlußwort des Tractatus, „Wovon man nicht sprechen kann, darüber muß man schweigen"[20], zieht sich ein langer Faden antimetaphorischer Polemik durch die Geschichte des neuzeitlichen Wissenschaftsverständnisses.

Literaturwissenschaft und Linguistik. Band I: Grundlagen und Voraussetzungen. Frankfurt, ²1972, S. 359–383
13 Karlheinz Stierle [Nr. 103], S. 152
14 ebd. S. 176
15 Vgl. Eberhard Jüngel [Nr. 55], S. 86–98
16 Aristoteles: Rhetorik 1404b 32
17 Aristoteles: Poetik 1457b 3–8
18 Aristoteles: Topik, 139b-140a
19 Essai on concerning human understanding III 10,34
20 Ludwig Wittgenstein [Nr. 121], Satz Nr.7 (S. 115)

Metaphern erhellen das Dunkel

Mit Hilfe von Substitutionstheorien läßt sich die wertvollste Leistung von Metaphern, ihre Bedeutung konstituierende Funktion, weder erfassen noch erklären. Durch Metapherngebrauch werden unbekannte, undurchschaute oder unaussprechliche Sachverhalte benennbar und vorstellbar. Zunächst einige Beispiele. Schon in der Antike hat man zu begreifen versucht, wie das menschliche Gedächtnis[21] funktioniert. Da chirurgische Untersuchungen nicht weiterführten, hat man Metaphern zur Erklärung herangezogen. So hat etwa Platon hat das Gedächtnis als eine Art von Wachstafel beschrieben und die sehr unterschiedlich ausgeprägten Gedächtnisleistungen auf unterschiedliche Grade der Verschmutzung bzw. der Festigkeit des „Gedächtniswachses" zurückgeführt.[22] Um diese Metapher herum hat sich dann im Laufe der Jahrtausende ein ganzes Feld von Vorstellungen und Redewendungen angesiedelt: „sich etwas ins Gedächtnis einprägen", „ins Gedächtnis schreiben", „einen tiefen Eindruck hinterlassen" usw.

Auch der Bereich des Psychischen hat immer schon metaphorische Beschreibungen und Erklärungen gefunden. Mit dem Signifikat der „Landschaft" etwa und seinem semantischen Feld hat man versucht, die seelischen und geistigen Aktivitäten des Menschen zu beschreiben. Eine ganze Fülle von Redewendungen lassen sich der Metapher „Seelenlandschaft" zuordnen: „Fluß der Gedanken", „Garten der Gefühle", „Baum der Erkenntnis", „Gipfel der Freude", „Abgrund der Verzweiflung", „Weg der Methode".

Metaphern sind auch unverzichtbar, wenn es darum geht, das individuelle Schicksal des Menschen zu beschreiben und damit die unübersehbare Fülle der einzelnen Aspekte zu bündeln und verstehbar zu machen. Hans Blumenberg, der in seinem Buch „Schiffbruch mit Zuschauer. Paradigma einer Daseinsmetapher" die Schiffbruch- und Schiffahrtmetapher durch die abendländische Literaturgeschichte hindurch verfolgt hat, schreibt: „Das Repertoire dieser nautischen Daseinsmetaphorik ist reichhaltig. Es gibt Küsten und Inseln, Hafen und hohes Meer, Riffe und Stürme, Untiefen und Windstillen, Segel und Steuerruder, Seemänner und Ankergründe, Kompaß und astronomische Navigation, Leuchttürme und Lotsen."[23]

Ohne den Rückgriff auf Metaphern wäre die alltägliche Orientierung und die Lebensbewältigung in oft unüberschaubaren Systemzusammenhängen überhaupt nicht möglich. Metaphern machen die vielfältigen und nicht selten auch widersprüchlichen Ereignisse des Alltags verstehbar und helfen dadurch mit, dem Leben Perspektive und Sinn zu geben. Stephen Pepper hat solche Metaphern, die der Orientierung im Alltag dienen, als „root metaphors" bezeichnet: „Wenn jemand die Welt verstehen möchte, braucht er einen Schlüssel zu ihrem Verständnis. Er wählt also einen Bereich aus, der allgemein bekannt ist, und versucht dann, andere Bereiche in der Begrifflichkeit des Bekannten zu erklären. Der ursprüngliche Bereich wird dann zur 'basic analogy or root metaphor'. Die Eigenschaften dieses Bereichs wird er, so gut wie er kann, beschreiben bzw. seine Struktur herausarbeiten. Die Liste der Strukturmerkmale wird dann sein Kategoriensystem für alle Arten von Erklärungen und Beschreibun-

---

[21] Vgl. Harald Weinrich: Metaphora memoriae (1964). In: [Nr. 118], S. 291–294
[22] Platon: Theätet 191c.d
[23] Hans Blumenberg [Nr. 11], S. 9

gen ... Er wird versuchen, alle Sachverhalte in der Begrifflichkeit seiner Kategorien auszudrücken."[24] Kollektive Wurzelmetaphern sind etwa die „Reise des Lebens", die „Landschaft der Seele" oder das „Buch der Natur". Darüber hinaus haben Wurzelmetaphern oftmals auch starke individuelle Ausprägungen. Der metaphorischen Phantasie sind keine Grenzen gesetzt.

Alle diese Beispiele zeigen, daß Metaphern nicht allein dazu dienen, bekannte Sachverhalte sprachlich zu repräsentieren oder von einer neuen Seite her zu beleuchten. Metaphern dienen vielmehr auch dazu, unanschauliche oder unverstandene Sachverhalte überhaupt erst auf den Begriff zu bringen, d.h. sie anschaulich und verstehbar zu machen. Die semantischen Merkmale eines bekannten Bildspendebereichs werden auf einen unbekannten oder undurchschauten Bildempfangsbereich übertragen. Sie erscheinen dadurch als Merkmale und Eigenschaften des unbekannten Sinnzusammenhangs und machen anschaulich und diskursfähig, was sich ansonsten dem Verständnis entziehen würde.

Metaphorisches Denken und die Entstehung der modernen Naturwissenschaften[25]

Auch in der Wissenschaftsgeschichte spielen erkenntnisleitende Metaphern eine weitaus größere Rolle, als gemeinhin bekannt ist. Die wissenschaftstheoretischen Postulate René Descartes' waren in der Überzeugung begründet, daß das ganze Universum so gebaut ist wie ein Uhrwerk.[26] Auch die für die Newtonsche Mechanik grundlegenden Begriffe „Kraft", „Trägheit", „Anziehung" und andere sind aus der Maschinenmetapher abgeleitet.[27] Die Vorstellung von der Existenz einer „machina mundi" war im 17. Jahrhundert weit verbreitet und bildete das metaphorische Fundament eines sich als betont rational vom mittelalterlichen Wissenschaftsbetrieb absetzenden neuen Denkens. Noch 1748 schrieb De Lamettrie ein medizinisches Lehrbuch mit dem Titel „L'homme machine"[28], und auch in Goethes „Maximen" stößt man auf die Maschinenmetapher zur Beschreibung der Physiologie des Menschen: „Der Mensch an sich selbst, insofern er sich seiner gesunden Sinne bedient, ist der größte und genaueste physikalische Apparat, den es geben kann."[29] Die entscheidenden Fortschritte der neuzeitlichen Naturwissenschaften beruhten keineswegs einzig und allein auf der konsequent angewandten kritischen Analyse der Objektwelt. Sie verdanken sich auch der Tatsache, daß erkenntnisleitende Metaphern in großer Strenge verfolgt wurden.

---

24 Stephen Pepper [Nr. 90], S. 91f.

25 Vgl. den Forschungsüberblick in Jürgen Nieraad [Nr. 82], S. 80–111

26 Laurens Laudan [Nr. 63]

27 Colin Murray Turbayne [Nr. 110], beginnt seine Untersuchung der Geschichte der Wissenschaftsmetaphorik mit der Feststellung: „Descartes and Newton I choose as excellent examples of metaphysicians malgré eux, that is to say, as unconscious victims of the metaphor of the great machine." (S. 5); vgl. Anneliese Maier [Nr. 73].

28 Nach Hellmuth Benesch [Nr. 6], S. 179. Vgl. auch Karl Eduard Rothschuh: René Descartes und die Theorie der Lebenserscheinungen. In: Sudhoffs Archiv. 50. Jg. 1966, S. 33 u.ö.

29 Johann Wolfgang von Goethe: Maximen und Reflexionen. Nr. 840 (ed. Rudolf Pechel) = Nr. 706 (ed. Max Hecker)

Max Black hat in seinem Aufsatz „Models and Archetypes" den metaphern-geleiteten Erkenntnisgewinn als eine Form der modelltheoretischen Arbeit ausgewiesen. Er unterscheidet drei Arten von Modellen:

- das maßstabsgetreue Dimensionsmodell wie etwa eine Landkarte oder ein Schiffsmodell,
- das Analogiemodell, das nur einzelne Strukturen oder Relationen abbildet wie etwa ein Diagramm,
- das theoretische Modell.

Theoretische Modelle bezeichnet er als „sustained and systematic metaphors"[30], denn sie funktionieren nach dem Prinzip, daß die Eigenschaften und Merkmale eines bekannten Sachverhaltes auf einen unbekannten, noch zu erklärenden Sachverhalt übertragen werden. Die Maschinenmetapher ist ein solches theoretisches Modell. Ein unbekannter Sachverhalt (Welt; Mensch) wird in Analogie zu einem bekannten Sachverhalt (Uhr; Maschine) erklärt. Gerade solche theoretischen Modelle waren es, die den wissenschaftlichen Fortschritt ermöglicht haben. Black hat mit seiner Arbeit darüber hinaus auch nachgewiesen, daß die Metapher in Gestalt der Modelltheorie auch heute noch aus der wissenschaftlichen Arbeit nicht fortzudenken ist.

Dieses Ergebnis mag einem ebenso paradox erscheinen wie die Verurteilung der Symbolik im neuzeitlichen Denken. Denn „im Namen der 'nackten Wahrheit' – im Namen einer Metapher also – ist ... die Metapher immer wieder aus dem Denken und Reden der Wissenschaften vertrieben worden."[31] Indem man das metaphorische Fundament des eigenen Denkens ignorierte, stritt man mit dem aristotelischen Wissenschaftsinstrumentarium[32] gegen eine Metapher, die eben dieser Aristoteles falsch bestimmt hatte.

Zusammenfassend läßt sich feststellen, daß der Metapherngebrauch in unserer Sprache unterschiedliche Funktionen erfüllen kann. Zunächst werden Metaphern gebraucht, um ikonische Relationen, die zwischen zwei Signifikaten bestehen, sprachlich zu repräsentieren. Dadurch trägt die Metapher zu einer Präzisierung des Wissens über den jeweiligen Bildempfangsbereich bei. Metaphern dienen aber auch der semantischen Auffüllung unbekannter oder schwer durchschaubarer Sachverhalte. Dabei werden die semantischen Merkmale des Bildspendebereichs durch indexalische Übertragung dem Bildempfangsbereich zugeordnet und ermöglichen so dessen inhaltliche Strukturierung oder Qualifizierung. In beiden Fällen werden relationale Denkformen angewendet. Metapherntheorien, die das Wesen der Metapher als „category mistake", als „semantische Anomalie" oder als „Isotopieabbruch" zu beschreiben versuchen, diskriminieren den Bildspendebereich als „unpassenden" Begriff und verkennen seinen relationalen Charakter. Es liegt auf der Hand, daß aus den Einsichten in die Funktionen und die Bedeutungen der Epochen-, Wurzel- und Wissenschaftsmetaphorik auch Konsequenzen für die Beurteilung der religiösen Metaphorik zu ziehen sind. Denn die religiöse Symbolik und die religiöse Metaphorik lassen sich nach dem gleichen Prinzip semantischer Merkmalsüber-

---

30 Max Black [Nr. 10], S. 236
31 Jürgen Nieraad [[Nr. 82], S. 80
32 Aristoteles hat den Gebrauch von Metaphern in Definitionen abgelehnt: Analytica posteriora B 97b 37f (vgl. 31–38); Werner Leinfeller: Die Entstehung der Theorie. Eine Analyse des kritischen Denkens in der Antike. Freiburg, 1966

tragung hermeneutisch aufschlüsseln. Zunächst soll aber noch dargestellt werden, daß das Prinzip der semantischen Merkmalsübertragung auch bei visuellen Zeichensystemen nachgewiesen werden kann.

Eine Flasche Gin und das Englische Königshaus

Die folgenden Ausführungen stützen sich auf Ergebnisse der semiotischen Analyse von Werbeanzeigen, die Winfried Nöth vorgenommen und in seinem Buch „Dynamik semiotischer Systeme" vorgestellt hat. Nöth hat eine ganze Reihe von Fotos untersucht. Eines davon habe ich ausgewählt, weil sich hier das Prinzip der semantischen Merkmalsübertragung durch räumliche Angrenzung besonders deutlich erkennen läßt[33]:

There is only one.

The Imperial State Crown, worn
by the British sovereign on state occasions.
Set with over 3,000 precious stones
including the Black Prince's Ruby, said
to date from 1360. Traditionally
held at the Tower of London under the
guard of the Beefeaters.

Beefeater Gin, heralded
as the world's finest London Dry Gin.
Traditionally distilled in London.
Its a secret recipe by the
Burrough family since 1820.

Beefeater
London Dry Gin.

Der Wortteil der Anzeige soll zunächst noch zurückgestellt werden, ebenso das Bild auf dem Etikett der Flasche. Das Werbefoto zeigt dann zwei deutlich unterscheidbare Signifikantenkomplexe, eine Flasche Gin und die englische Königskrone. Die zugehörigen Signifikate haben eigentlich zwei völlig verschiedene semantische Merkmalsfelder. Gin ist ein (Getränk), (alkoholhaltig), (verkäuflich), (Massenartikel). Die Königskrone dagegen ist (einmalig), (kostbar), (unverkäuflich). Sie ist Ausdruck von Macht, Exklusivität und Tradition.

---

33 Winfried Nöth: Dynamik semiotischer Systeme. Stuttgart, 1977, S. 47–65 (Foto: S. 53); vgl. auch [Nr. 86]

Indem die beiden Objekte in der Reklameanzeige nebeneinander präsentiert werden, wird künstlich ein phänomenaler Raum erzeugt. Die Werbeagentur weiß, daß die Betrachter des Bildes unbewußt eine Beziehung zwischen den beiden Elementen des Bildes herstellen. Das zugrundeliegende Prinzip ist bereits von der Metapher her bekannt. Die visuellen Wahrnehmungen aktivieren die semantischen Felder der dargestellten Objekte. Merkmale des einen Objekts werden dann auf das andere Objekt übertragen.

Auch hier läßt sich also wieder ein Bildspendebereich [Krone] und ein Bildempfangsbereich [Gin] unterscheiden. Entsprechend der Logik der Metapher sollen die semantischen Merkmale der Krone, (Exklusivität), (Kostbarkeit), (Tradition) als Merkmale des Getränks gedeutet werden. Dabei ist festzuhalten, daß hier ein spezifischer Unterschied zwischen dem semantischen Wissen des Zeichenproduzenten und dem semantischen Wissen des Zeichenrezipienten ausgenutzt wird. Der Zeichenproduzent weiß, daß der Bildrahmen zwei heterogene Zeichenkomplexe umschließt. Für ihn ist die Relation zwischen den zwei Signifikantenkomplexen arbiträr. Der Zeichenrezipient dagegen soll die Relation ikonisch deuten und später den Supermarkt mit dem Gefühl verlassen, der Kauf der Flasche habe ihn in den Besitz eines äußerst kostbaren Gegenstandes gebracht.

Nicht nur Metaphern, auch visuelle Zeichenkomplexe können neues semantisches Wissen konstituieren. Auch hier gibt es beide Möglichkeiten, die semantische Präzisierung vorhandener Merkmale und die schöpferische Neuerschließung und Applikation unerwarteter Merkmale. Solche Formen der semantischen Merkmalsübertragung sind uns durchaus geläufig. Sie finden allerdings in der Regel unbeachtet statt. Wir sind gewohnt, tagtäglich sehr weitreichende Informationen über unsere Umwelt durch Merkmalsübertragung zu gewinnen. Ein Blick auf die Kleidung eines Menschen genügt oftmals schon, und wir haben uns ein Bild gemacht von seiner Tätigkeit, seinem sozialen Ansehen und seiner vermutlichen Gesinnung. Eine Wohngegend, ein Auto, ein Schmuckstück, all das gilt uns als Indikator für das Sozialprestige eines Menschen. Indexalische Repräsentation ist ein geheimes Organisationsprinzip unserer Gesellschaft. Sie stabilisiert die inneren Ordnungen und Hierarchien. Zugleich gestattet sie es dem einzelnen, seine Selbstdefinition zum Ausdruck zu bringen oder sich durch den Rückgriff auf die vorgegebenen Ausdrucksformen seinen sozialen Rangplatz in der Gesellschaft zuzuweisen. In der suggestiven Kraft indexalischer Merkmalsübertragungen gründet sich und erhält sich das Bewußtsein für Statusdifferenzen, Schicht- und Klassenunterschiede, Institutionen, Sitten und Individualitäten. Pierre Bourdieu schreibt dazu in seiner „Soziologie der symbolischen Formen": „Nichts wäre in der Tat irriger als die Annahme, die symbolischen Handlungen (bzw. deren symbolischer Aspekt) bedeuteten nichts außer sich selbst: sie verleihen stets der sozialen Stellung Ausdruck, und zwar gemäß einer Logik, die eben die der Sozialstruktur selbst ist, d.h. die der Unterscheidung. Da Zeichen schon als solche 'sich nicht positiv aufgrund ihres Inhaltes, sondern negativ in Beziehung zu den anderen Punkten des Systems definieren' ... sind sie beinahe nach Art einer prästabilisierten Harmonie dazu ausersehen, ständischen 'Rang' auszudrücken, der, wie schon das Wort sagt, seinen 'Wert' wesentlich seiner Stellung innerhalb einer als System von Positionen und Unterscheidungen verstandenen Sozialstruktur verdankt."[34]

---

34 Pierre Bourdieu [Nr. 16], S. 62. „In diesem System symbolischer Beziehungen, die das

Betrachten wir nun das Verhältnis von Wort und Bild in der Anzeige. Da ist zunächst der dominierende Satz: „There is only one." Als sprachliches Zeichen steht er dem visuellen Zeichenkomplex gegenüber. Versucht man allerdings, den Satz unabhängig von dem Bildteil zu verstehen, so erweist er sich als ausgesprochen nichtssagend. Erst wenn er in einem Zusammenhang mit dem Bildteil gesehen wird, gewinnt er Sinn. Auch diese Zeichenmontage will also nach dem Schema des metaphorischen Bildaufbaus gedeutet werden. Der Wortteil der Anzeige fokussiert das semantische Merkmal (Einmaligkeit) und steht als Bildspendebereich dem visuellen Teil zu Verfügung. Das Merkmal (Einmaligkeit) soll von dem Zeichenrezipienten auf beide Elemente der Bildkomposition übertragen werden. Da der Bildteil aber ebenfalls schon eine metaphorische Struktur hat, ergibt sich hier eine verschachtelte Gesamtstruktur.

Innerhalb eines einzigen Zeichenkomplexes sind visuelle und verbale Zeichen zusammengestellt worden. Dennoch bereitet es überhaupt keine Schwierigkeiten, die Anzeige zu verstehen. Diese Beobachtung ist von erheblicher Bedeutung für die Auseinandersetzung mit den Theorien der religiösen Symbolik, die oftmals gerade die Differenz von sprachlicher und visueller Symbolik betonen. Die semiotische Betrachtung beweist nämlich, daß im Bereich der Zeichen sowohl die Zeichenträger (visuell, verbal) wechseln können als auch die Zeichenarten (Ikon, Index, arbiträres Zeichen), ohne daß die Zeichenrezeption oder die Bedeutungszuweisung hierdurch beeinträchtigt wird. Da die Wahrnehmungsmodi untereinander kompatibel sind, ist eine generelle Vorordnung des verbalen Zeichens vor das visuelle nicht zu rechtfertigen.

Wo verbale und visuelle Zeichenkomplexe zusammenspielen, da gibt es sehr verschiedenartige Möglichkeiten der wechselseitigen Beeinflussung. Es ist keineswegs immer so, daß ausschließlich das verbale Zeichensystem die Gesamtaussage festlegt: Der Satz „There is only one" fokussiert das semantische Merkmal (einzigartig) und appliziert dies nach Art der semantischen Merkmalsübertragung dem Bildempfangsbereich. Einzigartig ist aber lediglich die Krone, nicht der Gin. Die Merkmale (Exklusivität), (Kostbarkeit), (Tradition), die aufgrund der Bildaussage als Merkmale des Getränks erkannt werden sollten, werden nun nicht mehr thematisiert. Gegenüber der rein ikonischen Darbietung ergibt sich durch das zusätzliche verbale Zeichen eine Einengung der thematischen Aussage. Das Wort greift in die Bildinformation ein und reduziert dessen semantischen Gehalt. Das vereinfacht und steuert die Bedeutungsermittlung. Allerdings bleibt fraglich, ob nicht der viel weitergehende Bedeutungsgehalt der Bildaussage dennoch weiterhin wirksam bleibt.[35]

---

kulturelle Kräftefeld bilden, zu leben, heißt, sich an Unterscheidungsmerkmalen (einer Manier, einem Stil, einer Besonderheit), d.h. an sublimen Differenzierungen zu erkennen und damit anerkennen zu lassen, die bisweilen ausdrücklich gesucht werden und einen der Anonymität und Bedeutungslosigkeit entreißen." (S. 97 Anm. 23)

[35] Die übrigen Teile der Werbeanzeige lassen sich in das Gesagte leicht einordnen. Auch sie sind unter dem Gesichtspunkt indexalischer Merkmalsübertragung leicht zu deuten. Die kleingedruckten Erläuterungen unter dem Bildteil fokussieren das semantische Merkmal (Tradition) und verstärken damit ein Motiv, das bereits in der Bildinformation enthalten ist. Das Etikett, das auf die Flasche aufgeklebt ist, macht jede Flasche Gin zum indexalischen Zeichen des englischen Königshauses, das hier pars pro toto abgebildet ist.

Religiöse Symbole
sind keine „ganz anderen" Zeichen

Nachdem im vergangenen Abschnitt gezeigt worden ist, wie mit Hilfe von semiotischen Modellen auch komplexe Zeichenformen analysiert werden können, sollen nun religiöse Symbole untersucht werden. Religiöse Symbole werden prinzipiell nach den gleichen Regeln erkannt und gedeutet wie Daseinsmetaphern, Statussymbole oder Werbefotos. Weder haben sie eigene Formen, noch ist sie eigenen Dekodierungsbedingungen unterworfen. Auch sind religiöse Symbole keine „ganz anderen Zeichen". Sie sprechen nicht nur affektive und volitionale Bereiche des Menschen an, sondern sind prinzipiell kognitiv verstehbar.[36] Sie enthalten und vermitteln Informationen über die Welt, den Menschen und das Heilige. Ihr semantischer Gehalt ist angebbar, und ihre Verständnisbedingungen sind mit Hilfe der drei Peirceschen Zeichenarten und des erweiterten Metaphernmodells rekonstruierbar.

Niklas Luhmann hat die Grundfunktion der Religion in der „Bereitstellung letzter grundlegender Reduktionen" gesehen, welche „die Unbestimmtheit und Unbestimmbarkeit des Welthorizontes in Bestimmtheit oder doch Bestimmbarkeit angebbaren Stils überführen".[37] Seine These wurde dann von Rainer Volp aufgenommen und erweitert, der der Religion auch die Aufgabe zuwies, die vielen Bestimmtheiten und Festlegungen des Alltags in einen offenen Horizont zu überführen.[38] Diese doppelte Funktionsbestimmung verweist ebenfalls auf den grundlegend semiotischen Charakter religiösen Denkens. Denn das religiöse Denken versteht die Welt nicht als Anhäufung gesetz- und planloser Zufälle oder undurchschaubarer Ereignisse, sondern als ein geordnetes Geschehen, das Sinn und Perspektive birgt. Der religiöse Mensch kann gar nicht anders, als die Ereignisse seines Lebens und den Stoff der Welt als Zeichen zu begreifen und auf diese Art die Alltäglichkeit des Daseins diaphan werden zu lassen für das Heilige. Potentiell kann jedes einzelne Element alltagsweltlicher Erfahrungen aufgenommen und religiös qualifiziert werden, indem ihm ein Anteil an der Wirklichkeit Gottes zugesprochen wird.[39] Religiöse Wirklichkeit ist prinzipiell eine durch Zeichen konstituierte und in Zeichen vermittelte Wirklichkeit. Religiöses Denken ist also immer auch relationales Denken.

Wo religiöse Erfahrungen artikuliert werden, da stehen sie in einer Relation zur Wirklichkeit des Heiligen, und alle Wahrnehmungen werden dieser Wirklichkeit zeichenhaft zugeordnet. Mit dieser umfassenden Semiotisierungsaufgabe

---

36 Die Vertreter der Analytischen Philosophie / Theologie sind hier allerdings anderer Meinung. Vgl. Ingolf U. Dalferth (Hrsg.) [Nr. 25]

37 Niklas Luhmann: Religion als System. In: Karl-Wilhelm Dahm u.a.: Religion – System und Sozialisation. Darmstadt / Neuwied, 1972, S. 11; vgl. ders. [Nr. 71], S. 20

38 Rainer Volp [Nr. 114], S. 230–233

39 Anton Grabner-Haider hat diesen Aspekt für die Sprache des Glaubens erläutert: „Glaubenssprache ist in die Lebensform glaubender Menschen hineinverwoben. Verstehen der Glaubenssprache erfolgt nur im Kontext dieser Lebensform ... Die sprachlichen Zeichen dienen nur dieser Lebensform. Sie sind das Medium, um eine Haltung des Glaubens zu wecken und eine Lebensform des Glaubens vorzubereiten. Sie sind nicht das Primäre am Glauben. Das ist der personale Bezug zu Gott." [Nr. 42], S. 49

befindet sich das religiöse Denken auch heute noch in den Fußstapfen des altkirchlichen Wirklichkeitsverständnisses. Allerdings ist durch die Entstehung des neuzeitlichen Unbehagens gegenüber Symbolen aller Art vieles von der Selbstverständlichkeit geschwunden, mit der die Kirchenväter etwa noch Naturereignisse religiös ausdeuten oder im Taufritual den Raum des Heiligen sogar anschaulich vergegenwärtigen konnten. Wirkungsbehauptungen, wie sie die Alte Kirche sehr ungezwungen aufstellen konnte, erscheinen uns heute als magischer Determinismus. Durch die Kritik am Zeichen und die Wiederentdeckung der konstitutiven Funktion des Subjekts im Prozeß der Zeichenrezeption und der Zeichendeutung ist wieder deutlich geworden, daß die Realität eines jeden Symbols immer nur eine sehr zerbrechliche Realität sein kann. Eine Realität, die dem Streit der Meinungen nicht entzogen ist.

Man kann den Niedergang des relationalen Wirklichkeitsverständnisses als Zerfall der religiösen Grundlagen unserer Kultur betrauern. Man kann ihn aber auch als einen sehr förderlichen Prozeß ansehen, der uns zwingt, die erkenntnistheoretischen Voraussetzungen religiöser Aussagen und religiöser Darstellungen wieder ernsthafter zu beachten. Der religiöse Mensch hat das Gegenüber seines Glaubens noch nie besessen, und er besitzt es auch heute nicht. Weder im Dogma noch im Ritual hat er es zu beliebigen Demonstrationszwecken zur Verfügung. Dies zeigen uns die Kritik Jeremias an den Waschungen seiner Zeitgenossen[40] und der Spott Buddhas über die Bäder der Brahmanen[41] ebenso deutlich wie der neuzeitliche Magievorwurf gegenüber allzu expansiven Deutungen der kirchlichen Amtshandlungen.

Das transzendente Heilige entzieht sich jeder abschließenden Erfassung. Es gibt sich nur im Zeichen und mit der ganzen Vorläufigkeit und Ungesichertheit, die den Zeichenprozessen stets eigen ist. Religiöse Zeichen stehen deshalb immer in der Gefahr, von denen gestört zu werden, die, oftmals in gutwilliger Absicht, die Bedeutungen der Zeichen festschreiben und vorschreiben wollen. Zeichenbedeutungen lassen sich aber nicht zu einer materialen Realität verdinglichen. Religiöse Zeichen stehen ebenfalls in der Gefahr, von denen ignoriert zu werden, die in ihnen nichts anderes sehen wollen als Materie und Form. In dieser doppelt ungesicherten Situation muß sich jedes Verstehen von religiösen Symbolen entfalten. Religiöse Gewißheit ist abgeleitet aus den Relationen, die sich dem Zeichen deutenden Individuum erschließen. Sie ist eine Gewißheit hinter den Dingen. Sie wird deshalb auch stets angreifbar sein durch die kritischen Anfragen derer, die entweder andere oder aber gar keine Relationen zu erstellen vermögen.

John Hick hat die erkenntnistheoretische Problematik der Religion, die durch die prinzipielle Ambivalenz der Zeichen bedingt ist, an der „Geschichte von den zwei Reisenden" verdeutlicht: „Zwei Männer reisen zusammen eine Straße entlang. Der eine von ihnen glaubt, daß sie zu einer himmlischen Stadt, der andere, daß sie ins Nichts führe ... Während ihrer Reise erleben beide Augenblicke der Stärkung und Freude und Augenblicke der Mühsal und Gefahr. Die ganze Zeit über hält der eine von ihnen die Reise für eine

---

40 Jeremia 2,22
41 „Warum baden sich diese Brahmanen und zittern im Bad; glauben sie, so Reinigung von ihren Sünden zu erlangen? Dann müßten ja Frösche und Schildkröten in den Himmel eingehen und alle Wasserschlangen wären zur Seligkeit bestimmt." Zit. nach Friedrich Heiler [Nr. 48], S. 188

Pilgerfahrt zur himmlischen Stadt und interpretiert die angenehmen Seiten als Ermutigungen und die Hindernisse als Prüfungen seiner Vorsätze und Lektionen für seine Geduld ... der andere jedoch glaubt nichts von alledem und sieht ihre Reise als ein unvermeidliches und zielloses Umherstreifen an. Da ihm keine andere Wahl bleibt, genießt er das Gute und erträgt das Schlechte, aber für ihn gibt es keine himmlische Stadt, keinen allumfassenden Zweck, der ihre Reise bestimmt."[42]

Religion ist bei aller Offenheit und Ungesichertheit dieser Erkenntnisform auf die Welt der Zeichen angewiesen. Gerade darin aber liegt auch eine ihrer Stärken. Denn indem sie das transempirische Heilige als ein relationales Konstrukt operationalisiert, das in Zeichenprozessen erfahren werden kann, kann sie alle Dimensionen des menschlichen Daseins auf das Heilige beziehen. Auf dem Hintergrund dieser Überlegungen soll nun dargestellt werden, wie im Taufritual Hippolyts aus dem Baumaterial der irdischen Welt das semantische Wissen über die transzendente, religiöse Welt abgeleitet und gewonnen wurde.

Indexalische Merkmalsübertragung im altrömischen Taufritual

1. Die semantische Qualifikation der Sünde

Anders als etwa der Begriff „Baum" ist das Wort „Sünde" ein Begriff ohne ein unmittelbar korrelierendes Objekt oder, semiotisch formuliert, ohne direkt benennbaren Referent.[43] Umberto Eco hat abstrakte Begriffe wie etwa das Wort „Sünde" „referentfreie Zeichen" genannt. Solche Zeichen sind nicht unsinnig, aber der Referent ist eben nicht so gegenwärtig, daß man ihn in die Hand nehmen oder mit dem Finger darauf zeigen kann. Vielmehr ist der Referent des Begriffs Sünde eine „kulturelle Einheit". Man kann seine Bedeutung erklären, indem man auf ein ethisches Vorwissen zurückgreift. Dazu gehören in unserem Kulturkreis etwa die Zehn Gebote oder das Doppelgebot der Liebe. Man kann sie auch erklären, indem man eine exemplarische Geschichte erzählt, um das erwünschte Verhalten auf diese Weise zu beschreiben. Immer aber ist es eine übergreifende kulturelle Ordnung, innerhalb derer definiert ist, was der Begriff im einzelnen bedeutet. Diese Bestimmung ist folglich auch nie absolut, denn ein anderer Kulturkreis könnte den Begriff anders füllen. Eco schreibt deshalb: Was ein referentfreies Zeichen genau bedeutet, wird man immer erst dann erkennen, wenn man darauf achtet, „wie eine Gesellschaft denkt, spricht und beim Sprechen die Bedeutung ihres Denkens durch andere Gedanken erläutert".[44]

Analoges gilt auch für die Untersuchung des rituellen Umgangs mit der Sünde bei der Taufe. Aus der Art und Weise, wie im Taufritual mit der Sünde „umgegangen" wird, läßt sich erkennen, welche Vorstellung die Alte Kirche von „Sünde" gehabt hat. Im Wasserritus wird das semantische Potential des Begriffs „Sünde" angereichert, indem die Sünden so behandelt werden, als

---

[42] John Hick: Theologie und Verifikation (1960). In: [Nr. 25], S. 153
[43] Die folgenden Ausführungen verdanke ich einer Anregung von Karl-Heinrich Bieritz. Seine Semiotikkonzeption ist zuletzt dargestellt in [Nr. 8]; vgl. auch ders. [Nr. 7]
[44] Umberto Eco [Nr. 34], S. 92f.

handele es sich um Schmutz. Tertullian hat in „De baptismo" geschrieben: „Die Ähnlichkeit besteht freilich gegenüber dem einfachen Akt darin, daß wir mit Wasser abgewaschen werden sollen, nachdem wir nun statt mit Schmutz mit Sünden besudelt sind."[45] Tertullian hat also eine Ähnlichkeit zwischen Sünde und Schmutz gesehen, die eine gleichartige „Beseitigungsstrategie" ermöglicht: Wegspülen oder Abwaschen.

Die Logik der Taufhandlung ist allerdings nicht ganz so einfach, wie Tertullian sie sich vorgestellt hat. Da keine natürliche Ähnlichkeit von Sünde und Schmutz besteht, kann die Taufhandlung nicht einfach als Ikon gedeutet werden. Sie muß vielmehr so gedeutet werden wie eine Metapher. Das Schlüsselwort heißt „Sündenschmutz". Sünde fungiert hier als Bildempfangsbereich, Schmutz als Bildspendebereich. Erst durch die Anreicherung der Sünde mit den semantischen Merkmalen des Schmutzes gewinnt die Symbolhandlung ihre Anschaulichkeit und ihre unmittelbare Evidenz. Ein semantisch so weitgehend unbestimmter Begriff wie „Sünde" wird durch Merkmalsübertragung als Schmutz qualifiziert. Wer aber weiß, wie man Schmutz behandelt, der weiß dann auch, wie Sünden im Taufritual „behandelt" werden müssen.

2. Der kultische Umgang mit Heiligkeit

Auch der kultische Umgang mit dem Heiligen erfolgte nach Regeln, die den Eigenschaften von Naturprodukten abgeschaut waren und indexalisch übertragen wurden. Das Taufritual kannte drei verschiedene Formen des „Umgangs" mit Heiligkeit. Heiligkeit wurde *durch Kontakt übertragen*. Aus diesem Grund durften die Katechumenen sich erst am Ritual des Heiligen Kusses beteiligen, als sie selbst durch die Taufe rein geworden waren. Als Personen- oder Objektqualität *klebte* die Heiligkeit gewissermaßen an ihrem Träger und durchdrang ihn vollkommen. Man glaubte, daß die Täuflinge bei der Taufe nicht allein äußerlich gereinigt werden, sondern daß sie durch die Kontaktriten auch durch und durch geheiligt wurden. Und schließlich *strahlte* die Heiligkeit in ihre Umgebung aus. Vielfach ist die Überzeugung belegt, daß alles, was in den Grenzbereich des Heiligen gerät, auch selbst von dieser Heiligkeit erfaßt und geheiligt wird. Tertullian etwa schrieb in „De baptismo" mit Bezug auf Genesis 1 Vers 2, der Heilige Geist habe in Urzeiten schon das Wasser geheiligt, indem er über ihm ruhte.

Die drei eben genannten Eigenschaften der „Heiligkeit" lassen sich bei näherer Betrachtung leicht als Eigenschaften von Duftölen oder Baumharzen erkennen. Wenn man Öle oder Harze absichtlich oder unabsichtlich berührt, übertragen sie sich auf die Hand oder die Haut. Sie sind klebrig und nicht leicht wieder zu entfernen. Und schließlich verbreiten sie eine Duftsphäre um sich, die die angrenzenden Bereiche, die Hautoberfläche ebenso wie die umgebende Luft, durchdringt und selbst auch duften läßt.[46] Auch die religiöse Kategorie „Heiligkeit" wurde im Taufritual durch indexalische Merkmalsübertragung hermeneutisch erschlossen. War es bei der Sünde das Wasser, so sind es hier nun

---

45 Tertullian: De baptismo IV,5 (= CCSL 1, S. 280)
46 Im „Danielkommentar" hat Hippolyt die Erzählung vom Bad der Susanna typologisch gedeutet und gefragt: „Was aber sind die duftenden Salben anders als die Gebote des Logos? Was ist das Öl anderes als die Kraft des Heiligen Geistes?" I 16,2f. (= SC 14, S. 100)

Öle oder Harze, deren semantisches Potential verwendet wird, um den Begriff anschaulich zu machen. Wer die Eigenschaften von Duftölen oder Baumharzen kennt, der kennt auch die Spielregeln des kultischen Umgangs mit der Heiligkeit.

Auch wir sehen bis heute „Sünden" als etwas Schmutziges an. Deshalb erscheint uns die Verbindung von Sünde und Wasser auch heute noch als plausibel und leicht nachvollziehbar. Anders sieht es dagegen mit der Heiligkeit aus. Der Gedanke, daß Heiligkeit etwas Öliges oder Klebriges ist, ist für unser Empfinden befremdlich. Wir sind nicht gewohnt, uns das Heilige so vorzustellen. Allenfalls mit der Vorstellung, das Heilige sei etwas Luftiges, können wir etwas anfangen. Nimmt man allerdings die Komponente des Duftstoffes hinzu, dann sprengt dies schon wieder unser Bild vom Heiligen. Der frühchristliche Apologet Athenagoras (um 177) konnte dagegen noch ganz selbstverständlich und in Übereinstimmung mit den religiösen Vorstellungen seiner Zeit behaupten, Gott brauche „nicht Blut- und Trankopfer, nicht den Duft von Blumen und Räucherwerk, da er selbst der vollkommene Wohlgeruch ist."[47] Gott, der vollkommene Wohlgeruch, wir können so etwas heute nicht mehr sagen, denn es entspricht nicht mehr unseren Vorstellungen vom Heiligen. Hier haben sich im Laufe der Zeit offensichtlich kulturabhängige Assoziationsfelder semantisch verschoben. Dabei ist der Bereich der Öle und Duftstoffe aus dem Kontext, dem Assoziationsfeld der christlichen Rede von Gott verschwunden.

Diese Beobachtung bestätigt die These Umberto Ecos, daß die Bedeutungen referentfreier Zeichen als kulturelle Einheiten aufgefaßt werden müssen. Ihre Bedeutungen sind veränderlich und abhängig von semantischen Wandlungsprozessen innerhalb der Kultur, in der sie beheimatet sind. Aus dieser Beobachtung lassen sich zwei Fragen ableiten. Erstens: Wenn uns bis heute zwar die Sünde als etwas Schmutziges erscheint, nicht aber das Heilige als etwas Öliges, dann muß auch der gesamte Bereich der religiösen Kontaktrituale immens an hermeneutischer Plausibilität verloren haben. Hat das Verschwinden der Kontaktrituale aus dem Taufritual vielleicht eben darin seine Ursache? Zweitens: Wenn das Heilige uns heute nicht mehr als etwas Öliges erscheint, als was erscheint es uns denn dann? Welche Bildspendebereiche verwenden wir heute, wenn wir von Gott sprechen? Sind sie uns plausibel, und woher gewinnen sie ggf. ihre Plausibilität?

3. Das Taufritual als Handlung Gottes

Gott selbst handelt am Täufling. Er reinigt ihn von Sünden, er verleiht ihm den Heiligen Geist, und er nimmt ihn in sein Volk auf. So wird die Taufe schon seit neutestamentlicher Zeit gedeutet. Dieses Handeln Gottes vollzieht sich aber, wie in den Kapiteln über „Zeichen und Bedeutung" und „Bedeutung und relationales Denken" gezeigt worden ist, in großer äußerer Anschaulichkeit. Die Deutungen wurden nicht arbiträr appliziert, sie waren sinnlich erfahrbar. Gottes Handeln wurde erlebt in kosmischen Elementarereignissen wie dem Sonnenaufgang und in alltäglichen menschlichen Handlungsvollzügen wie waschen, salben, reden, essen, trinken.

---

[47] = TU 4,2 S. 14

Semantische Merkmalsübertragung liegt vor, wo der Sonnenaufgang als Abbildung dessen angesehen wird, was Gott am Täufling tut. Hier zeigt sich dann eine weitere Vorstellung vom Heiligen. Gott ist hell, er ist das Licht, er ist der Sonntag. Wer einmal erlebt hat, wie das Licht der ersten Morgenstunde die Nacht durchdringt und langsam zum Verschwinden bringt, der kann auch angeben, was Gott bei der Taufe mit dem Täufling tut. Die Wirklichkeit Gottes und die Ereignisebene des Rituals fielen nicht auseinander, sie waren vielmehr durch semantische Merkmalsübertragung aufeinander bezogen.

Im Verlauf des Rituals gab es etwas zu erleben, und es gab etwas zu lernen. Im Ritual wurde semantisches Wissen über Gott zur Verfügung gestellt. Dabei wurden ganz alltägliche Dinge verwendet, um durch Merkmalsübertragung das heilige Geschehen sinnlich wahrnehmbar zu machen: Wasser, Öl, Honig, Milch, Wein und Brot. Natürlich galt das Brot bei der Taufeucharistie nicht mehr als gewöhnliches Brot. Aber wenn Hippolyt es als „Himmelsbrot" (XXIII,5) bezeichnet, dann macht er damit deutlich, daß das Brot auch in seinem Verständnis nicht aufgehört hat, Brot zu sein. Auch Irenaeus betont das, wenn er schreibt, daß „das von der Erde stammende Brot, wenn es den Anruf Gottes empfängt, nicht mehr gewöhnliches Brot ist, sondern die Eucharistie, die aus zwei Elementen besteht, einem irdischen und einem himmlischen".[48] Die himmlische Dimension verdrängt also nicht die irdische, wenn sie im Ritual dargestellt wird, vielmehr verwendet sie ihre semantischen Merkmale. So gründet, semiotisch betrachtet, die Kenntnis der himmlischen Welt in der genauen Betrachtung der irdischen Welt und in der Übertragung ihrer semantischen Merkmale. Erst dieser Vorgang ermöglicht die semantische Präzisierung, Konkretisierung und rituelle Verfügbarkeit der religiösen Wirklichkeit.

Um einem möglichen Mißverständnis vorzubeugen: Die Kirchenväter haben sich die Formen ihres religiösen Umgangs mit dem Heiligen nicht selbst erdacht. Diese Formen sind oftmals uralt und haben sich erstaunlich zäh und resistent gegenüber neuen Religionen und neuen Deutungen über Jahrtausende hinweg behauptet.

– Die Vorstellung, daß man Sünden abwaschen kann, war schon Jeremia vertraut (2,22), und auch Sacharja belegt sie in Kapitel 13,1. Im griechisch-römischen Ritenarsenal ist sie ebenfalls beheimatet.[49]

– Die Vorstellung, daß Heiligkeit und Unreinheit ansteckend wirken und den Angesteckten durch und durch in Besitz nehmen, findet man schon in Numeri 19, in einem sehr archaisch anmutenden Textzusammenhang.

– Auf die rituelle Verwendung der Zahl „Drei" und ihre weite Verbreitung wurde bereits hingewiesen[50], ebenso auf die rituelle Bedeutung des Kusses[51] und die vor- und außerchristlich belegte Handlungssequenz „waschen – salben – neue Kleider anlegen – Mahl halten"[52].

In den Ritualen der Antike gab es offensichtlich ein Religionen übergreifendes Ritenarsenal, das gegenüber wechselnden Anlässen, Deutungen oder Kulten äußerst resistent war.[53] Dieses Phänomen, das einige Forscher dazu veranlaßt

---

[48] Irenaeus: Adversus haereses IV 18,5 (= SC 100, S. 610–612)
[49] z.B. Vergil: Aeneis 2,717–720; 9,815–818; Ovid: Fasten, 2,45f.
[50] s.o. S. 23
[51] s.o. S. 21
[52] s.o. S. 22f.
[53] Nach Georg Kretschmar sind die einzelnen Ritualsegmente der Taufe „weithin aus dem vor- und außerchristlichen Judentum übernommen": [Nr. 61], S. 54

hat, von einer „Grammatik der Rituale" zu sprechen bzw. ihre Ausarbeitung zu fordern[54], markiert eine der Grenzen des semiotischen Ansatzes in der Ritualforschung. Denn mit Hilfe der Semiotik kann man zwar die Argumentationslogik der Ritualsegmente rekonstruieren und ihre Verständnisbedingungen ermitteln, man kann aber keine semiotische Begründung dafür geben, *warum* denn gerade Schmutz mit dieser anhaltenden Beharrlichkeit als Bildspendebereich dem Sündenbegriff zugeordnet wurde. Man kann auch nicht semiotisch begründen, warum Duftöle die Eigenschaften der Heiligkeit widerspiegelten oder weshalb die Zahl Drei und nicht die Zahl Vier zur Verstärkung der rituellen Handlungen und Aussagen diente. Diese Fragen kann die Semiotik zwar stellen, beantworten aber werden sie tiefenpsychologische oder religionsphänomenologische Untersuchungen.

4. Zur Semantik der neutestamentlichen Christologie

Während der religionsübergreifende Fundus an Ritualsequenzen und rituellen Aktionsformen relativ überschaubar, erstaunlich zählebig und wenig wandlungsfähig ist, zeigt die Metaphorik der neutestamentlichen Christologie ein völlig anderes Bild. Jesus, der als Mensch bereits in seinem ganzen Dasein ein Zeichen war, war auch in seinem Sterben ein Zeichen. Mit der dem Symbolischen generell eigenen Mißverständlichkeit und Unabgesichertheit war er den einen Torheit und Ärgernis, den anderen aber eine Weisung und Offenbarung Gottes (1. Korinther 1,23). Die frühchristlichen Gemeinden haben ihn mit einer kaum übersehbaren Fülle von Attributen ausgestattet, um seine Gottheit verstehbar zu machen. Das zeigt sich in den Christustiteln „Sohn", „Gesalbter", „Herr", „Retter" usw. ebenso wie in den „Ich bin"-Worten des Johannesevangeliums. Christus ist „Brot" (6,35.48), „Licht" (8,12), „Tür" (10,9), „guter Hirte" (10,11.14), „Auferstehung und Leben" (11,25), „Weinstock" (15,1.5).

Auch hier geht es wieder um semantische Merkmalsübertragung. Die Bildspendebereiche der christologischen Metaphern sind sehr unterschiedlichen Bereichen entnommen: Familie und Handwerk, Gesellschaftsordnung, Natur und Lebenszyklus. All das wurde herangezogen, um Aspekte der Gottheit Christi zu veranschaulichen.

Läßt man einmal die unterschiedliche lokale und geschichtliche Bedeutsamkeit der einzelnen Titel und Attribute außer Betracht, dann zeigt sich hier eine für den dogmatisch geschulten Theologen ganz erstaunliche Vielfältigkeit und Unfertigkeit. Es sieht so aus, als ob christologische Gotteserkenntnis im ersten Jahrhundert in einem sehr kreativen Prozeß geradezu mosaiksteinartig aus der Fülle der Bilder erwuchs, die auf ihn angewendet wurden. Das System war offensichtlich nicht auf dogmatische Deduktion, Selektion und Festschreibung hin angelegt. Immer neue Elemente konnten in einem geradezu spielerischen Umgang mit den Assoziationsfeldern zahlloser Objekte entlehnt werden, um das Christuswissen semantisch anzureichern.

In der Christologie herrschte im ersten nachchristlichen Jahrhundert ein erhebliches Maß an Freiheit. Das zeigt sich an der großen Vielfalt unterschiedlichster Metaphern, aber auch an ihrer leichten Ersetzbarkeit. Zwar wurde vieles aus der religionsgeschichtlichen Umwelt adaptiert, der Spielraum aber, der auch

---

[54] Rainer Volp: Perspektiven der Liturgiewissenschaft. In: JLH. 18. Jg. (1973/74), S. 34; Roger Grainger [Nr. 43]; Mircea Eliade [Nr. 35], S. 29–31 und 56

heute noch deutlich erkennbar ist, ist enorm gewesen. Von daher stellt sich die Frage, ob sich dieses hermeneutische Prinzip urchristlicher Christologie nicht auch auf die Aufgaben heutiger Ritualgestaltung übertragen läßt. Das würde bedeuten, das Ritual als eine Art „religiöser Bastelei" zu verstehen, wo in durchaus vorläufiger und unvollkommener Art unsere Lebenwirklichkeit mit unserem christlichen Glauben zusammengebracht wird. Gefragt wäre dann nicht eine Agendenreform, die vielleicht weniger liturgische Vorgaben macht, sondern ein neues Verständnis von Gottesdiensten. Gottesdienste sind Zeichenprozesse, die offen sind für die Bedeutungsfindung durch die Teilnehmer vor Ort. Gottesdienste sind ein religiöses Spiel vor Gott, das von der Präsenz der Teilnehmer und den Erfordernissen der jeweils ganz spezifischen Situation lebt.[55]

Warum symbolische Bedeutungen sich verändern

1. Die semantischen Merkmale

In dem Kapitel über „Zeichen und Bedeutung" wurde bereits eine der Ursachen für den Wandel symbolischer Bedeutungen dargestellt.[56] Da jedes Objekt mehr als ein einziges semantisches Merkmal besitzt, kann es schon theoretisch als ikonisches Zeichen für mehrere Sachverhalte dienen. Umgekehrt können immer wieder neue semantische Merkmale eines Zeichens oder einer Zeichenhandlung entdeckt und der Ausdeutung zugrunde gelegt werden.

2. Veränderungen der Form des Rituals

Auch Veränderungen im Aufbau und Ablauf des Rituals können zu veränderten Deutungen führen. Die räumliche Zweiteilung des Taufrituals von 1526 signalisierte eine ganz andere Verhältnisbestimmung von Kirche und Welt als das Taufritual des Hippolyt.[57] Im Taufsermon von 1519 hat Luther auf den Zusammenhang von Zeichenwahrnehmung und Zeichendeutung hingewiesen und gefordert, man solle „eyn rechts volkommens tzeychen" geben. Wenn man die Immersionstaufe fallen läßt, verändert man auch die Bedeutung der Handlung. Es ist ein Unterschied, ob man einen Täufling ins Wasser eintaucht, ihn übergießt oder lediglich mit Wasser besprenkelt. Die semantische Differenz kann leicht zur liturgischen Vernebelungsaktion geraten, wenn durch die begleitenden Worte der Handlung ein viel weitreichenderer Sinn unterlegt wird, als durch die Handlung impliziert ist.

3. Veränderte Einstellungen gegenüber den Zeichen

Wenn sich Grundeinstellungen zu den einzelnen Zeichenarten wandeln, wie dies etwa besonders deutlich bei Martin Luthers Einstellung zum ikonischen Zeichen erkennbar war, dann verändern sich auch die Zeichendeutungen. Die altkirchlichen Theologen konnten jedes Zeichen als ein „vehiculum Dei" ansehen.[58] Luther hat dagegen in seiner Sakramentenlehre vor allem das Verhei-

---

55 Vgl. Rainer Volp: Situation als Weltsegment und Sinnmarge. In: [Nr. 115], S. 114–145
56 s.o. S. 31f.
57 s.o. S. 18 u.ö.; 72
58 Tertullian: „Das Flüssige allein, zu jeder Zeit eine vollkommene Materie ... bot sich Gott als ein würdiges Fahrzeug dar." De baptismo III,2 (= CCSL 1, S. 278)

ßungswort hervorgehoben.[59] Visuelle Zeichen galten ihm als vorläufig und unvollständig. Von daher verlagerte sich auch die Ausdeutung der Taufsymbolik stärker in den Bereich von Wort und Glaube. Der Handlungsteil wurde hermeneutisch zurückgedrängt.

4. Verändertes Bedeutungswissen der Zeichenrezipienten

Man kann nicht voraussetzen, daß alle Zeichenrezipienten gleich viel und stets dasselbe wissen. Die Formen des Wissens sind schon innerhalb von Kulturkreisen und Subkulturen unterschiedlich. Sie verändern sich innerhalb von begrenzten Zeiträumen. Bei der Analyse des kultischen „Umgangs" mit der Heiligkeit wurde ein Beispiel für solch eine Verschiebung des semantischen Wissens aufgefunden: Antike Rituale rekurrieren auf einen Bildspendebereich (Duftöl, Baumharz), der uns heute zur Beschreibung des Heiligen schlechterdings unbrauchbar erscheint. Unser Bedeutungswissen hat sich verschoben. Der Bereich der Öle und Harze ist dabei aus dem semantischen Feld des Heiligen verschwunden.

Neben kulturbedingten oder subkulturellen Verschiebungen des Bedeutungswissens ist auch daran zu denken, daß das Bedeutungswissen der einzelnen Zeichenrezipienten sehr unterschiedlich ist. Interessanterweise gibt es aber eine ganze Reihe von Möglichkeiten, die uns immer dann offenstehen, wenn wir einmal nicht in der Lage sind, ein Zeichen genau so zu deuten, wie es vom Zeichenproduzenten intendiert war. Dies soll am Beispiel des altkirchlichen Fischsymbols näher erläutert werden:

Das Fischsymbol, das sich in vielen frühchristlichen Mosaiken findet, war ursprünglich ein indexalisch verbales Zeichen. Wer seine Bedeutung kannte, der konnte die fünf Anfangsbuchstaben des griechischen Wortes „Fisch" als einen Lobpreis Christi entschlüsseln, denn jeder der fünf Buchstaben steht stellvertretend für ein Wort des fünfgliedrigen Lobpreises: „Jesus Christus ist Gottessohn und Retter."

Es ist heute keineswegs mehr vorauszusetzen, daß jeder, der das Fischsymbol sieht, auch seine Bedeutung richtig und vollständig benennen kann. Denn um das Zeichen so zu verstehen, wie es von den altkirchlichen Zeichenproduzenten einmal intendiert war, muß man erstens über griechische Sprachkenntnisse verfügen und zweitens ein religiöses Grundwissen besitzen, das Informationen über Jesus Christus und seine Hoheitstitel umfaßt. Diese Voraussetzungen bringt heute kaum noch jemand mit. Von daher ist die Beobachtung wichtig, daß das Zeichen keineswegs sofort vollkommen unverständlich geworden ist. Man kann das Zeichen nämlich selbst dann noch deuten, wenn man über die genannten Voraussetzungen gar nicht oder nur teilweise verfügt.

Wenn man überhaupt keine Informationen zur Verfügung hat, dann wird man das Zeichen als ein schlichtes Abbild ansehen. Mit der Bemerkung „Guck mal, ein Fisch" kann ein Besucher frühchristlicher archäologischer Stätten seine Wahrnehmung auf den Begriff bringen. Er ist damit zufrieden und läßt es dann dabei bewenden. Das Zeichen ist für ihn nichts anderes als ein Ikon. Vielleicht sagt der eine oder andere aber auch: „irgendein christliches Zeichen" oder „ein altes Zeichen für Christus". Diese Aussagen verraten, daß der Sprecher

---

[59] s.o. S. 65

zwar den hermeneutischen Schlüssel nicht mehr kennt, daß er aber dennoch den Zeichencharakter des Fischsymbols erkennt und sogar eine Vorstellung von der Bedeutung dieses Zeichens hat. Er weiß zwar nichts mehr davon, daß Fisch und Christus wegen der Identität der Anfangsbuchstaben nach altkirchlichem Verständnis in einem Partizipationsverhältnis standen. Er erkennt das Zeichen nicht mehr als Index. Aber er kennt die Bedeutung und kann den Fisch, den er sieht, deshalb als ein arbiträres Zeichen ansehen und tendenziell richtig deuten.

Das Problem der Arbitrarisierung von Zeichenbedeutungen

Durch Arbitrarisierung lassen sich die Bedeutungen von religiösen Zeichen auch dann bewahren, wenn der ursprüngliche hermeneutische Schlüssel verlorengegangen ist. Arbitrarisierung signalisiert also immer einen bereits eingetretenen Zerfall von Verständnisbedingungen. Sie ist keineswegs, wie die Logiker von Port Royal behauptet haben[60], die einzig angemessene Weise der Interpretation religiöser Zeichen. Arbitrarisierung erklärt, warum die Bedeutung eines Zeichens unter Umständen selbst dann erhalten bleibt, wenn sich die Zeichengestalt im Laufe der Zeit weitgehend verändert hat. Für ein arbitrarisiertes Zeichen besteht nicht mehr die Notwendigkeit einer genauen Beobachtung der semantischen Merkmale des Signifikanten.

Im Bereich der religiösen Taufdeutungen, wo das schon weitestgehend eingetreten ist, hat sich ein Folgeproblem eingestellt. Denn alles das, was ein Ritual an ikonischer oder indexalischer Expressivität verloren hat, muß durch Belehrungen über des Sinn des Rituals wieder ausgeglichen werden. Das verschafft dem Zeichenproduzenten ein Deutungsmonopol und führt die Gottesdienstteilnehmer in die Abhängigkeit vom semantischen Wissen der theologischen Fachleute und Belehrer. Da deren Deutungen aber der eigenen Anschauung und damit persönlicher Überprüfbarkeit entzogen sind, erwächst aus der Arbitrarisierung von Zeichenbedeutungen tendenziell auch die Entmündigung der Gottesdienstteilnehmer. Die in der Alten Kirche so eindrucksvoll entwickelte Einheit von Anschauung, Ritualvollzug und Bedeutung fällt auseinander. Bei den Zeichenrezipienten entsteht in zunehmendem Maße ein hermeneutisches Vakuum, das ausgefüllt wird durch magische Fehldeutungen, entschiedene Ablehnung des irrational erscheinenden Geschehens oder Aussageverweigerung über Motive und Gründe für die Beteiligung am Taufgottesdienst. In der Gemeindepraxis fällt es einem Pfarrer dann sehr schwer, dieses hermeneutische Vakuum etwa durch Taufgespräche theologisch verantwortlich aufzufüllen.

Ein weiteres Problem kommt hinzu: Je stärker Zeichenbedeutungen arbitrarisiert sind, desto eher wird ein Liturg feststellen, daß nahezu allen Gottesdienstteilnehmern das „richtige" semantische Wissen fehlt. Wie aber soll er sich das erklären? Es ist durchaus menschlich, wenn er der Gefahr erliegt, die Ursachen für dieses Defizit nicht bei der Art der Zeichenproduktion zu suchen (für die er ja zumindest teilweise auch selbst verantwortlich ist), sondern die Gottesdienstteilnehmer dafür verantwortlich zu machen. Ganz in diesem Sinne wird in der Liturgiewissenschaft immer einmal wieder die Frage gestellt, ob denn die

---

60 s.o. S. 77f.

Menschen heute überhaupt noch „liturgiefähig" sind.[61] Muß man nicht in dieser Situation die Bemühungen um eine liturgische Symbolerziehung verstärken, um die Defizite zu korrigieren und die Wissenslücken zu schließen?[62]

So dringlich diese Aufgabe auch ist, man wird doch bezweifeln müssen, ob sie noch in Situationen zum Erfolg führen kann, wo die Ablösung der dogmatischen und theologischen Zeichendeutungen von den ursprünglichen Zeichenprozessen schon so weit fortgeschritten ist, daß die Zeichen im Grunde gar nicht mehr als „sprechende Materie" angesehen und befragt werden. Religiöse Symbole sind eben nicht, wie Friedrich Creuzer und die ganze idealistische Symboltheorie gemeint haben, mehr oder weniger willkürliche Einkleidungen von religiösen Ideen.[63] Ideen, die man nicht kennt, kann man zur Kenntnis nehmen. Mit religiösen Symbolen aber kann man das gerade das nicht machen. Wer gesehen hat, welches große Ausmaß an äußerer Anschaulichkeit die Zeichen im altkirchlichen Taufritual besaßen, der spürt auch, daß hier eine ganz andere Einschätzung und ein ganz anderes Zutrauen in die Expressivität von Zeichen vorlagen. Die Zeichen selbst in all ihrer bunten Vielfalt waren eine „sprechende" Materie. Der Zeichen deutende Geist jedes einzelnen Gottesdienstteilnehmers war angesprochen und herausgefordert, nicht allein die Deutungskompetenz des amtierenden Liturgen.

Nimmt man zusätzlich die Ergebnisse der Reklameanalyse hinzu, dann drängt sich ein Verdacht auf: Die Fähigkeit, mit Symbolen umzugehen, Symbole zu verstehen, ist absolut ungebrochen. Hier gibt es keinen Sensibilitätsverlust. In Frage steht gerade nicht die „Symbolfähigkeit" des heutigen Menschen. Das erweist leider schon der materielle Erfolg des Werbemediums. In Frage stehen vielmehr die liturgischen Zeichen selbst, insbesondere die Art der Zeichenproduktion. Wie wird im Gottesdienst liturgisch gesprochen und gehandelt?

Solange man den Prozeß der Zeichenrezeption nicht eigenständig untersucht hatte, konnte man unbedachterweise der Ansicht sein, die Bedeutung eines Zeichens sei stets für alle Zeichenbenutzer die gleiche, sofern sie nur den guten Willen mitbrächten, sich von dem Zeichen auch ansprechen zu lassen. Semiotische Analyse aber macht deutlich, daß ein Zusammenhang besteht zwischen der Zeichendarstellung, der Zeichenrezeption und der Zeichendeutung. Ein Zeichen, das nicht verstehbar ist, kann auch nicht verstanden werden. Verstehbarkeit aber ist in jedem Gottesdienst immer wieder neu herbeizuführen. Verstehbarkeit resultiert aus mitvollziehbarer und einsichtiger Zeichenproduktion.

---

[61] Romano Guardini: Der Kultakt und die gegenwärtige Aufgabe der liturgischen Bildung. In: JLH. 14. Jg. 1964, S. 101–106; Emil Joseph Lengeling: Wort und Bild als Elemente der Liturgie. In: Wilhelm Heinen (Hrsg.): Bild – Wort – Symbol in der Theologie. Würzburg, 1969, S. 186; Joseph Pieper: Zeichen und Symbol als Sprache des christlichen Glaubens. In: Schwarz auf Weiss. Heft XI/3. 1979, S. 9; Hans-Christoph Schmidt-Lauber: Die Bedeutung des Gottesdienstes für den säkularen Menschen. In: JLH. 24. Jg. 1980, S. 26f.

[62] Robert Leuenberger [Nr. 66], S. 93–100; Dieter Emeis [Nr. 36], S. 39–47

[63] „Und wie das Farbenspiel des Regenbogens durch das an der dunklen Wolke gebrochene Bild der Sonne entsteht, so wird das einfache Licht der Idee im Symbol in einen farbigen Strahl von Bedeutsamkeit zerlegt": Friedrich Creuzer, Symbolik, a.a.O., S. 59

Die Bedeutungen der Taufe lassen sich zwar um den Preis eines schleichenden Verlustes an Anschaulichkeit und Plausibilität dogmatisch festschreiben, vorschreiben aber lassen sie sich überhaupt nicht. In jedem Falle bleibt es die Aufgabe des Zeichenrezipienten, ein Zeichen zu entschlüsseln und zu verstehen. Damit erweist sich auch die Arbitrarisierung der Taufdeutungen insgesamt als eine sehr bedenkliche Entwicklung. Durch Arbitrarisierung konnten zwar die altkirchlichen Taufdeutungen über Jahrtausende hinweg bewahrt werden. Gleichzeitig wurde jedoch die Auflösung der rituellen Expressivität gefördert und die Verständnismöglichkeiten der alten Zeichenhandlungen wurden immer stärker zerstört.

Warum Symbole aufhören können, Menschen anzusprechen

Wenn religiöse Symbole den Menschen nichts mehr „bedeuten", wenn ihre Bedeutungen absterben oder abgestorben sind, dann heißt das semiotisch, daß ihre Signifikanten nicht mehr dekodierbar sind. Alles, was für den Wandel symbolischer Bedeutungen verantwortlich ist, kann auch zur Ursache dafür werden, daß ein Zeichen nicht mehr dekodierbar ist. .

1. Semantische Felder sind stets in Bewegung und nie abschließend erfaßbar. Einzelne *Merkmale* können durch sprachgeschichtliche, kulturelle oder subkulturelle Entwicklungen aus den semantischen Feldern verschwinden, neue können hinzukommen. So fällt es uns im Zeitalter des Wasserhahns im allgemeinen schwer, beim Anblick des Leitungswassers das Merkmal (Todesmächtigkeit) zu assoziieren. Auch die Fernsehbilder von Naturkatastrophen vermögen da kaum Abhilfe zu schaffen. Allerdings gilt das keineswegs für jedermann oder an jedem Ort. Ein Segler etwa weiß durchaus auch heute noch Geschichten zu erzählen vom Tod im Wasser. In vielen Gebirgstälern ist die Bedrohung durch plötzliche, starke Regenfälle greifbare Realität. Weniger bedroht durch zivilisatorische Veränderungen erscheint dagegen das Motiv der (Lebensspendung). Es ist auf vielfältige Art immer noch in jedem Haushalt und in unseren alltäglichen Lebensgewohnheiten erfahrbar.

2. Starke Veränderungen in der *äußeren Form* des Rituals können dazu führen, daß ein Ritual überhaupt nicht mehr verstehbar ist. Dabei geht es zunächst einmal um historische Entwicklungen. Jahrhundertealte Traditionen haben die Form unserer Tauffeiern geprägt. Nicht immer zum Guten, aber doch auch nie ohne theologische Begründung. So fällt es uns heute sehr schwer, uns von den eigenen theologischen Begründungszusammenhängen zu lösen, um wieder nachzuvollziehen, wie denn ein theologisch nicht vorgebildeter Christ die Ereignisse eines Taufgottesdienstes erlebt. Hier gilt es, eine neue Sensibilität zu gewinnen. Wenn man an Luthers Taufbüchlein exemplarisch gesehen hat, welche Probleme der mutige Versuch, ein überkommenes Ritual an veränderte Umstände und neue Einstellungen anzupassen, mit sich bringen kann, dann wird man sicherlich nicht auf schnelle Lösungen und rasche Abhilfe hoffen. Als „Symbol eines Symbols" erzeugt das Ritual nicht nur das Kopfschütteln der Zeichenrezipienten, sondern auch eine innere Distanzierung bei den amtierenden Liturgen. Auf diesem Gebiet ist noch viel zu tun.

3. Auch die *Arbitrarisierung* von Zeichenbedeutungen kann zur Ursache ihres Absterbens werden. Arbitrarisierung zeigt eine bereits eingetretene Ausdruckskrise des nichtsprachlichen Zeichens an. Sie verhindert, daß die Zei-

chenrezipienten sich im Zeichenprozeß selbst ein „Bild" machen können und mutet ihnen zu, Erklärungen hinzunehmen und Vertrauen in schwer oder gar nicht einsichtige Deutungen aufzubringen. Es ist bekannt, daß die Bereitschaft, sich auf so etwas einzulassen, heute zunehmend schwindet. Mit wachsendem Mißtrauen gegenüber einem undurchschaubaren Ritual aber wird auch die Tendenz zunehmen, sich vollständig von ihm abzuwenden.

4. Historische und kulturelle Wandlungsprozesse haben die Plausibilität von traditionellen *Bildspendebereichen* zerstört. Über dieses Thema wissen wir noch viel zu wenig, denn es fehlt an eingehenden Untersuchungen. Die religiöse Metaphorik ist davon ebenso betroffen wie die religiösen Zeichenhandlungen. Hier sei nur noch einmal auf die Problematik des Bildspendebereiches „Duft und Öl" hingewiesen. Aber auch der Streit um den „Vater"-Begriff in der Gotteslehre, der zur Zeit in der feministischen Theologie sehr heftig geführt wird, ist ein Indiz dafür, daß auch heute noch tiefgreifende Verschiebungen innerhalb des Spektrums der potentiell möglichen Bildspendebereiche stattfinden können und auch tatsächlich stattfinden.

5. Wie zwischen Skylla und Charybdis sind die ikonischen und indexalischen Zeichen stets in doppelter Weise bedroht, mißverstanden oder ignoriert zu werden. *Grundeinstellungen* und Vorabentscheidungen sind mitverantwortlich für das Absterben von Symbolen. Denn einerseits kann jedermann sich weigern, in einem Signifikanten mehr oder anderes zu sehen als Materie und Form. Ein Symbol wird dann nicht mehr als Symbol erkannt und anerkannt, sondern als Objekt oder Handlung. Diese Einstellung findet sich häufig da, wo man in den religiösen Ausdrucksformen nur noch längst überwundene Relikte einer vorrationalen Entwicklungsstufe des menschlichen Geistes zu sehen bereit ist. Jeder Gottesdienst erscheint dann als ein „magischer Rest"[64] oder eine leere Spielerei. So falsch mir diese Verweigerung vor der hermeneutischen Herausforderung der religiösen Symbolik auch erscheint, sie bestimmt doch als Grundeinstellung in einem ganz erheblichen Ausmaß das Wirklichkeitsverständnis unserer Zeit. Wir stehen immer noch tief in der Wirkungsgeschichte eines zweihundert Jahre alten zeichentheoretischen Irrtums.

Auch von einer ganz anderen Seite her sind die religiösen Zeichen gefährdet. Wo Liturgen versuchen, mit starren Formvorgaben und festgeschriebenen Deutungen den Symbolwert eines Gottesdienstes sicherzustellen, da wird die Wirklichkeit der Zeichen zu einer materialen Realität verdinglicht.[65] Muß nicht jeder Gottesdienst als ein Dialog Gottes mit seiner Gemeinde verstanden werden? Dogmatisch ist das sicher richtig, semiotisch hingegen ist es falsch. Denn es ist nicht die Aufgabe eines Zeichenproduzenten, die richtige Deutung der Zeichen vorzuschreiben. Seine Aufgabe ist es, die Zeichen so zu setzen, daß sie von den Zeichenrezipienten gedeutet werden können. Wenn die Ausdrucksformen des Gottesdienstes selbst schon als göttliches Tun deklariert werden, dann erstarrt der Gottesdienst zu einer Inszenierung des Heiligen. Er ist nicht mehr transparent für das Heilige, hält seinen Platz nicht mehr offen, sondern will selbst heilig sein, und das heißt in diesem Fall: unantastbar und unveränderbar. Der prinzipiell dynamische Prozeß der Bedeutungszuweisung in einer offenen Situation des Zeichenaustauschs degeneriert dann zu einer

---

[64] So lautet der Titel eines Buches von Gottfried Hierzenberger (Düsseldorf 1969)
[65] Rudolf Fleischer [Nr. 38], S. 182–189

Veranstaltung, in der es nur noch darum geht, das Faktische zur Kenntnis zu nehmen. Das religiöse Zeichen wird zum sakralen Objekt. Es gibt nicht mehr zu denken, sondern fordert zur uneingeschränkten Zustimmung auf. Damit aber hört es auf, religiöses *Zeichen* zu sein. Religiöse Zeichen existieren immer in dieser doppelten Gefährdung zwischen Verleugnung und Erstarrung, zwischen relationaler Verdinglichung und rationaler Kritik.

Ergebnisse

Semiotik und Symboltheorie – Versuch einer Verhältnisbestimmung

Absichtsvoll habe ich die Auseinandersetzung mit theologischen Symboltheorien bisher vermieden. Das Material ist so umfangreich, daß es kaum noch zu überblicken ist. Zu den weit verbreiteten phänomenologischen und ontologischen Symboltheorien sind in den letzten Jahren wichtige tiefenpsychologische[66] und religionspädagogische[67] Arbeiten hinzugekommen. Ich denke, der semiotische Ansatz, dessen Möglichkeiten und Grenzen ich hier eingehend demonstriert habe, bildet demgegenüber einen weiteren eigenständigen Zugang zur Welt der Symbolik. Von daher wird es in den folgenden Ausführungen nur darum gehen, einige wenige Punkte zu benennen, an denen sich die Grundannahmen der Semiotik von anderen Symboltheorien unterscheiden:

1. Was ist das eigentlich, ein Symbol?

Die Frage klingt zwar einfach, ihre Beantwortung bringt aber gerade die phänomenologischen Symboltheorien in erhebliche Schwierigkeiten. Wer die Literatur durcharbeitet, der findet auf diese Frage keine einheitliche Antwort. Stattdessen wird in der Regel versucht, „das Symbol" über seine Eigenschaften zu definieren. Vier[68], fünf[69] oder mehr[70] dieser Eigenschaften werden zu einem Bündel zusammengeschnürt. Besonders häufig werden die folgenden Merkmale genannt: „Anschaulichkeit", „Einfachheit", „Mehrdeutigkeit", „Uneigentlichkeit", „Nichtbegrifflichkeit" und „Gemeinschaftsbedingtheit".

Ursächlich für die Vielstimmigkeit der phänomenologischen Symboltheorien ist ein methodisches Problem. Denn es liegt in der Eigenart des phänomenologischen Ansatzes, daß der Forschungsgegenstand nach signifikanten Merkma-

66 Joachim Scharfenberg / Horst Kämpfer: Mit Symbolen leben. Olten, 1980
67 Hubertus Halbfas: Das dritte Auge. Düsseldorf, 1982; Peter Biehl: Symbole geben zu lernen. Neukirchen, 1989
68 Paul Tillich [Nr. 106], S. 196f.: Uneigentlichkeit, Anschaulichkeit, Selbstmächtigkeit, Anerkanntheit
69 Wilhelm Stählin [Nr. 101], S. 330–343: Gemeinschaftscharakter, Verweisungscharakter, Nicht-Willkürlichkeit, Zwiespältigkeit, magische Mächtigkeit
70 Stephan Wisse [Nr. 120], S. 97–105: Anschaulichkeit, Überbegrifflichkeit, Eindeutigkeit und Vieldeutigkeit, Uneigentlichkeit, Unangemessenheit und Angemessenheit, Selbstmächtigkeit, Gemeinschaftsbedingtheit.
Dieter Rohloff [Nr. 94], S. 161–166: Anschaulichkeit, Nichtbegrifflichkeit, Uneigentlichkeit, Eindeutigkeit und Mehrdeutigkeit, Adäquatheit und Inadäquatheit, Selbstmächtigkeit, soziale Anerkanntheit.

len und Aspekten abgeklopft wird.[71] Auf der Suche nach dem „Eigentlichen" oder dem „Kern" des Forschungsgegenstandes wird das Themenfeld reduziert. Da aber sehr unterschiedliche Vorstellungen darüber existieren, was denn nun tatsächlich das „Eigentliche" der Symbole ist, ist es den Autoren bis heute nicht gelungen, ein in sich kohärentes und allseits akzeptiertes Bündel von Merkmalen festzulegen. Nach der Lektüre einiger Werke stellt sich zwangsläufig der Verdacht ein, daß die phänomenologische Methode, statt zum „Kern" vorzudringen, wohl eher subjektiven Bewertungen und Schwerpunktsetzungen Tür und Tor öffnet.

Die semiotische Symboltheorie sucht demgegenüber nicht nach einzelnen Merkmalen „des Symbols". Denn „das" Symbol gibt es, semiotisch betrachtet, überhaupt nicht. Es gibt vielmehr eine Reihe von verschiedenen Zeichenarten: Ikon, Index und arbiträres Zeichen, deren Dekodierungsbedingungen deutlich unterschieden werden müssen. Ihnen läßt sich ein erweitertes Zeichenmodell zur Seite stellen, das die Analyse von Metaphern und anderen komplexen Zeichensystemen ermöglicht. So öffnet sich der Blick, und an die Stelle „des" Symbols tritt eine semiotische Theorie des symbolischen Feldes. Die vier verschiedenen Zeichenarten bilden die Grundelemente des symbolischen Feldes. Mit ihrer Hilfe ist es möglich, die *Verständnisbedingungen* religiöser Zeichen zu rekonstruieren und auch *Stadien des Bedeutungswandels* und Verfalls zu beschreiben. Bedeutungswandel heißt dann, daß ein Signifikant keineswegs immer nach den Dekodierungsregeln einer einzigen Zeichenart gedeutet werden muß. Er kann vielmehr unterschiedlichen Zeichenarten zugeordnet werden. Ein komplexes indexalisches Zeichen wie das altkirchliche Fischsymbol etwa kann unter veränderten Bedingungen als arbiträres Zeichen oder auch als Ikon gedeutet werden.

Auf eine philologische Abgrenzung einzelner Begriffe wie „Symbol", „Zeichen", „Bild", „Begriff" usw. wurde bewußt verzichtet. Denn die Hypothese, daß alle Symbole Zeichen sind, gestattet es, das Feld des Symbolischen als Ganzes im Blick zu behalten. Es hat sich in der Diskussion über Symbolik meiner Meinung nach als wenig fruchtbar erwiesen, einzelne Symbolgruppen nach Kriterien wie „emanzipatorische Qualität", „religiöse Bedeutsamkeit" oder „psychologische Tiefe" abzugrenzen.

In die Untersuchung wurden absichtsvoll sprachliche und nichtsprachliche Zeichen einbezogen. Dadurch konnte gezeigt werden, daß die Kategorien „Index", „Ikon" und „arbiträres Zeichen" nicht kompatibel sind zu den in der Symboldiskussion am häufigsten benutzten Kategorien „präsentativ und diskursiv"[72], „analog und digital"[73] oder „Bild und Begriff". Worte und Bilder können in gleicher Weise arbiträre Zeichen sein. Umgekehrt greift die Sprache im metaphorischen Ausdruck auf die Mechanismen des ikonischen und indexalischen Zeichengebrauchs zurück. Beides ist also keineswegs auf visuelle Zeichen beschränkt.

---

[71] Zur philosophischen Grundlage und Methode der Phänomenologie vgl. Joseph Bochenski [Nr. 12], S. 22–36
[72] Susanne K. Langer [Nr. 62], S. 99 und 103
[73] Jürg Kleemann: Art.: Predigt. In: Ferdinand Klostermann / Rolf Zerfaß (Hrsg.): Praktische Theologie Heute. München / Mainz, 1974, S. 444

2. Die Teilhabemetapher

Zu den phänomenologischen Merkmalsbündeln treten in unscharfer Abgrenzung oftmals noch „ontologische" Wirkungsbehauptungen hinzu. So wird im Gefolge von Paul Tillich oft von der „Selbstmächtigkeit"[74], der „Partizipation"[75] oder der „unheimlichen Eigenmächtigkeit"[76] des Symbols gesprochen. Aber auch Paul Ricoeur behauptet die „ontologische Tragweite der Symbole des Heiligen"[77]. Erkenntnisstiftend wirkt hier wiederum die Ausdeutung einer Metapher. Die Etymologie des griechischen Wortes „sym-ballo" (= zusammenfügen, zusammenwerfen) gestattet es, das Symbol als einen zerbrochenen Gegenstand aufzufassen. In der Antike wurden die beiden Hälften des zerbrochenen Gegenstandes als Gasterkennungsmarken, Quittungen oder Schuldscheine verwendet und dienten der Identifikation eines Fremden oder der Wiedererkennung des Zusammengehörigen. Überträgt man die etymologische Bedeutung des Wortes „symballo" auf das Symbol, so kann man behaupten, „daß das Symbol an der Wirklichkeit dessen teilhat, was es symbolisiert. Es strahlt den Sinn und die Seinsmächtigkeit dieser Wirklichkeit aus."[78]

Zwar ist, wie Hans Looff zu Recht festgestellt hat, im streng logischen Sinne jede ontologische Symboldefinition[79] ohnehin eine contradictio in adiecto[80]. Besonders unter Theologen scheint jedoch die Neigung verbreitet zu sein, das Zeichen deutende Individuum außer acht zu lassen und die Bedeutung religiöser Zeichen festzuschreiben. Wo von der „Teilhabe des Symbols am Symbolisierten" gesprochen wird, da versucht man, dem Symbol einen objektiv vorhandenen Bedeutungsgehalt zuzuweisen. Dabei wird in Kauf genommen, daß man jede Möglichkeit verliert, die nachweislich vorhandenen Formen des Bedeutungswandels oder des Absterbens von Symbolen zu erklären. Denn ein Symbol, das am Symbolisierten Anteil hat, kann sich per definitionem nicht wandeln, und es kann folglich auch nicht absterben.

Die Teilhabemetapher ignoriert die Subjektgebundenheit der Zeichen. Sie kennt das Prinzip indexalischer Merkmalsübertragung nicht und stellt deshalb den Prozeß der Zeichendeutung auf den Kopf. Die Vorstellung von einer „Teilhabe" übersieht, daß es die semantischen Merkmale wahrnehmbarer Signifikanten sind, die die Bedeutung eines indexalischen oder ikonischen Zeichens präfigurieren. Sie geht statt dessen von einer vorgegebenen Bedeu-

---

74 Paul Tillich [Nr. 106], S. 196f.
75 Manfred Lurker: Art.: Zeichen. In: Ders. (Hrsg.): Wörterbuch der Symbolik. Stuttgart, 1979, S. 649/2
76 Wilhelm Stählin [Nr. 101], S. 343
77 Paul Ricoeur [Nr. 93], S. 200. Vgl. auch Wilhelm Stählin [Nr. 101], S. 335; Jakob Baumgartner [Nr. 4], S. 300/2; Robert Hotz: Religion – Symbolhandlung – Sakrament. In: LJ. 31. Jg. 1981, S. 41
78 Paul Tillich [Nr. 107], S. 4
79 Hans Loof hat den Begriff „ontologische Symboldefinition" folgendermaßen definiert: „Ein Symbol nennen wir dann ontologisch, wenn die transzendente Wirklichkeit, die dasselbe intendiert, doch bereits konkret und gültig in ihm enthalten ist in einer unersetzlichen Prägung kraft einer ihm eigenen Ausdruckskraft für das, was doch seinem wahren Wesen nach aller sinnlichen Beschränktheit der symbolischen Fixierung überlegen ist." [Nr. 68], S. 30
80 ebd.

tung aus und postuliert dann die Existenz eines Referenten, der in der Zeichengestalt eine unvollkommene und gänzlich vorläufige Hülle gefunden hat. Symboldeutung braucht sich dann nicht mehr lange mit der Betrachtung des Signifikanten aufzuhalten. Je stärker der Signifikant und seine semantischen Merkmale aber abgewertet werden, desto mehr erstarrt die symbolhafte Kommunikation zu einer metaphysischen Inszenierung. Paul Ricoeur hat einmal gesagt: „Das Symbol gibt zu denken."[81] Ein Symbol, das nach Art der Teilhabemetapher verstanden wird, verliert diese Fähigkeit. Es gibt nicht mehr zu denken. Es fordert vielmehr Anerkennung und Unterwerfung unter einen autoritativ vorgegebenen Sinn. Semiotisch betrachtet ist es gerade umgekehrt: Der Mensch wird nicht vom Symbol in einen Zeichenzusammenhang hineingestellt, den er nur noch zur Kenntnis zu nehmen hätte, er erstellt ihn vielmehr selbst.

3. Zum Verhältnis von Symbolen und Zeichen

In der phänomenologischen Symboltheorie ist es üblich, Symbole und Zeichen voneinander abzugrenzen. Zwar versteht man das Symbol als ein mehrdeutiges, zeichenhaftes Phänomen. Es wird jedoch gerade wegen seiner oszillierenden Bedeutungsvielfalt vom Zeichen unterschieden. Das Zeichen, so heißt es, weise ihm gegenüber nur eine starre, eindeutig definierte Bedeutung auf.[82] In diesem Sinne schreibt Carl Gustav Jung: „Kein Symbol ist 'einfach'. Einfach sind nur Zeichen und Allegorien. Das Symbol aber deckt immer einen komplizierten Tatbestand, welcher dermaßen jenseits der Sprachbegriffe steht, daß er eindeutig überhaupt nicht auszudrücken ist."[83] Paul Tillich hat die Trennung von Zeichen und Symbolen mit Hilfe der Merkmale „Arbitrarität" und „Partizipation" begründet: „Besonders wichtig ist die Einsicht, daß Symbol und Zeichen grundsätzlich verschieden sind. Während das Zeichen nicht notwendig verbunden ist mit dem, worauf es hindeutet, partizipiert das Symbol an der Wirklichkeit dessen, für das es als Symbol ist. Ein Zeichen kann willkürlich vertauscht werden, je nach Zweckmäßigkeit, aber Symbole nicht."[84]

Andere Forscher gehen nicht so weit wie Jung oder Tillich, die die Zusammengehörigkeit von Zeichen und Symbolen vollständig ablehnen. Sie betonen demgegenüber, daß zwar alle Symbole Zeichen sind, aber nicht alle Zeichen auch Symbole.[85] Diese etwas differenziertere Einstellung kann sich auf die

---

[81] Paul Ricoeur: Hermeneutik I [Nr. 93], S. 163 u.ö.

[82] Vgl. den Diskussionsüberblick zum Verhältnis von Symbol und Zeichen in: Hans Looff [Nr. 68], S. 16–20; Dieter Rohloff [Nr. 94], S. 43–47 und 351; Louis-Marie Chauvet [Nr. 23], S. 44, 61 u.ö.

[83] Carl Gustav Jung: Das Wandlungssymbol in der Messe. In: Eranos Jahrbuch. 1940/41. Zürich, S. 130f.

[84] Paul Tillich: Systematische Theologie.Band 1. Stuttgart, ³1956, S. 277. Auch Karl Jaspers, für den das Symbol das Gegenständlichwerden eines an sich Ungegenständlichen ist, betont den Unterschied von Zeichen und Symbolen: „Es ist ein radikaler Unterschied zwischen Symbol und Zeichen. Das Zeichen läßt sich in seiner Bedeutung durch einen anderen Gegenstand erklären ... Das Symbol kann nur, in sich selbst vertieft, sprechender werden. Im Zeichen wird ein Anderes gemeint, aber dieses andere ist auch ohne Zeichen da. Im Symbol ist ein Anderes gegenwärtig, das ohne dieses Symbol überhaupt nicht für uns sprechen würde." Von der Wahrheit. Philosophische Logik. Band 1. München, 1947, S. 257

[85] Dieter Rohloff [Nr. 94], S. 47; Werner Jetter [Nr. 53], S. 28; Paul Ricoeur [Nr. 93], S. 165; Wilhelm Stählin [Nr. 101], S. 330

Übereinstimmung mit der alltagssprachlichen Verwendung der Begriffe „Symbol" und „Zeichen" berufen. Die Ablösung der Symboltheorie von der Semiotik hat sie aber ebenfalls nicht verhindert.

Statt von den Gemeinsamkeiten auszugehen, verwenden die Autoren in der Regel viel Mühe darauf, das Symbol als eigenständigen Forschungsgegenstand zu isolieren und neben der Abgrenzung vom Zeichen auch das Verhältnis zum Bild, zur Allegorie, zum Begriff, zur Metapher, zum Typos usw. zu klären.[86] Dabei wird übersehen, daß die Organisation eines sprachlichen Feldes die Organisation der logischen Beziehungen, die zwischen den benannten Sachverhalten bestehen, keineswegs isomorph abbilden muß.[87] Erschwerend kommt hinzu, daß die einzelnen Begriffe, die in der deutschen Sprache dem Wortfeld „Zeichen" angehören, aus verschiedenen anderen Sprachen entlehnt sind.

Begriffe können ihre Bedeutungen ändern, und dies ist gerade auch mit den semantischen Feldern der Begriffe „Zeichen" und „Symbol" seit der Antike nachweisbar geschehen. Unserem Sprachgebrauch entsprechend erscheint uns ein „Zeichen" eher als ein eindeutiges, verbales, ein „Symbol" dagegen eher als ein mehrdeutiges, visuelles Zeichen. Diese Festlegung ist aber keineswegs so uneingeschränkt gültig, wie dies unser Sprachgefühl suggeriert. Charles Sanders Peirce hat die eindeutigen, verbalen Zeichen „Symbole" genannt. Diese Benennung hat er sich nicht selbst ausgedacht, man findet sie schon bei Aristoteles.[88] Umgekehrt zeigt die Zeichendefinition Ciceros, daß er den Begriff „signum" gerade auf indexalische Zeichen anwendet, d.h. auf mehrdeutige, nichtsprachliche Zeichen. In dem Kommentar des Ammonius über die Aristotelesschrift „De interpretatione" (5.Jh.) sind schließlich sogar beide Begriffe synonym gebraucht. Ammonius schreibt dort über das Wort als sprachliches Zeichen: „Dagegen hängt das Zeichen, Symbol, denn beide Ausdrücke benutzt der Philosoph dafür, im ganzen von uns ab, da es ausschließlich ein Erzeugnis unserer Einbildungskraft ist."[89]

Überblickt man alle diese Belege, dann wird deutlich, daß gegenüber allen Bestimmungen „des" Symbols, die sich auf ein intuitives Sprachverständnis berufen, größte Vorsicht geboten ist. Bei der Analyse des relationalen Denkens konnte ausführlich gezeigt werden, daß so unterschiedlich benannte Bereiche der altkirchlichen Hermeneutik wie die Syzygien, die Typologie, die Etymologie oder das zyklische Zeitverständnis stets den gleichen Grundregeln des ikonischen Denkens folgen und von ihnen her erklärbar sind. Die etymologisch begründete Trennung von Zeichen und Symbolen schafft viel mehr Probleme, als sie löst.

---

86 Wilhelm Stählin [Nr. 101]; Stephan Wisse [Nr. 120], S. 29–39 und 49–60; Dieter Rohloff [Nr. 94], S.43–66 und 141–152

87 Vgl. dazu Umberto Eco [Nr. 32], S. 86

88 Aristoteles: De interpretatione 16a 4. Vgl. dazu: Hermann Weidemann: Ansätze zu einer semantischen Theorie bei Aristoteles. In: Zeitschrift für Semiotik. 4. Jg. 1982, S. 241–257

89 zitiert nach Eugenio Coseriu [Nr. 24]. Band I, S. 108

4. Zum Verhältnis von Zeichen und Sakramenten

Der Zeichenbegriff ist nicht nur in der Symboltheorie, sondern auch in der Sakramentenlehre weitgehend zu den Akten der Geschichte gelegt worden. Augustin hatte die Sakramente als „sacra signa"[90] bestimmt, und das ganze Mittelalter war ihm darin gefolgt. Erst Martin Luthers Unterscheidung von Zeichen und Verheißungswort[91] ließ die semiotische Beschreibung der Sakramente im protestantischen Bereich weitgehend in Vergessenheit geraten. Luther sprach den visuellen Zeichen eine eigene Wirksamkeit ab und stellte fest, daß sie nicht bewirken, was sie bezeichnen. Im Zuge dieser Entwicklung wurde der Zeichenbegriff stark abgewertet und auf den Bereich des Visuellen beschränkt.

In seinem Buch „Die christliche Taufe" hat Carl Heinz Ratschow einige Positionen der neueren protestantischen Diskussion über den Zeichenbegriff referiert. Er schreibt mit Blick auf die Taufe, das Zeichen sei „auf das Wasser im Ritus eingegrenzt". Es repräsentiert damit den Aspekt der „Leiblichkeit" des Rituals und steht gegen das kognitiv wirksame Wort. Wer den Begriff des Zeichens benutzt, trennt folglich das Ritual von dem, was es bezeichnet. „Das Sichtbare scheidet sich vom Unsichtbaren oder das Natürliche vom Übernatürlichen. Das Wasser tritt gegen das Wort auf oder das Kognitive gegen das Leibhafte. Man baut Brücken, um die Kluft erträglich zu machen. Aber die Einheit der Handlung ist zerrissen. Offenbar ist das ganze Begriffsfeld des 'Zeichens' als 'Abbildes' dem nicht angemessen, was in der Taufe geschieht."[92] Das Zeichen wird als etwas rein Äußerliches bestimmt, das in keiner Beziehung steht zu dem, was es symbolisiert: „Der Ritus kann unter dem Begriff des 'Zeichens', das sich vom 'Bezeichneten' abheben soll, nicht erfaßt werden."[93]

Ein weiteres Problem sieht Ratschow darin, daß der Zeichenbegriff im Sakramentenstreit zwischen Luther und Zwingli stark strapaziert worden ist. Während das Zeichen von Zwingli als „bloß äußerliches Zeichen" verstanden werden konnte, wurde es von Luther als Garant für die Wirksamkeit des Sakraments angesehen. Ein Begriff aber, der in sich so schillernd ist, daß er eine derartige Interpretationsbreite zuläßt, erscheint als ungeeignet für die Bestimmung der Eigenart der Sakramente: „Der 'Zeichen'-Begriff ist damit stark überfrachtet."[94]

Im Licht der Semiotik ist diese Einschätzung allerdings korrekturbedürftig, denn sie beruht auf einem unzureichenden Zeichenverständnis. Sowohl die Beschränkung des Zeichenbegriffs auf den Bereich der visuellen Zeichen, als auch die Annahme, Zeichen und Bezeichnetes fielen auseinander, das Zeichen sei also nur etwas rein Äußerliches, sind semiotisch betrachtet unhaltbar. Denn der Zeichenbegriff wird in der Semiotik auf alle sinnlich wahrnehmbaren Phänomene angewendet, sofern sie eine weiterführende Bedeutung initiieren. Für die ikonischen und indexalischen Zeichen, die ja beim Sakrament neben den arbiträren Zeichen unabdingbar sind, muß geradezu von einer konstitutiven Beziehung zwischen Zeichengestalt und Zeichenbedeutung ausgegangen

---

[90] Augustin: De civitate Dei X,5 (= CCSL 47, S. 277)
[91] s.o. S. 65
[92] Carl Heinz Ratschow [Nr. 92], S. 134f.
[93] ebd., S. 134; vgl. S. 176
[94] ebd., S. 134

werden. Das Problem der Vieldeutigkeit der Zeichen mag verunsichernd sein, es ist aber erklärbar aus der Merkmalsvielfalt ikonischer und indexalischer Zeichen. Es gehört zu den Belastungen, aber sicherlich auch zu den Chancen, mit denen die religiöse Symbolik immer gelebt hat, daß ihre Zeichen vieldeutig sind, und das heißt eben auch: mißverstehbar oder ignorierbar. Diese Schwierigkeit spricht in keinem Fall gegen die Verwendung des Begriffs „Zeichen", denn sie läßt sich ja auch nicht dadurch beheben, daß man den komplizierten Sachverhalt, der durch den Begriff bezeichnet ist, anders benennt.

Damit ergibt sich in der Sakramentenlehre das gleiche Bild wie in der Symboltheorie. In beiden Fällen führte ein semiotisch verkürztes Verständnis des Zeichenbegriffs zu einer Abwertung und Ausgrenzung des Zeichenbegriffs aus der Debatte.

Schlußbetrachtung

Mit Hilfe der Semiotik habe ich den Versuch einer „Archäologie" der religiösen Hermeneutik unternommen. An dieser Stelle möchte ich nun die vielfältigen Ergebnisse, die insbesondere für die Theorie der religiösen Symbole zutage gefördert worden sind, nicht noch einmal wiederholen. Sie sind ausführlich dargestellt worden. Stattdessen möchte ich zwei Problemfelder ansprechen, die als Nebenfäden das ganze Buch durchziehen, ohne dabei systematisch behandelt worden zu sein, die Beurteilung religiöser Rituale und die Frage nach Konsequenzen für die Gestaltung von Gottesdiensten.

Religiöse Rituale sind keine unveränderlichen Handlungsschemata von zeitübergreifender Dauerhaftigkeit. Schon die Untersuchung der altkirchlichen Taufrituale hat gezeigt, daß hier, weit entfernt von starrem Beharrungsvermögen, ein lebendiges Wechselspiel von Handlungen und Deutungen herrschte. Angeregt durch den Handlungsverlauf hat der typologisch geschulte Blick immer neue Deutungen aus dem Alten und Neuen Testament herausgelesen. Diese Deutungen haben nachweislich die Gestaltung des Taufrituals beeinflußt. Der Ablauf des Taufrituals in Karthago war geprägt durch die biblische Perikope 2. Korinther 1,21f.[95] Die alte Tauftypologie Exodus 12 wurde zur Osterperikope. Bis in die architektonische Gestaltung der Taufbecken hinein wirkten sich die Taufdeutungen aus.[96]

Rituale wollen verändert werden. Sie rufen geradezu nach einer kontinuierlichen Anpassung, sonst werden sie sprachlos und gerinnen zu „Butter auf dem Kopf". Die prinzipielle Notwendigkeit einer kontinuierlichen Veränderung zeigte sich auch bei der Untersuchung von Luthers Neukonzeption des Taufrituals 1526. Im altrömischen Taufritual waren die Aufbaustruktur und die einzelnen Bestandteile des Rituals so eng verflochten gewesen mit dem ekklesiologischen und gesellschaftlichen Umfeld, dem Teilnehmerkreis und den traditionellen Taufbedeutungen, daß nicht eine einzige dieser Variablen verändert werden konnte, ohne daß das Auswirkungen auf die übrigen Variablen gehabt hätte. Zu Luthers Zeit aber hatten sich längst gravierende Änderungen vollzogen und keine dieser Änderungen war ganz ohne Folgen für die Gestalt oder die

---

[95] Tertullian: De resurrectione mortuorum VII,3 (= CCSL 2, S. 931); Burkhard Neunheuser [Nr. 81], S. 23; Leonel Mitchell: Baptismal Anointing. London, 1966, S. 16; George Beasley-Murray [Nr. 5], S. 307
[96] s.o. S. 44

Deutung des Taufrituals geblieben. Lange vor Luther schon ist das Wechsel-spiel von Ritual und Kontextvariablen nachweisbar. Man kann ein Ritual nicht losgelöst betrachten von den Lebensumständen und den Glaubensüberzeu-gungen derer, die es praktizieren. Die Entwicklung zur Staats- und Volkskirche hatte das Motiv des mythischen Reinheitsraumes zurückgedrängt. Sie hatte das ekklesiologische Selbstverständnis verändert und die soziologischen Funktio-nen der Tauffeier vermehrt.[97] Der Übergang zur Kindertaufe als Regelform der Taufe hatte solche starken Spannungen im Taufritual erzeugt, daß das Ritual selbst dringend veränderungsbedürftig wurde. Zugleich stellte sich nun die Aufgabe einer systematischen religiösen Unterweisung nach der Taufe, die es vorher in dieser Form nicht gegeben hatte. Mit Luthers Neukonzeption wurde nicht nur eine veränderte Einstellung zum Heiligen dokumentiert, nun gerieten endlich auch die Teilnehmergruppen ins liturgische Blickfeld, die schon vom 3.Jahrhundert an unverzichtbar für den Ablauf und die Folgen des Rituals geworden waren, die Eltern und die Paten.

Veränderungen des Rituals führten auch zu tiefgreifenden Einschnitten in das Verhältnis von Wort und Handlung. Bedeutungen, die durch die Straffung des Rituals oder durch Strukturauflösungen nicht mehr visuell erfahrbar oder struk-turell verankert waren, wurden verbalisiert und in die Gebetsteile übernommen. Das Taufritual verlor damit an Anschaulichkeit. Dieses Problem wurde noch verschärft durch die Verkümmerung der Wasserhandlung und das theologische Bemühen, die traditionellen Deutungen der Taufe auch unter Absehen von dem tatsächlichen Geschehen im Gottesdienst dogmatisch festzuschreiben. Deu-tung und Handlung traten so nach und nach in ein krasses Mißverhältnis und wurden durch Arbitrarisierung mühsam verkettet. Gerade die Arbitrarisierung aber förderte den Prozeß des schleichenden Verlustes an Anschaulichkeit, Plausibilität und damit auch Glaubwürdigkeit der Ritualgestaltung. In allen diesen Punkten erweisen sich die Gestaltung und die Deutung des Taufrituals als äußerst *zeitbezogen*, *kontextverankert* und *störanfällig*.

Die Alte Kirche hat sehr unbefangen alle möglichen säkularen und heidnischen Ritualsegmente aufgegriffen, hat sie verchristlicht und zu Ausdrucksformen ihres eigenen Glaubens gemacht.[98] Wir haben diese Unbefangenheit heute weitgehend verloren. Uns plagt ein sehr gebrochenes Verhältnis zu unserem liturgischen Tun. Zu unübersehbar sind die Diskrepanzen zwischen dogmati-schen Wirkungsbehauptungen auf der einen Seite und den ganz konkreten hermeneutischen Problemen in jedem einzelnen Taufgespräch auf der ande-ren. Was läßt sich denn davon überhaupt noch vermitteln an die Menschen, mit denen wir es tagtäglich zu tun haben? Unbefangen sind wir keineswegs. Die eigene Einstellung zur liturgischen Symbolik, die eigene Einschätzung des Realitätscharakters der Taufe, vielleicht ein heimliches Mißtrauen gegenüber der Taufmotivation der Eltern, all das hindert uns daran, die Taufe mit großer Selbstverständlichkeit als das zu vollziehen, was sie ist: eine christliche Zei-chenhandlung.

Vielleicht könnte vieles entkrampft werden, wenn es uns wieder möglich wäre, den Zeichencharakter der liturgischen Handlungen bewußt zu machen. Zei-chen zwingen keine Bedeutungen oder Wirkungen herbei, sie regen sie

---

[97] s.o. S. 16; 72
[98] s.o. S. 23

bestenfalls an. Es geht also darum, mit Deutungen behutsamer umzugehen, damit die Zeichen selbst wieder zum Sprechen kommen. Vermutlich kostet es einige Überwindung, es den Teilnehmern eines Gottesdienstes absichtsvoll zuzumuten, die symbolischen Bedeutungen selbst aufzuspüren und für ihr Glaubensleben fruchtbar zu machen. Aber genau das könnte aus dem altkirchlichen Umgang mit Zeichen gelernt werden. Die Fähigkeit, relational zu denken, ist ungebrochen. Oftmals ist sie sogar ausgeprägter vorhanden, als es uns im Pfarrerberuf lieb ist. Mit diesem Pfund läßt sich wuchern. Es kommt allerdings darauf an, die vorhandenen Fähigkeiten in die richtigen Bahnen zu lenken. Wir können unseren Glauben gar nicht anders darstellen als vermittelt durch Zeichen, und niemand wird etwas anderes von uns erwarten. Als Zeichenhandlung aber kann die Taufe nichts anderes sein als ein sehr bescheidener Versuch, das Leben des Täuflings, seiner Eltern und Paten und der Gemeinde vor Gott hinzustellen und es von ihm her zu verstehen. Gott selbst bleibt für uns immer transzendent. Aber er verwendet unser Reden und unser Handeln, um darin erfahrbar zu werden. Jedes Zeichen, wie unabgeschlossen und ungesichert es auch sein mag, kann zum vehiculum Dei werden. Umgekehrt jedoch gilt ebenso, daß kein Zeichen als solches schon ein Garant der praesentia Dei ist. Das wäre ein magisches Mißverständnis.

Es müssen also keineswegs immer oder ausschließlich die eingespielten liturgischen Handlungsfolgen sein, die uns erkennen lassen, daß Gott an uns handelt. Agenden sind immer ein sehr beschränktes Medium. Sie müssen überall verwendbar sein und können deshalb keine Angaben machen über die konkrete Situation, in der ein Gottesdienst gefeiert wird. Agenden wissen nichts über die aktuellen Umstände der Zeichenproduktion, den Kontext, die Persönlichkeiten der Teilnehmer. Aber alles das kommt in jedem einzelnen Gottesdienst zusammen. Alles das wirkt sich aus und beeinflußt das gesamte Geschehen. Wer das ignoriert, der trägt nicht dazu bei, den Sinn der Agende unverfälscht zu bewahren, er fördert vielmehr die semantische Entleerung der Liturgie und stört die Beziehungsebene der zwischenmenschlichen Kommunikation.[99] „Der Sinn der Taufe zeigt sich nicht in der Anlehnung an ein festes Muster, sondern in der Fähigkeit, im Rahmen überkommener Rituale die Zeichen (inklusive Worte) so zu setzen, daß sich Bedeutungen von Taufe je neu einstellen."[100]

Wer den Gottesdienst als einen „Zeichenprozeß" ansieht, der wendet seine Aufmerksamkeit dem gesamten Handlungsverlauf zu. Die transzendente Wirklichkeitsdimension wird hier inopiae causa in den Formen und Bildern der menschlichen Existenz dargestellt und vermittelt. Verständlichkeit und Mitvollziehbarkeit werden dann zu wichtigen Anforderungen an die liturgische Gestaltung, denn kein Zeichen hat schon eine Bedeutung an sich. Bedeutung und Bedeutsamkeit müssen immer wieder aufs neue angeregt werden. „Ob eine lapidare Nebensache 'bedeutend' wird – und umgekehrt -, entscheidet der Zeichenaustausch in der Situation."[101] Die Wahrheit der Zeichen ist eine konkrete Wahrheit. Sie existiert nicht im überzeitlichen Raum, sondern wird in der Situation des Zeichenaustauschs konstituiert und erfahren.

---

[99] Rudolf Fleischer: Einführung in die semiotische Gottesdienstanalyse. In: Peter Düsterfeld (Hrsg.): Neue Wege der Verkündigung. Düsseldorf, 1983, S. 110f. und 119f.
[100] Rainer Volp [Nr. 116], S. 164
[101] Rainer Volp: Situation. In: [Nr. 115], S. 164

Sicherlich kann auch derjenige, der die ikonischen und indexalischen Zeichen als eigenständige Ausdrucks- und Darstellungsformen des christlichen Glaubens neu entdeckt und ernst nimmt, nicht alle Probleme der Kindertaufe beseitigen. Ein Taufgottesdienst ist immer nur ein punktuelles Geschehen und sicherlich kann die Taufe nicht auf die Einbindung in einen umfassenderen Lebens- und Glaubenszusammenhang verzichten. Aber wir brauchen eben auch Meilensteine auf dem Weg unseres Glaubens. Wir brauchen Bilder, an die wir uns ein ganzes Leben lang erinnern. Es wäre schon viel gewonnen, wenn unsere Taufgottesdienste solche Meilensteine werden könnten. Es wäre ein Schritt in die richtige Richtung, wenn das latente Unbehagen gegenüber ikonischen und indexalischen Zeichen abgebaut werden könnte und die Einsicht in die Verständnisbedingungen religiöser Symbole dazu verhelfen könnte, die Freude am Spiel vor Gott zu vermehren.

Anhang

Zur Person Hippolyts

Hippolyt von Rom ist eine rätselhafte und bis heute umstrittene Gestalt in der Geschichte der frühen Kirche. Über seine Herkunft und seine Jugend weiß man fast nichts. Sein Geburtsort ist ebenso unbekannt wie sein Geburtsjahr. Nur sehr grob läßt sich schätzen, daß er vor 170 im griechisch sprechenden Osten geboren wurde.[102] Photius behauptet, daß Irenäus, den er oft in seinen Schriften zitiert, sein Lehrer gewesen ist.[103] Aber erst als Presbyter unter den römischen Bischöfen Viktor (189–197) und Zephyrinus (198–217) ist sein Wirken sicher lokalisiert und datiert.

In der Literatur wird Hippolyt zumeist als ein konservativer, wenig eigenständig denkender Theologe dargestellt, der mit seinem Wirken die alten Traditionen bewahren und vor Neuerungen schützen wollte. Auch seine „Apostolische Überlieferung" ist aus einer solchen Intention heraus entstanden. Er stellt in dieser Schrift die liturgischen Formulare der römischen Gemeinde dar, um sie vor Irrtümern und Entstellungen zu bewahren (I,2–5).

Mit dem Bischof Kallist (217–222) geriet er in einen heftigen Streit, dessen genaue Gründe und Motive immer noch nicht abschließend geklärt sind. Im Verlauf dieses Streits schrieb er eine Schmähschrift gegen Kallist, die „Refutatio omnium haeresium" (auch „Philosophumena" genannt). Es kam zum Bruch mit der römischen Gesamtgemeinde, und Hippolyt gründete eine Gegengemeinde. Diese Gemeinde bestand auch nach dem Tode des Kallist in der Zeit der Bischöfe Urban (223–230) und Pontian (230–235) weiter. Erst nach der Christenverfolgung unter Maximus Thrax (235), der sowohl Pontian als auch Hippolyt zum Opfer fielen, wird die Gemeindespaltung nicht mehr erwähnt.

Es gibt eine ganze Reihe von Fragen in der Hippolytforschung, die bis heute umstritten oder ungelöst sind. Darunter befinden sich auch solche, die sich auf die Liturgiebeschreibungen Hippolyts beziehen: Hat er tatsächlich existierende Gottesdienstformen wiedergegeben, oder sind seine Beschreibungen idealtypisch konstruiert? Immer wieder hat man nämlich „östliche Elemente" in Hippolyts Formularen entdeckt, Ritualsegmente, die sich auch in alten Taufbeschreibungen aus Palästina, Syrien oder Ägypten nachweisen lassen.[104] Bisher ist es jedoch noch nicht gelungen, die Taufliturgie, die Hippolyt beschreibt, im Osten präzise zu lokalisieren.

So steht die Analyse, die in diesem Buch vorgelegt wird, unter der nicht mit letzter Sicherheit erwiesenen Annahme, daß das Taufritual, das Hippolyt beschrieben hat, auch tatsächlich aus Rom stammt und dort in der zweiten

---

102 Gregory Dix [Nr. 28], S. XII; Berthold Altaner/Alfred Stuiber [Nr. 1], S. 164–169
103 Bibliotheca CXXI (=PG 103, S. 402f.)
104 Eine Handauflegung findet man bereits sehr früh in Alexandrien. In den palästinensischen Raum führt die Übernahme jüdischer Bestimmungen über das Auflösen der Haare vor dem Tauchbad. Eine geistverleihende Salbung unter Handauflegung gibt es zur gleichen Zeit in Syrien, hier allerdings praebaptismal. Dagegen findet man eine exorzistische präbaptismale Salbung erst im 4. Jahrhundert in Jerusalem. (Vgl. die Belege in meiner Dissertation: Rudolf Fleischer [Nr. 39], S. 23 Anm. 2–6 und S. 24 Anm. 1f.)

Hälfte des 2.Jahrhunderts vollzogen worden ist. Es spricht jedoch vieles dafür, daß diese Annahme berechtigt ist. Eine ganze Reihe von Bestandteilen des Taufrituals sind schon vor Hippolyt in der römischen Gemeinde belegt, vor allem bei Justin und Marcion. Vor allem aber hätte Hippolyt seiner erklärten Intention zuwider gehandelt, wenn er, statt alte Traditionen zu beschreiben, Phantasieprodukte überliefert hätte. Die Glaubwürdigkeit des Bewahrers wäre dahin.

Quellen und Editionen der „Apostolischen Überlieferung"[105]

Im Jahr 1551 wurde an der Via Tiburtina in Rom ein Verzeichnis der Schriften Hippolyts gefunden, das auch die „Traditio apostolica" enthält. Sie wird zumeist an den Anfang des dritten Jahrhunderts oder in das Jahr 215 datiert[106] und beschreibt ausführlich die Ordinations-, Meß- und Taufpraxis der römischen Gemeinde etwa während der Episkopate von Viktor und Zephyrinus.

Leider ist das griechische Original bis auf wenige Bruchstücke verlorengegangen. Der Text ist aber in einer Reihe von Übersetzungen und Überarbeitungen erhalten. Im einzelnen sind dies:

– Eine lateinische Übersetzung (=L), auch „Verona Palimpsest" genannt. Sie wurde zur Zeit des Ambrosius angefertigt und ist die wichtigste Quelle für die Rekonstruktion des Originaltextes. Leider hat L in der Taufliturgie eine große Lücke (XXI,14-XXIII,12).

– Die sahidische (=S), arabische (=A), äthiopische (=E) und bohairische (=B) Übersetzung der „Ägyptischen Kirchenordnung". Die „Ägyptische Kirchenordnung" ist eine Sammlung von drei ursprünglich selbständigen Kirchenordnungen. Sie enthält als zweite Kirchenordnung Hippolyts „Apostolische Überlieferung". Das vorhandene Exemplar von S ist die Abschrift einer Übersetzung aus dem 6. Jahrhundert, die direkt auf ein griechisches Exemplar zurückging. Leider hat auch S eine große Lücke in Kapitel XXI,17-XXIII,2. A ist die arabische Übersetzung der sahidischen Version aus dem 6. Jahrhundert.

– Das „Testamentum Domini nostri Iesu Christi" (=T) stammt aus der zweiten Hälfte des 5. Jahrhunderts und enthält den Text Hippolyts in einer erweiterten Form.

– Das Buch VIII der „Apostolischen Konstitutionen" (=C) entstand etwa um 38o und hat im Wortlaut Hippolyts vieles verändert und auf syrische Verhältnisse hin zugeschnitten.

– Die „Canones Hippolyti" (=K) entstanden etwa um 340. Sie bieten eine stark überarbeitete Fassung, die den Gegebenheiten der alexandrinischen Gemeinden angepaßt ist.

---

[105] Der Darstellung liegen folgende Arbeiten zugrunde: Gregogry Dix [Nr. 28]; Bernard Botte [Nr. 13, 14 und 15]; Jean Michel Hanssens [Nr. 47]; John Stam: Episcopacy in the Apostolic Tradition of Hippolytus. Basel, 1969; Berthold Altaner / Alfred Stuiber [Nr. 1]

[106] Gregory Dix [Nr. 28], S. XXXV-XXXVII. Anders: Cyril C. Richardson: The Date and Setting of the Apostolic Tradition of Hippolytus. In: Angl.Theol.Rev. 30. Jg. 1948, S. 28–44 und Bard Thompson (Hrsg.): Liturgies of the Western Church (1961). Philadelphia, 1980, S. 16

S (A,E) und L sind die primären Textzeugen. Wo sie übereinstimmen, ermöglichen sie eine relativ sichere Bestimmung des ursprünglichen Textinhalts. Treten Differenzen innerhalb von S,A,E auf, so hat in der Regel S den Vorzug. T lag ein sehr guter griechischer Codex vor. Wenn er dem Wortlaut Hippolyts folgt, übernimmt er ihn oft wörtlich und liefert daher oft diskutable Lesarten. C und K sind nur dort auswertbar, wo sie mit L, S oder T übereinstimmen.

Durch den Vergleich der vorliegenden Übersetzungen und Überarbeitungen lassen sich Aufbau und Inhalt des ursprünglichen Textes mit großer Wahrscheinlichkeit rekonstruieren. Der exakte Wortlaut des Originals ist dagegen oftmals nicht mehr zu ermitteln. Im Detail bleiben viele Unsicherheiten. Die einzelnen Fälle habe ich in meiner Dissertation ausführlich dargestellt. Ich beschränke mich deshalb in der vorliegenden Arbeit auf einige ausgewählte Textstellen.

Kapitel XVI der Apostolischen Überlieferung – Text –

1. Ehe die Gemeinde eintritt, sollen diejenigen, die neu zum Hören des Wortes geführt werden sollen, zu den Lehrern gebracht werden. / 2. Es soll nach dem Grund gefragt werden, weshalb sie sich dem Glauben zuwandten. Diejenigen, welche sie herbeigebracht haben, sollen für sie ein Zeugnis ablegen, ob sie würdig sind, das Wort zu hören. /
3. Man soll nach ihrem Leben fragen. Hat er eine Ehefrau oder ist er ein Sklave? / 4. Und wenn er Sklave eines Gläubigen ist und sein Herr es ihm erlaubt, soll er hören. Wenn der Herr aber kein Zeugnis über ihn abgibt, so soll er zurückgewiesen werden. / 5. Wenn sein Herr Heide ist, so unterweist ihn, daß er seinem Herrn gefalle, damit kein Ärgernis entstehe. / 6. Wenn es aber einer ist, der eine Frau hat, oder aber eine Frau, die einen Mann hat, so sollen sie belehrt werden, daß der Mann sich mit der Frau und die Frau sich mit dem Mann begnüge. / 7. Ist es aber einer, der nicht mit einer Frau lebt, soll er belehrt werden, nicht Unzucht zu treiben, sondern er soll entweder dem Gesetz entsprechend eine Frau nehmen, oder er soll bleiben wie er ist. / 8. Wenn es aber ein Besessener ist, soll er das Wort von dem Lehrer nicht hören, bis er rein ist. /
9. Es soll gefragt werden, welches die Gewerbe und Beschäftigungen derer sind, die herbeigeführt werden, um unterrichtet zu werden.[107] / 10. Wenn einer Hurenwirt ist, der Dirnen unterhält, so soll er entweder damit aufhören oder zurückgewiesen werden. / 11. Wenn einer Bildhauer ist oder Maler, so sollen sie belehrt werden, keine Götzen anzufertigen; sie sollen entweder aufhören, oder sie sollen zurückgewiesen werden. / 12. Wenn einer Schauspieler ist oder einer, der Vorführungen im Theater macht, so soll er entweder aufhören oder zurückgewiesen werden. /
13. Wenn einer die Kinder unterrichtet, ist es besser, wenn er aufhört. Wenn er jedoch kein Handwerk hat, so sei es ihm erlaubt. /
14. Ebenso soll ein Wagenlenker, der kämpft und an Kampfspielen teilnimmt, entweder aufhören oder zurückgewiesen werden. / 15. Einer, der Gladiator ist oder Gladiatoren kämpfen lehrt, ein Jäger, der am Tierkampf teilnimmt, oder ein Angestellter in der Gladiatorenschule: entweder sollen sie aufhören oder zurückgewiesen werden. / 16. Einer, der Götzenpriester ist oder Götzenwäch-

---

[107] Vers 9 nur SAE

ter, soll entweder aufhören oder zurückgewiesen werden. / 17. Ein Soldat, der Macht hat, soll niemanden töten. Wenn er den Befehl erhält, soll er sich zu der Sache nicht drängen. Er soll auch nicht schwören. Wenn er sich aber weigert, soll er zurückgewiesen werden. / 18. Einer, der Macht über das Schwert hat, oder ein Angehöriger des Magistrats einer Stadt, der in Purpur gekleidet ist, soll entweder aufhören oder zurückgewiesen werden. / 19. Wenn ein Katechumene oder ein Gläubiger Soldat werden will, sollen sie zurückgewiesen werden, denn sie haben Gott mißachtet. /
20. Eine Dirne oder ein Homosexueller oder einer, der sich kastriert hat, oder einer, der etwas anderes getan hat, das auszusprechen sich nicht schickt, sie sollen zurückgewiesen werden, denn sie sind unrein. / 21. Auch soll man keinen Zauberer zur Entscheidung bringen. / 22. Der Besprecher oder der Sterndeuter, der Wahrsager oder der Traumdeuter, der Leuteaufwiegler, der Geldfälscher (?), der die Ränder des Geldes (?)[108] abschneidet, derjenige, der Amulette anfertigt, sie sollen aufhören oder zurückgewiesen werden. /
23. Eine Konkubine von jemandem, falls sie eine Sklavin ist, soll das Wort hören, wenn sie ihre Kinder erzogen hat und nur bei ihm allein ist. Anderenfalls soll sie zurückgewiesen werden. / 24. Ein Mann, der eine Konkubine hat, soll damit aufhören und nach dem Gesetz heiraten. Wenn er sich weigert, soll er zurückgewiesen werden. /
25. Wenn wir aber irgendeine Beschäftigung ausgelassen haben, werden die Beschäftigungen selbst euch belehren, denn wir alle haben den Geist Gottes.

---

[108] Vgl. Bernard Botte: Psellistäs – Psalistäs. In: Revue des études byzantines. 16. Jg. 1958, S. 162–165

Stichwortverzeichnis

Stichworte aus dem Text Hippolyts:

Verzeichnis der Bibelstellen

Literaturverzeichnis in Auswahl

1. Altaner, Berthold / Stuiber, Alfred: Patrologie. Leben, Schriften und Lehre der Kirchenväter. Freiburg, [8]1978
2. Arnauld, Antoine: Die Logik oder die Kunst des Denkens (1662). Darmstadt, 1972
3. Bacon, Francis: Neues Organon der Wissenschaften (1620). Hg.v. Anton Theobald Brück. Darmstadt, 1981
4. Baumgartner, Jakob: Symbol und Liturgie. In: Lebendige Seelsorge. 29.Jg. 1978, S. 297/1–303/2
5. Beasley-Murray, George: Die christliche Taufe (1962). Dt. Kassel, 1968
6. Benesch, Hellmuth: Der Ursprung des Geistes. München, 1980
7. Bieritz, Karl-Heinrich: Hierdurch teile ich mit ... Semiotik der Predigt. In: ZGdPr. 6.Jg. 1988, S. 20–22
8. Bieritz, Karl-Heinrich: Umberto Eco. Umrisse einer atheistischen Theologie. In: DtPfrBl. 89.Jg. 1989, S. 299/3 – 302/2
9. Bizer, Ernst: Die Entdeckung des Sakraments durch Luther. In: EvTh. 17.Jg. 1957, S. 64–90
10. Black, Max: Models and Archetypes. In: Ders.: Models and Metaphors. Studies in Language and Philosophy. Londen, 1962
11. Blumenberg, Hans: Schiffbruch mit Zuschauer. Paradigma einer Daseinsmetapher. Frankfurt, 1979
12. Bochenski, Joseph: Die zeitgenössischen Denkmethoden. München, [7]1975
13. Botte, Bernard: La texte de la Tradition apostolique. In: Recherches de Théologie ancienne et médiévale. 22.Jg. 1955, S. 161–172
14. Botte, Bernard: Hippolyte de Rome. La Tradition Apostolique d'après les anciennes versions. Introduction, traduction et notes. (= Sources Chrétiennes 11). Paris, [2]1968
15. Botte, Bernard: La Tradition Apostolique de Saint Hippolyte. Essai de Reconstitution. (= Liturgiewissenschaftliche Quellen und Forschungen 39). Münster, [4]1972
16. Bourdieu, Pierre: Zur Soziologie der symbolischen Formen (1970). Dt. Frankfurt, 1974
17. Böcher, Otto: Dämonenfurcht und Dämonenabwehr. Ein Beitrag zur Vorgeschichte der christlichen Taufe. (= BZWANT 90). Stuttgart, 1970
18. Brinkmann, Hennig: Die Zeichenhaftigkeit der Sprache, des Schrifttums und der Welt im Mittelalter. In: Zeitschrift für Philologie. 93.Jg. 1974, S. 1–11
19. Brox, Norbert: Magie und Aberglaube an den Anfängen des Christentums. In: TThZ. 83.Jg. 1974, S. 157–180
20. Casel, Odo: Art und Sinn der ältesten christlichen Osterfeier. In: JLW. 14.Jg. 1934, S. 1–78
21. Cassirer, Ernst: Philosophie der symbolischen Formen. Drei Bände (1924). Nachdruck Darmstadt, [7]1977
22. Cervantes Saavedra, de, Miguel: Der scharfsinnige Ritter Don Quixote von der Mancha. Band I. Insel TB 109. Frankfurt, 1979

23. Chauvet, Louis-Marie: Du Symbolique au Symbole. Paris, 1979
24. Coseriu, Eugenio: Geschichte der Sprachphilosophie von der Antike bis zur Gegenwart. Eine Übersicht. Band I: Von der Antike bis Leibniz, und Band II: Von Leibniz bis Rousseau. Tübingen, 1972
25. Dalferth, Ingolf U. (Hrsg.): Sprachlogik des Glaubens. BEvTh Nr.66. München, 1974
26. Dehn, Günther: Die Amtshandlungen der Kirche. Stuttgart, 1950
27. Descartes, René: Regeln zur Ausrichtung der Erkenntniskraft (Frühschrift, erst 1701 gedruckt). Hrsg.v. Heinrich Springmeyer u.a. Hamburg, 1973
28. Dix, Gregory: Apostolikä Paradosis. The Treatise on the Apostolic Tradition of St. Hippolytus of Rome Bishop and Martyr. Vol.I: Historical Tradition, Textual Materials and Translation. London, 1937
29. Dölger, Franz Joseph: Der Exorzismus im altchristlichen Taufritual. Paderborn, 1909
30. Duerr, Hans Peter: Traumzeit. Über die Grenze zwischen Wildnis und Zivilisation. Frankfurt, ⁵1980
31. Ebneter, Theodor: Semantische Merkmale und Metapher. In: Gaberell Drachmann (Hrsg.): Akten der 1. Salzburger Frühlingstagung für Linguistik. Tübingen, 1975, S. 167–182
32. Eco, Umberto: Einführung in die Semiotik (1968). Dt. München, 1972
33. Eco, Umberto: Zeichen. Einführung in einen Begriff und seine Geschichte (1973). Dt. Frankfurt, 1977
34. Eco, Umberto: Semiotik. Entwurf einer Theorie der Zeichen (1976). Dt. München, 1987
35. Eliade, Mircea: Die Religionen und das Heilige (1954). Nachdruck Darmstadt, 1976
36. Emeis, Dieter: Die Taufe. In: Hans Dieter Bastian u.a. (Hrsg.): Taufe, Trauung und Begräbnis. München, 1978
37. Feret, H.M.: Sacramentum – Res dans la langue théologique de S. Augustin. In: Revue des sciences philosophiques et théologiques. 29.Jg. 1940, S. 218–243
38. Fleischer, Rudolf: Zeichen, Symbol und Transzendenz. In: Rainer Volp (Hrsg.): Zeichen. a.a.O., S. 169–192
39. Fleischer, Rudolf: Verständnisbedingungen religiöser Symbole am Beispiel von Taufritualen. Diss.Ev.Theol. Mainz, 1984
40. Foucault, Michel: Die Ordnung der Dinge (1966). Dt. Frankfurt, ²1978
41. Gluckman, Max: Les rites de passage. In: Ders. (Hrsg.): Essays on the Ritual of Social Relations. Manchester, 1962, S. 1–52
42. Grabner-Haider, Anton: Glaubenssprache, ihre Struktur und Anwendung in Verkündigung und Theologie. Wien, 1975
43. Grainger, Roger: The Language of the Rite. London, 1974
44. Grimmelshausen, von, Hans Jacob Christoph: Der abenteuerliche Simplicissimus deutsch. Stuttgart, 1979
45. Hajos, Anton: Einführung in die Wahrnehmungspsychologie. Darmstadt, 1980
46. Haller, Rudolf: Untersuchungen zum Bedeutungsproblem in der antiken und mitelalterlichen Philosophie. In: Archiv für Begriffsgeschichte. 7.Jg. 1962, S. 57–119

47. Hanssens, Jean Michel: La Liturgie d'Hippolyte. Ses documents – son titulaire – ses origines et son charactere. (=Orientalia Christiana Analecta 155). Rom, 1959
48. Heiler, Friedrich: Erscheinungsformen und Wesen der Religion. Stuttgart, 1961
49. Hörmann, Hans: Psychologie der Sprache. Berlin, [2]1977
50. Huizinga, Johan: Herbst des Mittelalters. Hrsg. Kurt Köster. Stuttgart, [11]1975
51. Iserloh, Erwin: Gnade und Eucharistie in der philosophischen Theologie des Wilhelm von Ockham. Wiesbaden, 1956
52. Iserloh, Erwin: Sacramentum et exemplum. Ein augustinisches Thema lutherischer Theologie. In: Erwin Iserloh / Konrad Repgen (Hrsg.): Reformata Reformanda. Festschrift für Hubert Jedin. Band 1. Münster, 1965, S. 247–264
53. Jetter, Werner: Symbol und Ritual. Anthropologische Elemente im Gottesdienst. Göttingen, 1978
54. Jordahn, Bruno: Der Taufgottesdienst im Mittelalter bis zur Gegenwart. In: Karl Ferdinand Müller / Walter Blankenburg (Hrsg.): Leiturgia. Handbuch des Evangelischen Gottesdienstes. Bd.V: Der Taufgottesdienst. Kassel, 1970, S. 349–640
55. Jüngel, Eberhard: Metaphorische Wahrheit. In: Paul Ricoeur / Eberhard Jüngel: Metapher. Zur Hermeneutik religiöser Sprache. München, 1974, S. 71–122
56. Kamlah, Wilhelm / Lorenzen, Paul: Logische Propädeutik. Mannheim, [2]1973
57. Keiling, Karl: Über die Sympathie bei Plotin. Diss.phil. Jena, 1916
58. Kirchgässner, Alfons: Die mächtigen Zeichen. Ursprünge, Formen und Gesetze des Kults. Freiburg, 1959
59. Klostermann, Ferdinand / Zerfaß, Rolf (Hrsg.): Praktische Theologie Heute. München / Mainz, 1974
60. Krampen, Martin u.a. (Hrsg.): Die Welt als Zeichen. Klassiker der modernen Semiotik. Berlin, 1981
61. Kretschmar, Georg: Geschichte des Taufgottesdienstes in der Alten Kirche. In: Karl Ferdinand Müller / Walter Blankenburg (Hrsg.): Leiturgia. Handbuch des Evangelischen Gottesdienstes. Bd.V: Der Taufgottesdienst. Kassel 1970, S. 1–348
62. Langer, Susanne K.: Philosophie auf neuem Wege (1942). Dt. Frankfurt, 1965
63. Laudan, Laurens: The Clock Metaphor and Probabilism: The Impact of Descartes on English Methodological Thought 1660–1665. In: Annals of Science. 22.Jg. 1966, S. 73–104
64. Leach, Edmund: Kultur und Kommunikation. Zur Logik symbolischer Zusammenhänge (1976). Dt. Frankfurt, 1978
65. Lemmens, Jan: De Sacramenten en et vleesgeworden Woord volgens Augustinus. In: Augustiniana. 14.Jg. 1964, S. 5–71
66. Leuenberger, Robert: Taufe in der Krise. Stuttgart, 1973
67. Lévi-Strauss, Claude: Das wilde Denken (1962). Dt. Frankfurt, [2]1977
68. Looff, Hans: Der Symbolbegriff in der neueren Religionsphilosophie und Theologie. (= Kantstudien Erg.hefte 69). Köln, 1955

69. Lorenz, Rudolf: Die Wissenschaftslehre Augustins. In: ZKG. 67.Jg. (1955/56), S. 29–60 und 213–251
70. Lortz, Joseph: Sakramentales Denken beim jungen Luther. In: Lutherjahrbuch. 36.Jg. 1969, S. 9–40
71. Luhmann, Niklas: Die gesellschaftliche Funktion der Religion. In: Ders.: Funktion der Religion. Frankfurt, 1982, S. 9–71
72. Lurker, Manfred: Die Symbolbedeutung von Rechts und Links und ihr Niederschlag in der abendländischen christlichen Kunst. In: Symbolon N.F. 5.Jg. 1980, S. 95–128
73. Maier, Anneliese: Die Mechanisierung des Weltbildes im 17. Jahrhundert. Leipzig, 1938
74. Maieru, Alfonso: Signum dans la culture médiévale. In: Jan P. Beckmann u.a. (Hrsg.): Sprache und Erkenntnis im Mittelalter. Bd.I. Berlin, 1981, S. 51–72
75. Martin Luther Studienausgabe. Bd.1 und 2. Hrsg. Hans-Ulrich Delius. Berlin-Ost, 1979, S. 239–269 und 1982, S. 168–259
76. Mayer, Cornelius P.: Philosophische Voraussetzungen und Implikationen in Augustins Lehre von den Sacramenta. In: Augustiniana. 22.Jg. 1972, S. 53–79
77. Morris, Charles William: Grundlagen der Zeichentheorie (1938). Dt. München, 1972
78. Morris, Charles William: Zeichen, Sprache und Verhalten (1946). Dt. Düsseldorf, 1973
79. Müller, Carl Werner: Gleiches zu Gleichem. Ein Prinzip frühgriechischen Denkens. Wiesbaden, 1965
80. Müller, Kurt (Hrsg.): Magia naturalis und die Entstehung der modernen Naturwissenschaften. (= Studia Leibnitiana. Sonderheft 7). Wiesbaden, 1978
81. Neunheuser, Burkhard: Taufe und Firmung. In: Michael Schmaus u.a. (Hrsg.): Handbuch der Dogmengeschichte. Band IV/2. Freiburg, 1956
82. Nieraad, Jürgen: „Bildgesegnet und bildverflucht". Forschungen zur sprachlichen Metaphorik. Darmstadt, 1977
83. Nobis, Heribert: Frühneuzeitliche Verständnisweisen der Natur und ihr Wandel bis zum 18. Jahrhundert. In: Archiv für Begriffsgeschichte. 11.Jg. 1967, S. 37–58
84. Nobis, Heribert: Die Umwandlung der mittelalterlichen Naturvorstellung. In: Archiv für Begriffsgeschichte. 13.Jg. 1969, S. 34–57
85. Nöth, Winfried: Semiotik. Eine Einführung mit Beispielen für Reklameanalysen. Tübingen, 1975
86. Nöth, Winfried: Reklame als primitive Textsorte. In: Zeitschrift für Literaturwissenschaft und Linguistik. 7.Jg. 1977, S. 91–103
87. Ohly, Friedrich: Vom geistigen Sinn des Wortes im Mittelalter. In: Zeitschrift für dt. Altertum und dt. Literatur. 89.Jg. (1958/59), S. 1–23
88. Ohly, Friedrich: Probleme der mittelalterlichen Bedeutungsforschung. In: Frühmittelalterliche Studien. 2.Jg. 1968, S. 162–201
89. Peirce, Charles Sanders: Collected Papers 1,545–567. In: K. Kentner u.a. (Hrsg.): Microfiche Edition. Complete Published Works Including Secondary Materials. Greenwich, 1977
90. Pepper, Stephen: World Hypotheses: A Study in Evidence. Berkeley / Los Angeles, 1942

91. Posner, Michael: Kognitive Psychologie (1974). Dt. München, 1976
92. Ratschow, Carl Heinz: Die eine christliche Taufe. Gütersloh, ²1979
93. Ricoeur, Paul: Hermeneutik der Symbole und philosophische Reflexion II (1962). In: Ders.: Hermeneutik und Psychoanalyse. Band II. Dt. München, 1974, S. 196–216
94. Rohloff, Dieter: Der Ertrag neuerer Symboltheorien für eine Bestimmung des Symbolbegriffs in der Religion. Diss. Ev.Theol. Göttingen, 1972
95. Rössler, Gerda: Konnotationen. Untersuchungen zum Problem der Mit- und Nebenbedeutung. Wiesbaden, 1979
96. Ryle, Gilbert: The Concept of Mind. London, 1949
97. Schiwy, Günther u.a.: Zeichen im Gottesdienst. München, 1976
98. Schlesinger, Max: Die Geschichte des Symbolbegriffs in der Philosophie. In: Archiv für die Geschichte der Philosophie. 22.Jg. (= N.F.15) 1909, S. 49–79
99. Schwab, Wolfgang: Luthers Ringen um das Sakrament. In: Catholica. 32.Jg. 1978, S. 93–113
100. Sebeok, Thomas A.: Theorie und Geschichte der Semiotik (1976). Dt. Reinbek, 1979
101. Stählin, Wilhelm: Das Problem von Bild, Zeichen, Symbol und Allegorie (1956). In: Ders.: Symbolon. Zum 75.Geb. hrsg.v. Adolf Köberle. Stuttgart, 1958, S. 318–344
102. Stenzel, Alois: Die Taufe. Eine genetische Erklärung der Taufliturgie. Innsbruck, 1958
103. Stierle, Karlheinz: Aspekte der Metapher. In: Text als Handlung. München, 1975, S. 152–185
104. Stock, Ursula: Die Bedeutung der Sakramente in Luthers Sermonen von 1519. Diss. Ev.Theol. Tübingen, 1979
105. Thompson, Bard (Hrsg.): Liturgies of the Western Church (1961). Philadelphia, 1980
106. Tillich, Paul: Das religiöse Symbol (1930). In: Gesammelte Werke. Band V. Stuttgart, 1964, S. 196–212
107. Tillich, Paul: Symbol und Wirklichkeit. Göttingen, ²1962
108. Todorov, Tzvetan: Théories du symbole. Paris, 1977
109. Trabant, Jürgen: Elemente der Semiotik. München, 1976
110. Turbayne, Colin Murray: The Myth of Metaphor. New Haven, 1970
111. Turner, Victor: Passages, Margins, and Poverty. In: Worship. 46.Jg. 1972, S. 390–412 und 482–494
112. Van der Leeuw, Gerhard: Sakramentales Denken. Erscheinungsformen und Wesen der außerchristlichen und christlichen Sakramente. Kassel, 1959
113. Van Gennep, Arnold: Les rites de passage. Étude systématique des rites. Paris, 1909
114. Volp, Rainer: Die Sprache der Religion. In: Ders. (Hrsg.): Chancen der Religion. Gütersloh, 1975, S. 221–243
115. Volp, Rainer (Hrsg.): Zeichen. Semiotik in Theologie und Gottesdienst. München, 1982
116. Volp, Rainer: Die Taufe. In: Peter C. Bloth u.a. (Hrsg.): Handbuch der Praktischen Theologie. Band 3. Gütersloh, 1983, S. 150–168
117. Weber, Otto: Grundlagen der Dogmatik. Band II. Neukirchen, 1962
118. Weinrich, Harald: Sprache in Texten. Stuttgart, 1976

119. Widengren, Geo: Religionsphänomenologie. Berlin, 1969
120. Wisse, Stephan: Das religiöse Symbol. Versuch einer Wesensdeutung. Essen, 1963
121. Wittgenstein, Ludwig: Tractatus logico-philosophicus. Frankfurt, ⁹1973